感恩同行
一路生花

——肇庆市颂德学校教育教改先行记

林苑华　主编

中山大学出版社

·广州·

U0330521

图书在版编目（CIP）数据

感恩同行　一路生花：肇庆市颂德学校教育教改先行记/林苑华主编．—广州：中山大学出版社，2023.10
ISBN 978 - 7 - 306 - 07813 - 1

Ⅰ．①感…　Ⅱ．①林…　Ⅲ．①信息技术—应用—中学教育—教育研究—肇庆　Ⅳ．①G632.0 - 39

中国国家版本馆 CIP 数据核字（2023）第 096518 号

出 版 人：王天琪
策划编辑：张　蕊
责任编辑：杨文泉
封面设计：曾　斌
责任校对：邱紫妍
责任技编：靳晓虹
出版发行：中山大学出版社
电　　话：编辑部 020 - 84110283，84113349，84111997，84110779，84110776
　　　　　发行部 020 - 84111998，84111981，84111160
地　　址：广州市新港西路 135 号
邮　　编：510275　　　　　传　真：020 - 84036565
网　　址：http://www.zsup.com.cn　　E-mail：zdcbs@ mail.sysu.edu.cn
印 刷 者：佛山市浩文彩色印刷有限公司
规　　格：787mm×1092mm　　1/16　　21.25 印张　　374 千字
版次印次：2023 年 10 月第 1 版　　2023 年 10 月第 1 次印刷
定　　价：58.00 元

本书编委会

主编：林苑华

编委：房永俊　苏灿伟　余曼玲　林娟遂
　　　何丽妍　赖大坚　江　波　林佳佳
　　　黎丽莹

前　言

　　肇庆市颂德学校面仰巍巍北岭，毗邻七星湖，是 2006 年由端州区委、区政府组织开展"心系教育，爱满校园"大型募捐活动筹建的一所公办初级中学。为纪念社会各界支持教育事业的德行义举，学校命名为"颂德学校"。相对于"百年树人"类有着深厚底蕴的老校，这所办学十多年的学校是一所正当少年的学校。它有着少年的思维敏捷、敢于尝试的特点。而作为这所学校的教育生命线——教师，同样是年轻的。他们在教育教学上开拓创新，践行着学校"立德·感恩"的办学理念，让学生以"崇德"修其志，以"颂美"雅其身，以"感恩"善其行。学校注重培养学生的人文底蕴、科学精神、学会学习、健康生活、责任担当等素养。在"人格自尊、行为自律、阳光自信、感恩自强、多元自主"的"五自"教育基础上，学校确立了"争做知书、明礼、勤学、创新、担当的颂德好少年"的育人目标，由此形成"知书篇""明礼篇""勤学篇""创新篇""担当篇"五大特色体系，打造德育教育"1·2·3·4·5"亮点工程。在教学管理上，学校立足课堂改革，推进"智慧课堂"，以"新信息技术支持下的个性化教学"为核心，以学生学习知识为中心，完善教学改革的软硬件设施，提升教师进行课改的积极性，提高学生自主学习的能力，进而培养学生的核心素养，为未成年人思想道德建设夯实基础。

　　在全面教育教学改革中，学校进入了发展的快车道，积极推进素质教育，注重学生的多元发展，发挥美育育人功能，重点打造书法、陶艺两大特色美育品牌，构建校园文化、校本课程、研学活动三大载体，为学生营造良好的学习氛围。学校德育案例《立德修身，感恩成长》入选教育部首批"一校一案"落实《中小学德育工作指南》典型案例。学校先后被评为全国文明校园、全国优秀家长学校、全国足球特色学校、广东省信息化中心学校、广东省艺术教育特色学校、肇庆市德育示范学校等，成为城区众多学子和家长心目中的"家门口的好学校"。学校正不断向精细化、特色化、品牌化发展，努力成为肇庆市优质学校。

　　本书正是记录了这几年来颂德学校教师立足课堂、反思教学、敢于改革的每一个脚印，而这些脚印也铺就了学生不断成长之路。学生前进方向正确，步履坚定，他们与家长的成长印记也同样化为文字，留在书中。

　　这是一本记录教育发展的书，是中国教育长河中一朵微不起眼的浪花，但是组成这朵浪花的教师却能因此而铭记教育的初心，让他们在教育路上一路生花。

目　录

教师篇

第一章　成长故事

第二章　主题教育

第三章　学科课程

学 生 篇

第四章　颂德学子的成长印记

第五章 不一样的家庭教育

附录：优秀毕业生的感恩寄语

教育科研篇

第六章　论文研究成果

提升核心素养类

教学改革类

信息化教学类

育人管理类

第七章　课题研究成果

教师篇

第一章　成长故事

一路荆棘，一路春光

余曼玲

"这老师上得不错，但我觉得，我们学校的老师可以上得比他更好……"我和林校长在会场下面偷偷地嘀咕着，也不知道当时何来的底气与信心出此"狂言"。

那是在2017年年初樱花灿烂的烟台，我和林校长一起参加中国基础教育信息化论坛。此行归来，收获满满，信心十足，正当我们谋划着如何推动翻转课堂教学再向前走一步的时候，肇庆市教育局电教站黄国洪站长到颂德学校（简称为"颂德"）来调研信息化教学工作，我连夜做了一个题为"科研引领、高扬课改旗帜，开拓进取、勇立创新潮头"的课改汇报PPT，巴不得把颂德这几年来信息化课堂改革所做的一切罗列出来。万万没想到，黄站长听完汇报后说："可以看出老师们为信息化课改做了很多工作，但是缺少包装，上不了台面……"当场泼了我一身冷水，后来林校长安慰我说："曼玲，幸福在前方，我们已经在路上……"

好吧，革命尚未成功，同志们还得撸起袖子加油干。

在林校长的带领下，我们团队就像"打不死的小强"一样，研课、磨课、赛课、研讨会、培训会、表彰会……我们一样不落。2017年8月，林校长决定以"基于智能终端的个性化课堂教学策略研究"为课题，向广东省教育技术中心提出立项申请，带领教师团队向更高水平冲刺。这是机遇，更是挑战。为了让老师们在教学设计上使个性化学习得到更好的突破，促进信息技术与教育教学深度融合，林校长以名师工作室的名义，特地邀请了黄国洪站长前来听老师们的说课。活动上，黄站长开启头脑风暴模式，现场对20位老师的教学设计进行点评与指导，就新技术支持下教学如何体现个性化展开专题讲座，这使黄站长近距离地感受到颂德教师团队的活力、激情与智慧。这次离上次黄站长来颂德学校调研已经整整有一年的时间，而且这一次一来就是两天。最后合影留念时，大家都会心地笑了，像是心中疑虑已久的事情一下子被肯定了，心里终于踏实了。

时光之轮滚滚向前，求知的岁月虽随风而逝，探索的情景却成了故事，在不经意之间告诉我们生命的质朴和美丽。这一路走来，多少次，我们面临着课前发布任务时选材、自制微课的艰辛，深思学生自主学习的养成教育，探讨如何做好笔记、整理归纳、合作探究、交流展示、课堂检测、总结点评，还要面临培训师生使用网络平台，指导教师合理分配网上作业与线下作业的时间，动员家长知悉个性化教学模式、平板电脑作用及管理等一系列问题。我们还多次赴各地听专家讲座、观摩名师课堂、上展示课，组织微课、说课、研讨课比赛，组织各类学生活动，撰写教学论文及心得等。

冬去春来，一路荆棘，但也一路春光，时间是最好的答案。2018年11月11日，在由中国教育技术协会中小学专业委员会举办的"2018年全国新技术支持下的个性化学习研讨和应用成果展示活动"中，我校胡婉冰、谢国宝、王伟娟等10位教师共11人次荣获全国一、二、三等奖，其中胡婉冰老师脱颖而出，她的展示课《爱莲说》不仅荣获全国一等奖，而且作为广东省肇庆市代表进行优质课现场展示。这耀眼的瞬间坚定了我们的初心，照亮了前行的道路。2019年11月20日，在贵州省贵阳市举办的"2019年全国中小学智慧教育应用成果展示交流活动"中，我校9名教师进行微课现场说课，7名教师进行微课及课例现场公开展示。其中，地理学科江振浩老师作为肇庆市代表在贵阳市第三中学进行现场授课，得到专家们的一致好评，我校也被评为"2019年中小学智慧教育应用成果展示交流活动"优秀组织单位。

2020年12月10日，我校一行13位骨干教师在林校长的带领下，前往美丽的海南三亚参加"2020年全国中小学智慧教育应用成果展示交流活动"，林校长作为优秀校长代表做了题为"信息技术改变课堂，智慧个性成就精彩"的主题分享。林校长短短的十几分钟介绍，使我感慨万千，从2015年翻转课堂到2020年的丰硕成果，5年看似轻描淡写，但故事的背后有一群颂德人的坚持与努力，感谢一起奋斗的人。

林校长的"幸福在前方，我们在路上……"那番话语，依然清晰地在我的脑海中闪现。

找点碎片时间，背点书

苏灿伟

九年级语文备考，基础知识的背诵是一道坎，可怎样才能更有效？我开始观察和分析，发现背诵效果差主要是以下原因造成的：

（1）由于平衡分班，学生各科发展不平衡，直接导致学生在九年级备考当中各个学科的知识点都需要强化，需要熟记的内容较多，学生分身乏术。

（2）学生主要靠回家熟记，但由于学生层次不同，熟记内容得不到保证。

（3）班级部分学生认为背诵、默写枯燥无味，应付了事。

（4）班级部分学生语文水平较差，自我否定，不肯去记忆。

针对以上原因，必须提高学生熟记的高效性，而实现高效性必须具备两大条件：一是在校内，二是学生乐于熟记。之所以要"在校内"，主要是学生有了同学、教师的监督，有了班级氛围的约束和影响，更有了可以即时反馈效果的集体，熟记效果会更好，因而学生需在学校完成相关重点内容的熟记。

一、"一牵四"，发挥学生的辐射作用

为了让学生养成熟记的习惯，较好地督促、引导学生，在九年级第一学期，我将班级的48名学生分成了12个小组，小组长由班级语文水平较好的学生担任，小组另外3名成员由剩下学生按照语文水平上、中、下三个层次各选出一人组成。

小组长通过表格管理学生每天的熟记情况，以周为单位，分享自己熟记的方法、熟记的内容。小组成员学习小组长好的学习方法。我们通过这种方式来进一步提高学生熟记的热情。

通过"一牵四"的组合，学生开始学会分时段、按时间进行熟记。特别是对于语文基础较弱的同学来说，这个阶段需要熟记的内容不多，容易背下来，这样就有了收获知识的满足感。而同学之间的相互督促，也让他们熟记的动力越来越强。

二、"一带一"，发挥学生的引领作用

到了九年级的第二学期，我发现如果继续使用"一牵四"的模式，小组长的热情和积极性会逐步下降。因为自身的学习压力以及不断提升自己学业水平的欲望促使小组长不想花大量的时间在监督成员的身上，他们需要将更多的精力投入自身的学习当中，毕竟升学的压力会随着考试日期的迫近而不断增大。针对小组长出现的问题，这个阶段必须更改模式，需要采用"一带一"帮带模式，我将全班48名学生分为24个小组，由一名成绩优异的学生带领一名成绩较弱的学生。

"一带一"起到了引领作用，让带领者减轻负担的同时，增强了带领者的自豪感，进一步提高其学习语文的兴趣。学习者更是收获颇丰。"一带一"的模式，使其增加了与优秀学生的接触时间，受到了潜移默化的影响，特别是课间交流时间的增加，让其不仅完成了基础知识的背诵，更使其在交流的过程中，从带领者的身上学习到如何学习、如何为人。这既解决了教学上的难题，又减少了德育的难题。

三、"一对一"，发挥学生的竞争作用

到了九年级第二学期的下半学期，为了让不同层次的学生得到更好的发展，这时候就需要强强联合，因而我采取了"一对一"模式，将水平相当的学生组合在一起，让学生在交流中随时形成较量态势。

"竞争"让组合者有了共同的目标，为了实现目标，他们会形成"你追我赶"的态势，激发彼此不断地进行学习的动机。"竞争"只是手段，"分享"才是目的。学生在"竞争"时，要分析自己的得失，也要帮助队友分析得失，并将自己好的学习方法与队友进行分享，最后通过"竞争与分享"，不断提升自己的语文水平。

"一对一"模式让语文水平一般的学生延续了在学校熟记的习惯，让他们保持了学习的动力，特别是在最后紧张的中考冲刺复习阶段当中，不会因为学习任务的繁重而又一次放弃学习；让语文成绩优异的学生得到了进一步的提升，使他们在每天对比的"得"与"失"中不断发现自己遗漏的知识点，拓展自身的知识面。

通过三种模式的尝试，学生学会了如何把握碎片时间来进行学习，逐步懂得了科学规划自己的语文学习时间。这三种模式的推行全面提高了学生学

习语文的兴趣，使学生感受到了"短暂"付出就可得到收获的快乐，在学生中形成了快乐的交谈氛围。学生通过分享快乐的学习经验，进一步巩固基础知识。

蝶舞翩跹话成长

江小舒

每条毛毛虫，在变成蝴蝶之前，都会经历一个漫长而艰苦的过程，这就是成长。

人们常说，三年是一个成长的阶段。回顾自己近三年的教育成长，我感慨良多。

一、望尽天涯路

三年前，我刚刚休完产假，回归教育一线。我发现，学校出现了一些明显的变化。新技术支持下的个性课堂开始取代传统课堂，智慧教育应用在林苑华校长的推动下满地开花。同事们熟练地使用平板电脑上课、运用各种软件录微课，而我却是这方面的新手。看着同事们在智慧教育应用成果展示交流活动中硕果累累，我的内心顿感失落而又有所触动。

记得那是春日里的一个黄昏，我坐在窗户边，铺展开笔记，默默写下三年计划。看窗外的晚霞晕染整个天空，听树木间清脆的鸟鸣，感觉自己就像一条毛毛虫，披着不起眼的外衣，酝酿着一场最美丽的蜕变。

二、为伊消得人憔悴

这难忘的三年，感谢学校给予我很多学习的机会，我身上的角色也在不停地转变——语文科组长、九年级备课组长、班主任、毕业班语文教师。每一个角色都肩负着重大的使命，走在这条充满荆棘的道路上，我深感责任之大，不敢有半点懈怠。

深知自己落下太多，所以在这三年里，我不断学习，计划用三年时间找到一个更好的自己。三年里，我常常是华灯初上才离校回家；三年里，我不断涉猎各类书籍；三年里，我常常是哄睡了孩子再爬起来认真备课。

三年里，我认真完成学校布置的每一项工作任务，如带领学生参加端州区传统文化朗诵比赛获特等奖；三年里，我积极撰写教育教学论文与研究课题，课题"基于智慧课堂的初中语文教学模式实践与研究"成果被评为二等奖，多篇论文在区市获奖；三年里，我辅导学生参加各项比赛……在这难忘的三年，我的教育教学成长之路的关键词是"付出"与"学习"。

三、蓦然回首

在班主任工作中，我努力发现学生的闪光点，用赏识点亮心灯，用人格影响学生，我深爱学生，也深受学生的喜爱。我所带的班级，每一个月都获评"五星标兵班"。2020届九（1）班取得中考指标完成率第一、语文平均分也位居同类班级第一的好成绩。

在教育教学中，我积极承担公开课，如2019年承担了一节九年级的区公开课《醉翁亭记》，获全区语文教师的一致好评。我积极参加各项比赛，在2020年端州区教师基本技能比赛中获一等奖，同年12月参加端州区教师调教课比赛获一等奖。疫情期间，在接到端州区教师发展中心的录课任务后，我果断放弃休息，认真备课，反复磨课，为区教师发展中心提供了7节优质的九年级复习课，获全区教师的一致好评，其中三节课例获区优秀课例奖，课例《珠联璧合压缩语段之组合对联复习》获肇庆市优秀课例三等奖。

四、那人却在灯火阑珊处

那个春日黄昏写下的计划在三年后成了现实。2020年，我参加了"全国智慧教育应用成果活动"，提交的微课获入围奖。同年12月，我有幸参加了在三亚举办的"全国中小学智慧教育应用成果展示交流活动"。通过参加这次展示交流活动，我获益良多。科技在进步，课堂形式也在不断变化。一场疫情，加快了网络教学发展的脚步，线上授课成了主要授课形式之一，我需要学习的还有很多。其中，令我印象最深刻的是我校林苑华校长在发言中回顾了我校在信息化教学道路上的点点滴滴，在智慧教育的道路上一路走来，我校从旁观者、参与者到今天的推动者，角色转变的背后无不体现着决策者的高瞻远瞩。

校长的高度决定了教师的高度，在林校长的带领下，我校走在了智慧教育的前列。站在教育第一线的我们，一定要顺应时代的发展，运用好新技术，让智慧之花绽放在每一个课堂上。

教师的专业成长之路其实荆棘满布，我们现在看到的蝶舞翩跹，其背后付出的痛楚与艰辛可能不为人知。也许，这就是破茧成蝶的成长必须要经历的。

春风化雨润桃李，业有专攻育英才

程少霞

"师者，传道授业解惑者也。"12 年的教育教学历程，一路学习，一路成长，我渐渐走出了适合自己的发展之路。

一、春风化雨润桃李

初出茅庐时的我，只会故作深沉老道，遇到学生有问题时总是一板一眼、严肃认真地批评教育，现在想来甚觉幼稚。后来，我转换思路，多从学生的角度去思考，帮他们解决问题，效果更好，就如下面我所亲历的有关"风度"的教育故事。

有一次，班里要布置教室文化背景，我发现两个女生因为不够高，弄得很吃力。"怎么不找男同学帮忙呢？""找过了，都不帮。"

后门外，三个男生嬉皮笑脸地站在我面前，我问："刚刚女同学是不是找你们帮忙？为什么不帮？""老师——我真的有事，你不是让我……"男生 A 一脸无辜。"那你也不一定要拒绝吧，你可以说'没问题，但是老师叫我……我做完再帮你们，好吗'，对吧？""好像是哦。""她们还在那里，你现在知道该怎么做了吗？""知道了。"男生 A 快乐地接受了意见。"真是有风度的男生！"

后门外，另外两个男生脸上还挂着笑容。"现在你们知道怎么做了吗？""知道了，我现在就去。"男生 B 带着欢乐的笑容，径直走到女生面前，大声道："亲爱的女同学……"结果自然是被骂回来。"老师，她不听我说。"男生 B 看起来无解又委屈。"当然啦，谁是你'亲爱的'？你这样跟女生说话不够尊重，知道吗……再去，把你的问题处理好。"这一回，男生 B 终于找回了自己的风度。

后门外，我面前只剩男生 C 了。"你还有什么问题吗？""……"C 还有很多理由。"他们找你帮忙说明认可你长得高，难道你不觉得自己长得高吗？"男生 C 支支吾吾地说不出话。"再说……你不帮忙，是不是就相当于跟人家说：不好意思，你们看错人了……""老师，我知道了！"男生 C 终于愿意去帮忙了。"真是有风度的男生，去吧！"

从此，"风度"成了班上一个欢乐的梗。学生们开始在班级、在办公室展现自己的风度和担当。

"好雨知时节，当春乃发生。随风潜入夜，润物细无声。"一个好老师，应该如春风送暖，似春雨滋润学生的心房，让他们感受到教育的温度。

二、业有专攻育英才

刚从教时，一个偶然的机会，我知道了学生对我的课堂的评价，从中我看到了自己的不足：讲得太多且枯燥乏味。说到底，还是术业不专，不能让学生信服呀！那我就努力提升自己的专业能力，做一个有才有趣的老师吧。

我先从诵读方面下功夫，希望通过自己的示范和指导，让学生爱上诵读。为此，我将自己的所学所得巧妙地运用到日常教学上。上《秋天的怀念》一课时，我将诵读作为切入口，现场配乐朗诵，学生很快就被带进文章的情境中，文章还没有读完，很多同学已经湿了眼眶，与文章内容形成了情感上的共鸣。我再通过事先设计好的几个简单的问题引导他们去深入阅读和理解文章的内容和情感，取得了很好的教学效果。

同时，取得突破的还有文言文教学。一开始，我也很怕教文言文。后来我改变思路，将学习的自主权交给学生，多让学生去讲。这样，成功将学生们对文言文的被动学习转变为主动学习。他们学习的积极性高了、学习的成就感也强了，文言文知识板块的学习效果明显好多了。后来让学生们写收获，就有学生说道："觉得文言文变简单了，掌握得也更好了。"

三、一个中心，双线发展

在教育教学过程中，我一直注重观察、反思、总结自己的教学行为，并积极探讨更好的方式方法，这样才有了上述育人理念的转变、教学方法的改进。教育的对象是学生，教师在教育教学过程中遇到的问题，最终都要落到学生问题上，只有解决了学生需要解决的问题，才是治本之道。教师要做到这一点，需要心中有学生。教师只有心中有学生，才会对学生负责，才会想方设法地去解决学生的问题。总结我的从教成长之路，那就是"一个中心，双线发展"——怀着一颗爱学生的责任心；以春风化雨的方式走进学生的内心，结出的桃李更芬芳；以过硬的专业水平授之以渔，育出更出众的英才。

扎根寻常，寻觅非常

——借助教改实现"笨鸟先飞"

苏宝琴

春秋数度更迭，坚守初心，躬耕杏坛之志不移；岁月几番变化，立德树人，培育栋梁之心不改。从教 13 年里，我不断地提高觉悟，牢记使命，扎根寻常的教学阵地，寻觅非常的美丽。

一、眼中有人，心中有方，实践高效的教学六环节

教学以学生的发展为本，学生的现状就是教学的出发点。从翻转课堂到智慧课堂，再到新技术支持下的个性化课堂，每一次实践，都见证着自我的成长：眼中有人，心中有方。

这些年，我形成了初中语文教学基本的六环节，有效地提高了教学的效率。

（一）落实课前预习，扫清教学路径上的基本障碍

只有对学生的情况有所了解，课程的教学才能做到因材施教，所以，我非常注重学生的预习。教会学生预习的 8 步骤，同时，引导学生正确使用工具书，指导学生做课堂笔记、读书笔记的技巧。

（二）交流（检查）预习，整体把握，以（预）学定（施）教

这个环节是搜集学情的关键步骤，也是实施教学策略的前提。通过这个环节，我及时调整教学策略，以学定教，优化教学设计，不断地往高阶目标前进，提高学生的能力。

（三）自主、合作探究，研读文本文字

在这个环节，我承担着解惑、释疑、归纳、提炼、总结、肯定、订正等任务。先让学生进入文本，潜心研读，用心感悟，注重自主学习；然后创设各种活动，侧重合作探究；再开展平等的交流及表达。

（四）重点研读，领悟表达，拓展延伸

这个环节涉及"文章是怎么写的"，是一堂课的高阶目标，侧重提高学生的领悟能力，着重由我来讲授或者通过录制的微课推送给学生，针对性地解决问题。

（五）拓展阅读，丰富认识，发展能力

我注重有坡度地扩大阅读，由一篇引入，多篇跟进，即 1＋X 的阅读模式。我会在课堂上或进行小创作，或进行小测试，或谈认识谈感悟等口头表达。这个环节学生通过平板电脑进行展示或分享，或转化为同类阅读的经验，或转化为例题的解答技巧，或转化为写作能力。

（六）精心布置课后作业，注重周末特色

作业是巩固提升学习成果的手段，我在课后习题、练习册习题做好必做与选做的规划。周末作业关注积累，关注写作，关注阅读。每周固定，循序渐进。

2020 年的特殊"云"课堂，让我受到启发：学生的作品也可以像"云朵"一样集聚云端，通过新技术的支持将学生的每一次展演编进学生青春纪念册。

这些年的课堂教学贯彻教学的基本六环节，在"互联网＋教育"的浪潮下，借助新技术，对学生学习能力的培养循序渐进，不断地提高学生的学习素养。

二、求学问道，课题推进，研训常态，引领示范辐射

随着新课程改革对教师业务能力要求的不断提高，我积极参加语文课堂教学研讨会，参加区级、市级的课题研究并顺利结题，多次承担公开课、研讨课、示范课。2017 年 9 月 20 日，我在成都华西中学（电子科技大学附属中学）借班呈现了一堂语文翻转公开课《咏雪》，获得了观课教师的一致好评。2018 年 11 月 19—20 日，我在长沙明德华兴中学借班开设了一节信息化与学科深度融合的公开课《走一步，再走一步》，并参与了明德华兴中学语文科组的翻转课堂教学设计的集体备课，受到了一致好评。2019 年启动了新技术支持下的个性化教学模式，我又上了一节公开课《论语十二章》。

在中国教育技术协会中小学专业委员会组织的"2019年信息技术应用成果征集活动"中,我的微课《走进文言虚词"而"》入围微课活动组现场说课。

三、脚踏实地,不忘初心得始终

这些年的每一步都走得踏实,借助新技术寻觅非常,留下了一道道痕迹,一路芬芳。2019年,我获"初中语文教学技能比赛特等奖""广东省初中语文复习课教学设计二等奖",获评"传承经典 立德树人"品牌建设"优秀教师""肇庆市优秀班主任"等。

我是一只"笨鸟",还是平凡的教师。我愿坚守着教育这一片热土,愿意待到山花烂漫时,"笨鸟"在空中笑。

修如镜明心，为幸福筑梦

罗　健

我初次站上讲台的场景仿佛就在昨天，意气风发却又略带紧张，激情澎湃而又稍显羞涩……如今，进入颂德学校工作不觉已 15 年的光景。15 年，我用心守护着最初的梦，见证着学校的发展变化；15 年，我把爱揉进细碎的时光里，陪伴着学生慢慢成长。

一、修如镜的明心，折射最耀眼的光

班主任是新手教师成长必修的第一课。于我，它像一面镜子。透过它，我看到了人成长最真实的样子。是它，修炼了我的包容，让我学会了与自己和解，与别人和解；是它，让我发现学生身上最耀眼的光。

记得刚做班主任那会儿，学生很淘气。他们活泼、好动，点子特别多，每天都能想出新花样"自娱自乐"。作为新手班主任，被学生气到甚至被学生弄哭是常有的事。第二次担任班主任，接手九年级的一个班，这次我学会了放慢脚步，巧妙用力。我放弃了"改变学生"的执念，开始为他们搭建各种各样的平台。我让班干部管理班级，放手让他们在班级里搞不同的活动，有体育竞技类的、有学科竞赛类的、有幽默搞笑类的……学生乐得不得了。慢慢地，他们开始喜欢这个班，开始觉得我不是唠叨，开始慢慢努力，开始发现自己，开始找到自己的目标。

"人各有所长，各有所短"，这不就是成长最真实的样子吗？没有人是完美的人，班主任和学生也是普通人，不是神。当我们彼此都学会了做真实的自己，坦诚地面对自己的不足，包容、接纳对方的不完美，学会与自己和解，与别人和解，我们才能发现自己，才有可能让我们成为更好的自己。

班主任的工作是繁杂琐碎的，把爱揉进这细碎的工作里，日子变得有滋有味，回忆变得弥足珍贵。珍视这看似简单却又充满生命力的日子，是它们连接着彼此成长的生命线，折射出普通人最耀眼的光芒。

二、知不足而学勤，学真知而力行

2012 年 2 月，入职第四年，我开始想象 10 年后自己的模样，就在那时，我下定决心报考研究生。于是，我边工作边备考，看书、记笔记成了我茶余饭后的"娱乐"。经过一年的备考，我也顺利地通过了全国在职研究生考试，实现了自己第一个"学业梦"，随即开启了教师、学生角色任意切换的生活。

那三年在职读研真的很累，但我挺过去了。这段经历也为我的教学打开了一扇窗，很多珍贵的第一次都是在这段时间发生的，如第一次做课题、第一次接触行动研究、第一次实施教学实验、第一次做实验数据分析等。

而所有珍贵的第一次，让我浮躁的心慢慢平静下来，也是这三年读研的经历让我重新认识了教师这个职业，坚定了自己的职业信心。中小学教师虽然普通，但也可以通过专业的知识、坚定的信念、创新的思维、务实的态度创造一片属于自己的不一样的天空。

三、结伴同行向未来，努力共筑幸福梦

2016 年 11 月，入职第八年，我意外地获得了广东省初中英语课堂教学优秀课例一等奖，并参加了在肇庆举行的优秀课展示活动，在学校的大力支持和林苑华校长的鼓励下开启了自己的比赛之旅。

2017 年 4 月，我参加第十一届全国初中英语课堂教学优秀评比获一等奖；10 月，参加首届广东省中学青年教师教学能力大赛肇庆市初赛获一等奖；11 月，参加广东省青年教师基础英语科决赛获二等奖……

参加比赛的日子特别忙，听课、评课、上课、磨课、录课也成了我的日常。正是这段忙碌备赛的经历让我用审视的眼光重新看待自己的教学，很多平日被忽视的细节被逐一地考究，教学目标的制定、教学环节的设计、课堂用语的提炼、教学练习的筛选、课后作业的设置等，都得经过反复细致的打磨。比赛忙但我也有所收获，借着比赛的机会，我认识了更多优秀的同行，开阔了自己的眼界。同时，比赛也让我对苏格拉底的名言有了更深刻的认识，那就是"我唯一知道的就是自己的无知"。

感恩这 15 年所遇到的每个鲜活的生命，是你们丰富了我的生命，也是你们让我相信努力、热情、责任、梦想会让我成为自己人生的贵人。幸福在路上，未来实可期。

感悟教育魅力，绽放生命色彩

江振浩

时间回到 2009 年的 9 月，那时的我刚入职，身份由学生转变成了老师。那时学校没有电脑提供给个人，甚至整个办公室都没有一台办公电脑，教室没有多媒体，也没有扩音器，只有一块小黑板，加上其他学校捐赠的地球仪。因课程需要，基本整个 9 月份的课堂我都需要拿着地球仪穿梭于整个年级，共 10 个班。一个月下来，令学生印象最深刻的不是我的教学，而是我手中的地球仪，我也因为整天拿着地球仪而被学生称为"地球佬"。

工作的第三年，我第一次当上了"主任"，是班级的主任，简称班主任。我读书的时候是一个默默无闻的学生，成绩一般，话也不多，上课也没有积极回答问题，没有在班上担任过什么职务，也没有锻炼到自己，我觉得这样的学生生涯好像比较失败。因此，开学的第一天我就跟全班同学讲，这个班集体是大家的，所以每一个同学都有建设管理班级的义务。新学期，每个同学都会担任一个职务，一起齐心协力管理好班级。因为我觉得虽然每个学生的成绩有差异，人品也有差异，但都应该有机会去尝试、去锻炼、去实践。所以，我决定给全班 51 个学生都安排一个职务，除了班干部，还有小组长、课间管理委员、课室日志管理者、晨检人员、开门锁门的教室总负责人等。总之，每个学生都有职务，尽管在后来肯定有的学生做得不够完美，不过没有关系，教育过程中肯定有一些不完美。但也有一些学生能从中得到锻炼的机会，找到一份属于自己的荣耀。将来回首从前，一些学生可能还会因为自己曾在初中的时候担任职务而感到自豪。

一次去劳动基地，有一位家长打电话过来说小儿子在家没人看管，想让在我班就读的姐姐请假回家看管。我当时在想，请假的理由有点太牵强了，但还是答应了。后面的一次班会课上无意地表扬了那个女孩很懂事，小小的年纪不仅能照顾自己，还能把自己的弟弟也照顾好。想不到就这么一个简单的表扬，那个女孩一直深深地记着，并在毕业之后写了一封信给我，提起了那次的表扬。她写道："得到老师这样的表扬，在梦里也笑醒。"看完之后，我也微微地笑了。我想，这就是教育的力量吧。

还记得 2017 年，我作为广东省地理奥林匹克竞赛参赛学生的辅导员，负责辅导参加竞赛的学生做题，并为他们分析和讲解，时间不长，就要去比赛了。辅导完之后我也没太在意，后来学校提出了让学生自己选择年级老师作为自己参加活动的导师，之前参加竞赛并且年级成绩最好的学生选择了我（我没有任教他的班级），理由是我讲题图文结合，条理性强。回想之前我好像也来不及精心准备辅导，当时甚至还怕讲完了他们会嫌弃，想不到竟然得到如此的赞美。

我们可能觉得，老师有时一次不经意的关心问候、一个简单的微笑、一个肯定的眼神、对学生的一次简单的帮助，都不是大事，但学生可能会将其铭记于心甚至传承下去。我想，这就是教育的魅力。

最后引用习近平总书记的一句话——"不忘初心，牢记使命"。我会一直在教育的道路上教书育人，绽放出更多生命的色彩。

一路成长，一路感恩

梁亭婷

美国心理学家波斯纳提出一条教师成长公式：教师成长＝经验＋反思。经验来源于总结和积累，反思则是对教育教学等方面的再思考。回想这 14 年的教书育人路，一路成长，一路感恩。

2008 年的夏天，我走出学校（大学），又走进学校（颂德），开始了我钟爱一生的教书育人路。这一年，我成了颂德创校的第一批班主任。我和志同道合的伙伴们努力地适应新环境，努力地转变角色。在学校领导和有经验教师手把手的教导下，学习如何进行班级管理和开展有效的教学工作。我用三年时间，站稳了讲台，爱上了讲台。

2011 年 9 月，我开始了班主任工作和教学工作的第二个循环。在这第二个循环的三年里，自我的努力、领导和同事的帮助，让我快速地成长。在领导的引领和科任老师们的齐心努力下，作为 2014 届（10）班班主任的我，2014 年 7 月收获了学生中考较辉煌的硕果——钟玉贤以总分 779 分获本校中考状元，有五个学科出现全区单科状元——语文（钟玉贤）、数学（金圣焕）、物理（范振业）、政治（范振业）、历史（陈奕玮），全班有 10 人总分 700 分以上，35 人被市重点学校录取，重点录取率 64.8%（其中，广东肇庆中学 16 人，肇庆市第一中学 19 人），100% 上普高线。另外，张杰钊由于各方面表现优秀，毕业时获肇庆市"华佗论箭个性奖学金"。接手 2014 届（10）班班主任工作的历程是艰辛的，但从中所学到、所悟到的东西是无价的。感恩遇到的所有美好的人与事。

2014 年 9 月开始，连续五年，我在备孕、孕期、产假，再备孕、孕期、产假中循环，不再担任班主任工作，感觉自己慢慢地与各种教学创新脱轨。2019 年 9 月，我重新申请当班主任。幸运的是得到了学校领导的信任。我接手了 2019 级（5）班——弦乐平板电脑智慧班的班主任工作和语文教学工作。因为是特色班，（5）班的孩子除了一节不落地学习文化知识，一周还要挤出四节课的时间学习提琴。他们每周除了完成文化课的作业，还要在家挤时间自觉练琴，一周要提交一次练琴的视频作业。不过关的，需要重新练、重新录。作为该班的班主任，该如何引导学生高效利用时间——学好文化知识的同时练好琴艺，成了我的一门研修课。有针对性的班会课、全班家长群、有针对性的家长小群、腾讯文档等成了我管理班级，有效指引监督学生在校、在家高效管理时间的左膀右臂。

相对来讲，班主任工作可以较轻松应对，但语文学科教学工作，我需要付出更多的努力与学习的时间。在近三年里，学校在广东省林苑华名师工作室的引领下，大刀阔斧地进行了各种教学革新——信息技术走进课堂，智慧课堂引领精彩。对不太习惯改变的我来说，有外在助推力是一件很幸运的事。2020年12月初，广东省林苑华名教师工作室赴云浮新兴县、云安区两地参加"创建国家教师教育创新实验区"活动，其中两天有"送课下乡"环节。我有幸参加了这两天的活动——在新兴县实验中学上了一节感恩主题的班会课，在云安区云安中学上了一节作文课。因为特殊原因，这次送课活动的准备时间很短。定课题、备课、磨课、试教后需要再完善；打印教案、学案……幸好有领导、同事的鼓励与帮助，我顺利完成了任务。公开课是能力试炼的地方。通过这次送课下乡式的公开课，我能力得到锻炼的同时，我的自信和勇气也得到提升。感恩林校长给我们青年教师创造机会、给予机会，感谢那股推着我出去锻炼的力量……

有人说，人生的三大幸事之一是走上工作岗位后遇到好领导。感谢在颂德的这14年来遇到的所有好领导。时光匆匆，我会继续在我钟爱的热土上，用心耕耘——一路成长，一路感恩！

用爱去引导和唤醒学生的美

陈玉琴

从事教学工作11年来，我从对教师梦的执着追求到教学岗位的用心实践，印证了自己"用爱去引导和唤醒学生的美"的教育理念。

一、用爱才能奏出优美的乐章

教师的使命是教书育人，教书为形式和手段，育人才是根本目的。在教学和班级管理中，带着一双充满温暖和爱意的眼睛，去观察发现学生特别是后进生的闪光处。一句关爱的话、一个鼓励的眼神、一次信任的微笑，都是充满爱心的赏识教育。

小伟是我班上的一名学生，父母离异，他跟随父亲生活。父亲平时工作很忙，较少时间照顾孩子。母亲已再婚，很少与他见面或沟通。小伟性格自卑内向，学习成绩不太理想。了解小伟的情况后，我决定给予他更多的爱，于是经常主动找他聊天谈心，关心他的生活与学习。小伟的篮球技术较好，我就委任他担任体育委员。在一路的陪伴和不断的勉励下，小伟发生了质的转变，性格开朗，积极向上，成绩也有了明显的进步。

班上的小谭同学，父母长年外出打工，他与爷爷、奶奶一同生活。因为缺少父母的关爱，小谭不太合群，性情孤僻，经常迟到、旷课，上课随意讲话，小动作很多。看到这一切，我没有因此而训斥他、挖苦他，而是以母亲般的慈爱关心他、爱护他。每当他有一点进步，我都会在班上表扬肯定他，并主动打电话给他家长报告其进步。教师真诚的爱使学生感受到了温暖，教师"爱的赏识教育"会使学生找到自信和目标。从此，小谭像变了一个人似的，遵守纪律，严格要求自己，品德进步了，学习也努力了。显然，教育是爱的事业，教师是爱的传递者，只能用爱，才能奏出优美的乐章。

二、制度建设是班级管理的良方

要形成良好的班风，班主任是以身作则的组织者和指导者，除了要有对班主任工作的满腔热情，对每一位学生一视同仁，公平公正，还要制定切合班级实际的管理制度。为了抓好班级的常规管理，我针对班级实际制定了行之有效的班级管理制度，并严格执行、奖罚分明。例如，考勤方面，要求学生上午和下午提早十分钟到班级，坚持实行并每天跟进，让学生形成早到班级的好习惯。又如清洁卫生，它本是很多班级的"老大难"问题。针对这一问题，我要求班干带头，责任到人，检查到位，奖惩结合。同时，为了做到人人有责，我要求班级中每一位学生早、中、晚进出教室时，都要检查自己座位四周是否干净卫生，让同桌之间相互对照检查，校服穿着是否整洁、头发是否梳理好、指甲是否过长，等等。这一系列的措施，让班级管理卓有成效。

良好班风的形成与班级文化活动密切相关，有益的班级活动能让学生增进情谊，陶冶人文情操，增强集体主义和团队意识。我会经常组织、引导学生开展丰富多彩的活动，通过组织形式多样的各类文化和主题教育活动，引领学生健康成长，凝聚班级合力。例如，开展"班运会"、班级"歌唱比赛""学雷锋、树新风"活动、"中秋"联谊活动、大食会、亲子活动等。这些活动，对良好班风的形成，起到了明显的促进作用。与此同时，加强与家长沟通，通过校讯通、电访、校访、家访、家长群发送信息等途径向家长通报班级和学生情况，使教育得到家长的认可、配合、支持。

"在陈老师生活的世界里永远没有悲伤与失望的字眼，她的身上充满了阳光、温暖、热情，她的脸上挂着真诚、信任、期待的笑意，看不到半朵阴云，我们时刻被她感染着。"这是学生眼中的我。我的爱心、真诚与热情已被学生记住和描摹。一分耕耘，一分收获，有春华自然有秋实，学生的进步成长、健康成人就是对教师最好的回报！

不愿重复，做崭新的自己

李　杰

剑客长风驰有道，江湖微雨不失真。愿生活与教学不失"道""真"二味。

年华似水，岁月飞逝，回首过往，我从大学毕业至今已过六载。在每一个与颂德孩子为伴的日子里，我都能感到幸福与快乐。我把自己的细心、耐心、爱心和慧心奉献给了孩子们，慢慢地，我也有一种如孩子般单纯透明的心境。

一、喜欢画画，让我走上了美术教师的道路

大学毕业前我常思考一个问题：做什么职业既能养活自己又能每天画画、写字？答案是美术教师。我虽然不是艺术大师，但是如果能和大师走得更近些，我就能一手牵着大师、一手牵着孩子们，把学生引入艺术的殿堂。工作后，我在书画专业领域一直坚持学习，利用课余时间研究西欧荷兰画家伦勃朗古典油画技法，书法则取法宋米芾行草书，以不断提升自己的专业水平。给学生一杯水，自己必须有一桶水，美术教师专业素养的高低对学生艺术素养的培养至关重要。

二、学校支持，让我拥有了展示的舞台

我初来肇庆市颂德学校任教时，学校领导就十分重视艺术学科的教学。在学校历届领导的支持下，陶艺与书法成了我校两大艺术学科。学校同时被评上了广东省艺术特色学校和广东省中小学书法教育研究基地。学校提倡信息技术支持下的个性化课堂教学，为我探索利用微课辅助美术和书法教学提供了良好的学习环境和氛围。

三、不愿重复，让我有了敢于创新的勇气

入职后，我发现，如果单纯照搬教材教学，学生没有学习兴趣，教师教授时也没有新鲜感。正当我踌躇之时，海南华侨中学教师汤成慧的一句话点醒了我，"不愿重复别人，也不愿重复自己，要做崭新的自己"。这句话是

她十年间迅速成长为特级教师的"金钥匙"。

在教学中，我不再愿意做重复工作，而是不断完善教学设计，让教学设计更符合自己的教学需求和满足学生的学习愿望。

我注重对学生想象力和动手能力的培养，因此，我注重微课在美术教学中的运用。所有手工课程我都录制了微课，让学生直观地了解教师的示范，掌握技巧。我注重开发校本课程，如橡皮章版画课程、彩铅画课程、石头和蛋壳画课程、贺卡和剪纸系列教学课程、创意摄影课程、陶艺系列课程等。这些自编课程让我的美术课程愈加有趣，我一边为教学的推陈出新绞尽脑汁，另一边又为学生在美术课堂上的笑容感到欣慰。将美术创新课程做成研究性课题，是我接下来要做的事情。

经过四年的书法教学经验积累，我申报了"基于微课在书法教学中的实践研究"的书法课题，课题组为本校七年级书法教材配备录制了20多节书法微课，大大提升了教学效率。经过四年的积淀和两年的深入研究，该课题成功结题，并获得了肇庆市第七届基础科研课题二等奖。

不愿重复，让我的美术和书法课堂焕发着创新的活力。书法与美术教学相长，使我的教学水平不断提升。

四、善于反思，让我感受到了教学的快乐

通过多年的教学实践，我学会了不断反思。我认为，做好一名美术教师必须要做到以下三点：一是要不断提升专业基本；二是要形成自己的课堂管理特色；三是对新技术支持下的信息化教学的领悟要快，并形成自己的个性化课堂。

美术教师的专业知识和教学技能只有在教学情景体验中才能不断被激活，并有所领悟和创新。我积极反思，及时领悟课堂教学的道理，逐步掌握好的教学策略，最终在反思和感悟中找到自己的研究方向。设立研究课题，让我感受到研究的乐趣、教学的快乐。

"捧着一颗心来，不带半根草去"，是对教育工作者的真实写照。回望这六载，我清晰地记得当年刚毕业时想做成为一个老师的决心。教学生涯，"路漫漫其修远兮，吾将上下而求索"。我会带着我的真情与真心从事这太阳底下最光辉的职业。

十年成长路，感恩有"你"

周红捷

"周董，周董，你去哪里啦？怎么不见你？""周董，周董，我们都好想你呀！"

其实，我不是红透歌坛的"周天王"，也不是叱咤商界的大老板，我只是一名普通的初中老师。

从教十年，孩子们的确给我取过不少无恶意的绰号，诸如"周董""周总""周天子"等。我的同事们常常笑我："周老师，你是霸气总裁型的教师哦！"其实，我恰恰认为这是孩子对我的信任和肯定。这群孩子也是我工作幸福感的来源。

回想自己十年教师成长路，苦乐参半。我曾迷惑，曾动摇，但我还一直在路上，只因有"你"。

一、困惑

毕业后，我来到一所新建的初中，生源参差不齐，同事们都是刚毕业的，学校的规章制度也还在不断地完善中，一切都是陌生的，一切都要摸索。新校的教学工作任务重，我每周20课时，外加2～3节的自修课，还要兼任副班主任，协助班主任处理学生问题，每天都忙得不可开交。开学第一个月结束时，我想放弃了。我怀疑自己，我真的适合当老师吗？我能当好老师吗？

二、信念

虽然从教之路荆棘丛生，但是所幸有同事们的支持与帮助，让我依旧坚守心中的信念，并蜕变成长。学校的同事们有的追求专业，率先垂范；有的激情带班，享受工作；有的研究当先，持之以恒。大家虽然年轻，但是充满干劲，勤奋好学，彼此支持。我想，正是这种"团结合作，敢于担当，敢为人先"的颂德精神影响着我，让我在教学路上一直坚持。

三、改变

在教师成长路上，我的专业技能来源于认认真真做了五年班主任，我的专业发展得益于踏踏实实做了五年班主任，我的专业幸福植根于实实在在做了五年班主任。陪伴学生从入校到毕业，看着他们从小屁孩长成花样少年。在这期间，我锻炼他们的能力，塑造他们的性格，丰富他们的精神，唤醒他们的灵魂，带领他们遨游知识的海洋，品味生活的苦与乐，教会他们感恩与善良……看到孩子们从稚嫩到成熟，从自卑到自信，从怯弱到担当，这是一种无法言喻的美妙和满足感。

我很喜欢用周记随笔的方式与孩子进行沟通交流。我的周记写的是生活随记，可以写一周发生的趣事，也可以写当下的心情，或是写所见所闻，也可以在上面画画，字数不限。孩子们一听字数不限，可以随意写，也就乐意接受了。一开始，孩子们大多是应付式写几句话或者抄写文章，尽管如此，我还是耐心地阅读，认真批阅。

"无话可说"——无言以对。"今天天晴"——老师最喜欢阳光，阳光洒进教室，你们身上都发光呢！"周老师，我悄悄跟你说，同学们给你取了个外号叫'周董'！"——真的吗？你们怎么知道我最喜欢的明星就是周杰伦？这个名字我喜欢。"周老师，上课听到你有几声咳嗽，要注意休息，少说话，我会帮你管好纪律的。"——谢谢你的关心，老师有你真好！

慢慢地，孩子们就习惯了用周记的方式与我对话，也很期待我的回复。有次我实在太忙了，只来得及给周记批"阅"，孩子们纷纷投诉我偷懒。自此，我再不敢懈怠。

周记随笔，拉近了我与孩子们的距离，使我们彼此成为朋友。阅读孩子们的随笔，我可以用心去聆听、用心去感受、用心去发现。孩子们寥寥几句话，反映了他们当下的思想。对话的过程，也是教育引导孩子的好时机。很多班级管理的问题，只要细心分析，就可以提前发现，及时处理。在当班主任的五年间，我意识到学生的成长与教师的成长是相互促进，彼此成就的。

四、遗憾

回顾十年成长路，我的思路渐渐清晰，我对自己的教育之路有了更多的思考。大学专业知识虽面面俱到，却很多点到即止。我虽时常思考教育问题，却懒于阅读和钻研写作。未来更多的十年，我要一步一个脚印，更用心记录，更虚心学习，放慢脚步，与孩子同欢乐、共艰辛，守护从教初心，守住研究能力，潜心成为"教育农人"，在三尺田地辛勤耕耘，继续前行。

涅槃重生，不忘初心，砥砺前行

——记一次研讨公开课的准备历程

吕东娣

有位诗人曾经说过：梦你所梦，思你所思，做你所做，因为宝贵的生命你只有一次。

2020年9月初，我主动报名承担了肇庆市端州区八年级历史研讨公开课的任务，课题是部编版八年级上册的第20课《正面战场的抗战》。刚接到这个课题时，我整个人都蒙了：这是一节讲抗日战争的课，以往大家的做法就是按照课本的线索来讲述而已。如何能让这节课摆脱以往的上课思维，上得更加出彩呢？我在摸索中找到方向，在摸索中得到提升。

一、问渠哪得清如许，为有源头活水来

在准备研讨公开课时，我有幸得到区教师研究中心教育科学研究部部长冯振磊的指导，他推荐我阅读王树增先生的战争系列专著《抗日战争》中关于正面战场的抗战部分。同时，我还通过知乎网、国家哲学社会科学文献中心查阅了相关的文献资料以及论文几十篇，收集了一些非常有对比性的历史数据材料。课前的充足准备为我确定公开课的方向提供了思路。

二、独行快，众行远

接到研讨课任务时，我第一时间就向科组的老师请教：如何能将这节课上得更有历史韵味？如何突破自我？为此，科组内的老师陪着我一起研讨，最终确立上课线索为："为何要胜利？"—"为胜利而牺牲"—"牺牲，就胜利了吗？"感谢这群可爱的人一直陪伴着我，鼓励着我。

三、细节决定成败

确定好上课思路后，我开始着手制作课件。为了让学生能更深刻地感受到中日双方各方面实力的差距，我开始根据前期收集到的数据制作对比明显的表格。我开始学习录屏技术和视频剪辑技术，最终剪辑出两个对比明显的

视频:《抗日奇侠》《八佰》，设计意图是让学生在这种冲突明显的对比中感受中国军民抗日不易。在设计如何讲述武汉会战这一战役时，我将从网上收集到的日本士兵的一段真实的日记录成了音频——《地狱谷中的一个星期》，并且配上了渲染悲伤恐惧气氛的音乐。在设计如何讲述第三次长沙会战时，我决定利用历史教师的优势，讲讲关于"战神"——薛岳的故事，增加课堂的趣味性的同时也可以让学生更深刻地感受到中国军民抗日的坚定信念以及智慧。

四、"老师，这节课太虐了"

一节课设计得再好，如果在课堂中无法引起学生的共鸣，那就等于零。在准备好教学详案后，我开始进行试讲。在试讲时，每当学生看到《抗日奇侠》时，都会哄堂大笑，可是看到接下来的《八佰》时，好多学生的眼眶里噙着泪水。课后，很多学生纷纷跑过来说："老师，这节课太虐了!"我相信，这节课对学生的情感是有冲击的。这节课的课标要求是"让学生感受中国军民不怕牺牲的精神"，我想应该是达到了。

五、一次反思就等于一次成长

上完课后，结合同行们给的意见，我自己也进行了反思。第一，在设计学生活动时，仅仅根据几则材料能否让学生书写出中国人民的精神？这样的设计是否有效？是否能满足学生的需求？在以后的上课过程中是否可以将这个环节中的几则材料换成别的形式或者直接去掉，不要为了学生活动而设计学生活动？这点需要斟酌。第二，课标中要求体现的是中国军民在抗日战争中不怕牺牲的精神，可是这节课在设计中对中国人民牺牲的描述却非常缺乏，可以在后续把相关资料补充进去。

我用了差不多两个月准备一节研讨课，过程很艰辛，可是上完课后，我在心理上得到了非常大的满足。通过准备研讨课，我自己的学科知识丰富了，专业素养提升了，专业技术进步了，对新课标的理解也更深一层了。同时，我觉得我尽到了一名历史教师该尽的责任——培养学生的家国情怀。

有位教授曾说过："一些人希望轰轰烈烈，希望有声有色，希望成为一个受人尊敬的、非常具有成就的教育家；也有一些人希望平平淡淡、安安静静。"我选择了后者。但是，选择后者并不是放弃理想。我所追求的只是一种平平淡淡的真、一种实实在在的情!

梅自苦寒来，雅士育芝兰

周梅兰

小草长成青青草原，需要的水分来自雨露，需要的心灵养分来自阳光，即使有石头压覆其上，依然坚定不失倔强。而几年养护才能在夜里一现的昙花，不但需要保持湿润又不宜过度潮湿的土壤、周期性不间断的施肥、适宜的温度环境、不能过盛但又充足的阳光，还得提防虫害，这样坚持养护几年才能等到花开。而我在颂德十年的成长之路，自立中不失关怀、呵护中带有坚持。在我看来，香飘满园，绿叶支撑，青草相伴不可忘，通过自学提高自身素养的同时，也需要前辈的指点。刚从大学毕业的我，一路走来，就像我的名字一样：前期如梅，凌寒独自开，主要靠自己摸着石头过河；后期如兰，众草共芜没，幸得有名师指点和同伴帮助才能释放芬芳。

一、初上教坛很迷茫

我满怀憧憬踏上了工作岗位，但是遇到了各种问题。实践后发现很多的不足：对教材不熟悉、时间分配不合理、语言不够简练、自己讲得太多等。彷徨的我只能求助于教参或者网络，参考别人的亮点部分作为自己的教学素材，拼凑出自己上课思路，然后照本宣科，虽然学生取得不错的成绩，但是自己总觉得课堂效果不满意。

二、十年磨炼促成长

后来，我幸得多位老师指点，不断给我浇灌养分，才能茁壮成长，芳香四溢。

（一）前辈示范，暗中汲取教学养分

吴老师艺术般的板书是化学界的模范。板书没有一丝多余，每一字每一笔都尽其所用。他的板书启发了我要深入思考每节课的内容和结构。虽然现在的上课工具和手段比以前丰富了很多，板书地位容易被忽略，但是我坚持把课堂的核心内容以板书形式简洁扼要地呈现，让学生一目了然。

张老师每逢我公开课后向我提出醍醐灌顶式的建议。他教我如何带着化

学思维去授课，使得一节课有画龙点睛般效果。从此之后，我备课多了一个必须思考的标配问题——课堂内容背后的化学思维和素养。

苏老师拥有既高级又社交式的评课技巧。我发现苏式评课（找亮点，给建议，提炼观点）内容受大家喜欢和期待是因为他关注的重点是评课对象。这给了我很大的启示：我的课堂不应该仅关注的是我教什么知识，怎么教，更应该关注学生学哪些知识，怎么样才能使学生更容易理解，学生怎么学会比较快乐；自那以后我忽然开窍了，我的课学会了以学生为主体，关注学生的学习状态、指导学生进行实验探究、启发学生思考。

（二）名师引领，滋润教学不着痕迹

林老师是工作至今对我教学生涯影响最大的老师。我不仅时刻受她的严谨教学的态度和高超教学技能影响，还有经常被她执着、精益求精的工作态度熏陶。在耳濡目染下，我学会了如何利用语言的力量，协助课堂教学。时时利用语言提醒、规范学生的学习习惯。就像林老师的口头禅：笔不离手；学会利用幽默语言，激发课堂活力；利用严谨化学术语，进行科学的表达。在林老师的耐心指导下，我慢慢学着如何设计一节有思想有灵魂的化学课。现在我的课除了要有严谨的教学思路和层层递进的知识以外，还要能带给学生正能量。在林老师的鞭策推动下，我勇敢地走出舒适区，尝试去接受各种挑战，研究课题、课堂改革、课堂新技术，协助名师工作室的工作等。

（三）同伴互助，芝兰之室共飘香

独行快，众行远。近三年，我加入广东省林苑华名教师工作室，和团队的小伙伴一起学习研修。在探究智慧课堂教学时我们共同研讨、互相启发、群策群力，在合作中提升自己的能力和水平，在互助中大家共同进步，在跟岗学习中收获了深厚的友谊。

三、梦想花开会有时

相比初上教坛的我，现在已形成自己的一套教学体系：化学思维及核心素养贯穿每一堂课，以学生为主体，一切从学生的角度出发，利用板书设计将课堂重难点梳理清晰，熟练运用"翻转课堂""五环节五活动"等教学模式及课堂新技术，注重利用化学实验演示及生活中的化学素材，将知识点化难为易，提高课堂的趣味性和有效性。

此外，我不计较一时之得失，保持好奇心，保持"初学者心态"，乐观谦逊地不断学习，不断汲取养分，这样才能更好地成长。正如固氮化学反应"$N_2 + 3H_2 \xrightarrow{\text{高温高压催化剂}} 2NH_3$"，合成氨反应有一定限度，生活和工作又有多少付出是100%回报呢？想得到更高的回报率，就要多投入，扛住高温高压，借助催化剂。当遇到瓶颈，付出努力而看不见收获时，不要气馁；即使已经成长起来，也仍需不断学习，这就是我的教学成长感悟！

教学与课题伴我成长

叶金青

年华似水，岁月飞逝，蓦然回首，我已在肇庆市颂德学校工作了十年。十年，您目睹了我的成长；十年，我见证着您的变化。您，一路指引我前行；课堂教学，是我前进的动力。

2010年9月，我初入颂德学校，带着青春时的梦想，踏上了教育之路，一声"老师好"，足以令我精神一整天。我用了两年时间去熟悉教材、熟悉考纲，努力搞好课堂教学。当时的我认为只要自己备好课，课堂完成教学内容，学生能取得不错的成绩，就是一种好的课堂教学。直到2013年在科组长苏洁冰老师的带领下，第一次接触课题"初中化学自主合作教学模式的运用与研究"，我才开始思考"什么是课题？""什么是自主合作教学？""为什么要进行这种教学模式？"等一系列问题，于是开始查阅课题的相关信息，了解课题。

2013年11月我开始了第一次课题研究。从那以后，我的课堂便多了一样资料——导学单。导学单是教师本节课的教学流程，是指引学生进行自主学习的导学案。相比以前的课堂，我发现自主合作教学课堂有以下优点：一是教师讲授的时间少了，减轻了教师的负担；二是学生之间多了交流，形成了互帮互助的学习氛围；三是学生对课堂的目标更明确了；四是课堂的反馈练习题针对性更强（题目是根据学生的情况编写的），题目有基础题与能力题之分，非常适合分层练习。之后，我还撰写了论文《探索优化初中化学课堂教学的策略》，并获得肇庆市教育学会中学化学教学研究会新课程成果二等奖；同时，我运用这种教学模式在区举办的"快乐课堂·由我做主"教学技能大赛中获青年教师课例一等奖。通过一年的课题研究，学生学会了学习，学会了合作，他们的实践能力、创新能力都有了不同程度的开发与提高，我校学生的整体素质得到了明显的提高。在这过程中，我的教学观念进一步更新，教学方式进一步转变，驾驭课堂的教学艺术水平也有了可喜的进步。

课堂教学改革的步伐一直在前进。之后，学校开始组织教师进行翻转课堂教学模式的学习。翻转课堂，对我来说是一个崭新的名词，到底该如何

"翻转"呢？跟随着林苑华校长学习，我才明白"翻转"的真正含义——"先学后教，以学定教"。加入林苑华校长省名教师工作室后，我全身心投入翻转课堂教学学习中，尝试上了一节"氧气的性质与用途"翻转课，同时在课题"基于'一对一'数字化的环境下有效推进化学校本课程的实施的研究"引领下，我又成功上了一节"化学校本课——肇实的研究"翻转课，并获得区信息技术和学科教学融合展示课二等奖。翻转课堂，是一种与新时代信息化接轨的教学模式，通过了解学生预习的情况，根据学生预习反馈出的问题进行第二次备课，课堂引入新技术，解决了举手难、全批全改难等问题，让课堂反馈更高效，学生参与度更高，课堂学习氛围更浓。

回首自己的教学模式探究之路，我明白了时代在进步，只有更新教育理念，创新教学方法，才能适应当代教育。教学是一种与学生交流的手段，课题研究与教学紧密结合，为教学提供更优质的服务。课题研究一直在给我指明方向，使我开阔了眼界，拓宽了思维，在历练中成长。但遗憾的是，我还没有主持过课题研究，这是我今后努力的方向。

用细腻双眸凝望七彩生命

刘银健

在中考的备考当中，有些学生由于升学的压力与填报志愿的压力，表现得浮躁、焦虑，我看在眼里，急在心里。如何让学生在学习上保持"兴奋点"，并快速地调整心态？在马斯洛的《动机与人格》和皮特里的《动机心理学》中，我找到了方向。

一、主题班会，思想领航

（一）自主设计，"深度学习"主题内容

学生以自主组合的形式对我提出的"主题"进行班会策划和设计，在主动策划的活动中，放松紧张的弦，并且在"主题班会策划—主题班会开展—主题班会总结"的过程中，无形中对主题内容进行了一次深度学习，因为在"学习金字塔"中，最高效的学习是"讨论—实践—教授给他人"。

（二）认识自己，构建归因倾向最佳训练场

主题班会上，我带领学生对阶段考试的成败进行详细分析，从答题得分、知识点掌握到卷面书写都有涉及。一方面，引导他们找出成功或失败的真正原因，即进行正确归因；另一方面，制作学生各科成绩对比表，让他们直观分析成绩的差异，这有利于学生调整学习方向，对学习进行归因，以此激发学习动机。

（三）近远期盼，增强集体归属影响力

在举行"我为班级添光彩"的主题班会中，对学生近景的直接性动机，我设计成"我为班级做了多少事情""我的成绩有没有拖了全班的后腿"；对学生远景的间接性动机，则设计成"为学校的发展和辉煌贡献自己的一份力量"。只有让学生找到集体归属感，以集体的荣誉作为动机，这种动机才能具备持续性和生命力。

二、日常小惊喜，动力不断

（一）贴心奖项激励

在班级里，我将每日常规纳入奖励项目中，按照不同类别，如"进步之星""最佳黑马""正能量之星"等，尽量让奖状的覆盖面更广，让学生感受到自我的存在价值，提高自我认同感。同时，在奖励的过程中，我把握好奖励的尺度，不让奖项过于泛滥，避免给学生造成随便做一下都能得到奖励的错觉。为了实现这一步，我在奖励之前，做好了各类奖项的量化标准，如课堂记录本、卫生清洁记录本、考勤记录本等，通过数据来让学生明白付出与收获是可以画上等号的，从而收获集体荣誉和成就感。

（二）阶梯式竞争奖励图激励

为了营造力争上游的班级学习氛围，我还在班里的荣誉栏设置阶梯式的竞争奖励机制，如按照学生理想的高中进行排位，横轴为打算报考学校学生的排位，竖轴为报考学校在地区的排名，形成一个横竖一体化的激励图表。图表让冲刺阶段的学生更加明确自己的位置，同时看到对手与努力的方向。每周按照各科周测的情况进行位置的调整，让学生在图表位置的变换中，产生成就感或危机感，从而激发他们的学习动机。

（三）小物品小奖惩激励

精神的奖励持久性更强，然而对九年级的学生而言，他们的心智还不成熟，小的物质奖励或者惩罚对他们而言也是非常有效的外部动机。如在每一次小测验中，学生为自己定下目标，以小组为单位，定下小组目标，小组间进行竞争，落后小组每个成员要买一包零食给领先小组。在每一次大测中，落后小组要在班上举行"颁奖仪式"，买一本笔记本当面奖励给领先小组，真诚地体现对进步学生的肯定。随后，领先小组以讲解的形式分享自己的收获和成功经验，在进行二次学习的同时，收获成功的喜悦。通过小物质的奖惩这些外部诱因，学生们不仅增强了学习的外部动机，而且将其转化为内部动机。

冲刺阶段，要让学生学习状态持续在线，就要一直激发学生的学习动机，不管是竞争机制、奖励方式，还是思想引领，目的都是让学生学习动机内化，变成一种源源不断的驱动力。而我最需要做的就是用一双公平的眼睛，发现学生点滴的美，用一支七彩、动人的笔，记录学生每日的变化，让学生看到过去的进步，憧憬未来的发展。

新技术助力班级管理

——记我与平板电脑班的蜕变

赵燕娇

我是一位信息技术教师，一次机会让我担任了班主任，还是平板电脑班的班主任。我便思考：能不能将信息技术融入班级管理中，使班级管理形式更多样？

一、当新技术遇上期末分享会

在七（10）班的第一次期末分享会上，我进行了第一次尝试——将平板电脑搬到期末分享会上。

整个分享会主要分五个环节，分别为"年的传说""春节风俗习惯""趣事分享""拜年礼仪""设计年夜饭"。第一个环节：通过"爱学"平台推送视频，让学生自主观看来了解年的来源。第二个环节：学生提前准备，学生代表上台介绍，还课堂给学生。第三个环节：提前让学生在"爱学"平台上写下春节趣事，现场选取个别内容进行展示。第四个环节：通过小品欣赏，家长、孩子一起思考拜年礼仪。第五个环节：设计年夜饭，此环节是此次分享会的重头戏。把全班家长和孩子分组，在规定时间内设计一桌美味的年夜饭，拍照上传至平台，派代表讲解年夜饭的寓意，最后所有人在平板电脑上对每一小组的年夜饭进行投票，平台马上反馈投票结果。

整个分享会气氛热烈，家长们也切身地体验了平板电脑班孩子上平板电脑课的过程与欢乐，深深地体会在信息技术支持下的课堂是如此有趣和高效。而我也第一次深刻地感受到信息技术不仅能与课堂相融合，还能融入班级管理中。

二、当新技术遇上主题班会

我将"信息技术助力班级管理"这一理念延伸到主题班会中。

我校的办学理念是感恩立德，因此，我把班会的主题定为"立德修身，诚信为本"。班会课分为"导入""何为信""为什么要诚信为本""如何做到诚信为本""诚信在你我身边"等几个部分。在"导入"环节中，我采用了"小弹幕，大谈论"的方式，通过雨课堂的弹幕功能让学生在平板电脑上输入对"信"字的理解，即时在教师大屏幕上显示，形式新鲜。"何为信"这一环节通过在"爱学"平台推送《信的来源》视频让学生自学，教师引导学生从信的来源迁移到现代汉语中信的含义。在"为什么要诚信为本"这一环节中，我采用的是小组讨论的方式，先播放两则商家虚假销售的新闻，然后讨论，引导学生明白一个国家、一个民族不诚信将祸国殃民。"如何做到诚信为本"是整节班会课的重点，"诚信在你我身边"依然采用小组讨论的形式。展示三个与学生生活学习息息相关的不诚实案例，派发讨论卡，学生分析案例反映的问题、出现问题的原因以及解决问题的措施，填写讨论卡后通过"爱学"平台拍照上传到教师机，教师即时看到学生的观点，抽取部分观点进行点评。这样的形式使整个讨论过程更加高效。最后的环节，让学生上网查找关于诚信的新闻，升华主题，让学生感受现在的社会是一个诚信的社会。

此次展示课完成度非常高，当听到评课教师对此次班会课的一致赞誉时，我的内心非常激动，新技术与班会课的融合获得了初步的肯定。

三、团建活动助力智慧平板班管理

懵懂的少年进入青春期后，随着交往范围的扩大、自身各方面能力的发展，导致他们与父母的情感不如以前亲密。我也常常收到有些家长反映，孩子在家经常房门紧闭，开始疏远父母。此时的我感觉遇到了前所未有的挑战，为此，我开展了一个家长与学生的团建活动。

团建活动分三个部分。第一部分是亲子活动，通过两个亲子游戏把孩子和父母的心拉在一起。第二部分是亲子互通书信，我事先让孩子们给父母写一封信，诉说自己的心声，父母给孩子回信。孩子把平时不敢或者不想与父母沟通的事情通过文字传递给父母。第三部分是主题讲座——沟通从心开始，讲述青春期孩子的心理特点以及作为父母该如何应对。

虽然孩子们与父母紧张的关系不能通过这次团建活动马上修复，但是很多家长开始愿意从心理的角度了解孩子、理解孩子。

在班主任的旅程上，我只走了很短的一段路，在探索新技术与班级管理的融合之路上，我还有很长的路要走。虽然这条路布满荆棘，但是，我无怨无悔，不忘初心。

不忘初心，我和你一起成长

全丽娟

年华似水，岁月飞逝，蓦然回首，竟已在教育这个行业里耕耘十一载了。

"认认真真做事，踏踏实实做人"是我一直秉承的理念。我曾多次对学生说："认真能把事情做对，用心才能把事情做好。"今天也用这句话与大家共勉。

多年以前，我曾经读过臧克家先生的一段话："一个和孩子常年在一起的人，她的心灵永远活泼像清泉；一个热情培育小苗的人，她会欣赏它生长的风烟；一个忘我劳动的人，她的形象在别人的记忆中活鲜；一个用心温暖别人的人，她自己的心也必然会感到温暖。"这正是我从教多载心声的写照。2009 年毕业后，我走上了"太阳底下最光辉的岗位"，成了一名光荣的人民教师，开始体会了臧克家先生话里的甘甜。冬去春来，花谢花开，转眼间踏上讲台已十一载。在已经流逝却永远难忘的岁月中，我经历了喜怒哀乐，也品味了其中的酸甜苦辣。我无怨无悔，也乐在其中！

刚从师范院校毕业的我来到肇庆市颂德学校任教。这是一所新建的学校，没有工作经验，没有老教师的带领，我们一群年轻教师摸着石头过河。每当遇到问题，大家一起谈论，一起想办法，学生成绩不理想，就放弃休息时间为学生辅导。功夫不负有心人，2012 年我带的第一届学生在同类班级中考取高中的人数是最多的。与此同时，我也获得了区优秀班主任、区优秀党员等称号，这些更加坚定了我的教育信念——教师是太阳底下最光辉的职业。

《孟子》曰："资之深，则取之左右逢其源。"作为教师，面对当前不断深入的教育改革、瞬息多变的课堂局面，"武装"自己势在必行。一直以来，本着对教育事业的热爱，我潜心钻研，努力学习教育教学理论，积极参加各级各类教研培训活动，积极学习并实践着，努力提高自己的专业水平。

2015 年 9 月，我担任了翻转课堂的实验班的班主任。从不知道什么是翻转课堂到轻松地开展翻转课堂，回首一路走过的点点滴滴，概括地说，靠的是学习学习再学习，实践实践再实践。

一、学习学习再学习，让自己厚积薄发

面对时代的变化，只有不断地扩充、更新知识储备，才能从容应对复杂的教育教学中的每个环节。现代社会是日新月异的社会，而农村教育教学信息滞后，只有不断学习，才能跟上时代的步伐。

二、实践实践再实践，让自己有感而发

课堂教学是素质教育的主阵地，而课堂教学能力是衡量一个教师是否优秀的重要指标。承担公开课教学活动成了我专业成长的一个重要途径，认真查找资料备课、精心设计教学内容、积极进行课前准备、认真听取评课意见、积极进行教学反思，这几个环节我都认真对待。我曾为如何更好地展示学生创造成果而伤脑筋，曾为使自己的教学语言能更精练而反复修改……辛苦之后，我也得到了可喜的回报。

完成课堂教学后，反思令人警醒，促人成长。在教学实践中，我积极撰写教学反思、教学案例、科研论文等，通过文字记录实践中的"感触"，进一步提升教育教学水平。多篇论文在市、区评比中获奖，经常性自觉地进行教学反思、教学总结，这些都使我进步不少，同时也让我清醒地认识到自己的缺点与不足，督促着自己不断前进。

十一年来，昔日伙伴尽成"骄子"畅游于大千世界，而我却愿坚守着三尺讲台，用自己毕生的心血去灌溉祖国未来的花朵，因为"这里有天真的孩子，还有姑娘的酒窝，这是个美丽新世界"。终身学习是我的信念，破茧而出是我的心愿，不断进取是我的承诺，为教育服务是我的目标。点点滴滴的成绩与进步，源自信念的力量，领导、老师、亲人、朋友像一块块砖石铺砌成一级又一级的台阶，让我迈进这个"美丽新世界"。我将更加努力习文、躬行、诚信、尽忠，以爱岗敬业为天职。

一名体育老师的成长记

魏　铭

当我成为一名光荣的人民老师，面对一张张天真无邪的笑脸，听到他们冲着我喊"老师好"时，我严肃的气势瞬间被浇灭。

面对掌握不了动作却依旧执着苦练的学习热情，我深知唯有耐心才是制胜法宝。

面对调皮捣蛋却敏感的心，我知道只有用心和付出爱心才能让"尖尖刺头"变得圆润，不再扎手。

也许，这些都是我在成为体育老师以前从未想过的，然而，我愿将体育教学作为自己毕生的事业。

针对学生的训练，我敢于探索训练方法并大胆尝试提高学生体质的训练方式，虽然训练过程枯燥，但符合学生身心特点的发展，对我日后体育教学也带来莫大的帮助。

因为不忘教育的初心，才有了今天的我。这就是我作为体育老师的成长日记。

追求就是美丽

区宇旎

时光荏苒，岁月如梭，我已在教育行业里耕耘了十三个年头。在每一个与孩子为伍的日子里，我都感受着喜悦和幸福，心中总是装着满满的快乐，脸上总是带着灿烂的笑容。我把自己的那一份愉悦、那一颗爱心、那一种执着都无私地奉献给孩子们。所以，我有着如同孩子般透明的心灵、简单的快乐和豁达的心境，用我的真心、真情从事着阳光下最为纯洁、灿烂的事业。

一、喜爱，让我走上了教师之路

我是一名中学教师，因为喜欢孩子，所以选择了这份职业。在实施新课改期间，我学习了许多新课改的知识，也观看了不少名教师成功的教学案例。在不断充实自己的同时，我感觉到课堂教学有了很大的变化，新课改的成功让我在课堂教学中有了更大的发展。在平时的教育教学中，每当我看到求知若渴的孩子们快乐地学习着，我就非常高兴。带着这份对孩子们的爱，我走上了教师之路。爱，是我投身于教育事业的原动力。

二、支持，让我拥有了坚强的后盾

大学毕业以来，我一直就职于肇庆市颂德学校，在教师这个岗位上一干就是十三年。回顾这十多年来的教学之路，我深深地认识到个人成长离不开一支积极向上、朝气蓬勃的团队，更离不开由学校环境和教师群体所形成的强大的精神后盾。我们学校犹如初升的太阳，在有追求、有梦想、有实力、有行动的领导班子和教师团队的拼搏下，朝气蓬勃。从教以来，我得到了领导的支持，遇到了很多良师，并得到了众多同事的帮助。这为教学奠定了很好的基础。每当我遇到教学上或班主任管理上的难题时，领导都会鼓励我，同事都会为我排忧解难。学校就是我成长的摇篮！

三、实践，让理论不断得到验证和完善

经过多年的探索和学习，我不断地在实践中修正和总结，在平时工作中多一分投入，多一种学习，多一些反思，多一点执着的爱。在平时的教育教

学中，我通过解决教学中遇到的疑难问题，关注自己的实践，不断总结经验，并在和领导、同事的相互探讨中不断提高自己的业务水平。

四、反思，让我体验到了成功的快乐

通过多年的实践，我认为要做好一名教师必须做到三点：一是有一定的专业知识，二是有一定的组织教学的能力，三是对新课改教学的领悟要比一般教师快。教师的专业知识只有在具体的教学情境中才能被激活，所以，教师的专业知识要在对教学现场不断的知觉、体验和领悟中，进行重构和提升。只有在教学活动的真实情境中，教师才能审视问题。在平时，我习惯做好案例的积累工作，通过不断学习与思考这些案例，逐步悟出其中的道理，积极投身研究，时时进取。

"起始于辛劳，收结于平淡"，是我们教育工作者的写照。回首过往，我无怨无悔。十多年的教学生涯，走上三尺讲台，教书育人；走下三尺讲台，为人师表。我虽感忙碌辛劳，但每天沐浴着太阳的光芒，呼吸着雨露的清香，在那些活力四射的孩子身上，感受生命的神圣美丽，感受生命的成长与变化，便觉得付出是值得的。或许我干不出惊天动地的伟业，但追求本身就是美丽的。不忘初心，砥砺前行！

十五年风雨与共，十五年书香颂德

林娟遂

2008 年 8 月，我踏出了大学的校门，走进了颂德的校门，成为一名人民教师。依稀记得在阳光明媚的 9 月，迎来了我人生的第一届学生——七年级（3）班。

第一届的学生问题特别多，我的班级也不例外。我十分重视学生良好习惯的养成，对学生要求很严格。几个星期下来，孩子们都很怕我。我树立了一种严肃的形象，然而我明白一味的严肃并不是长久之计。

形成了良好的班风之后，我开始与他们打闹，逗他们玩，逗他们笑，陪着他们一起搞卫生，一起泼水玩，让他们对我从害怕到依赖。很多学生喜欢逗我笑，看我笑，他们很开心，所以很多时候我都笑得很灿烂。但他们不知道的是，课余时间我看着他们的笑容，也一样开心！

2009 年，因为流行性感冒，我们班有 29 位同学请假了，我也病倒了。休假几天后回到学校，我看到了孩子们期盼与关怀的眼神，那一句"老师，你终于回来了，我们好想你啊"让我感动了好久，一切的辛苦都是值得的。

如今，他们毕业 12 年了，但是与他们相处的一点一滴依然历历在目。

2009 年 3 月，他们在劳动基地认真绣花，比学习要认真 100 倍！

2009 年 10 月，他们在劳动基地认真烹饪。遗憾的是，我没有吃到他们煮的菜！

2010 年 3 月，他们在军事基地参加军训。每天结束后，他们总会跟我撒娇地说一句："老师，好累啊！"

2010 年 5 月，他们认真参加五四合唱比赛。虽然声音不是很洪亮，但是他们的努力让我感到骄傲！

2010 年 11 月，他们在校运会积极拼搏，每次照相都害羞。

2011 年 6 月，在烈日下照毕业照的他们依然有些腼腆。

2011 年 6 月 18—20 日，中考来临了。这三天每晚我都很难入睡，我担心他们是否也像我一样失眠。6 月 18 日早晨，我很早来到了休息室，看到了他们带着笑容的脸，他们应该睡得比较好。我微笑着发准考证，微笑着送他们去考试，只想让他们少点紧张。

2011 年 6 月 20 日，考完所有科目，他们心里的石头放下了，不管考得好不好，至少他们都努力了！

最后，九年级（3）班没有令我失望，成了全年级同类班级中成绩拔尖的一个班级。我在感到欣慰的同时，也深知敬爱与畏惧是并存的，慈祥与严格并不矛盾，管理好一个班级，我们需要既立威又立信。

生活总是平凡的，回忆总是令人难忘的。工作 15 年，如今的我依然是一支粉笔，两袖清风，三尺讲台，四季耕耘。15 年来发生在我身上的教育故事很多很多，一个个随着时光流逝，但是所有纯粹的付出一直留在我的记忆深处，让我时刻坚守着教育的初心，一步一个脚印，努力向前行。

一路探索，一路成长

赖大坚

对于一个青年教师来说，有一份自己喜欢的工作，向着自己所热爱的方向不断努力、不断探索、不断反思、不断进步，每天为梦想奔忙，是让人兴奋的事。教学，我是认真的，每一次课堂上的改变、效率的提高都会让我高兴不已。妙用新的信息技术，探索高效智慧的地理课堂，我一路探索，一路成长。

一、一个屏幕，一目了然

刚开始工作的时候，课室只有一个大屏幕，展示电脑的一切。老师通过课件把文字、图像、模型在屏幕上展示，创设情境、进行授课。这些直观形象表现力和可控性强，绚丽的色彩、迷人的画面极易吸引学生的注意力，激发学生学习的兴趣。每次上课，我都做到"有备而来"，每堂课都在课前做好充分的准备，并制作各种有趣的课件，吸引学生注意力。为了提高课堂效率，我参考了网上现有的微课或者科学视频"歪歌社团""柴知道"等自媒体，找到了很好的素材。讲解一个地区的位置时，展示一幅百度地图，学生就一目了然了。

但我更希望可以让学生参与课堂，而不是听从经验的介绍，视频、动画、解说再精彩，学生的理解还是不那么透彻。这时我能做的就是马上进行课堂练习，并且现场批改，实时了解学生的学习情况。所以，每到课堂练习的环节，学生都很积极，都希望我可以现场批改练习，但课堂时间有限，看着学生渴望的眼神，我只能马上根据部分同学的完成情况进行再次讲解。通过这种方式来了解学生，提高课堂效率。

二、一台平板电脑，掌握学情

学生主动学，教师实时改变教学策略，以最适合学生的方式进行，这样的课堂是我一直期待的。学校翻转课堂的课程改革，为高效课堂提供了理论和技术支持，让我有了提高课堂效率的好机会。经过培训，我很快就开始了翻转课堂的尝试。

翻转课堂是一种学生课前学习课上练习巩固的新的课堂模式。原本在课堂上讲解知识点这部分内容被前置了，利用平台的优势，将每个学生课前的学习情况都直接提供给老师，通过平台提供的学情，教师可以非常清楚地观察每个学生的理解程度，并且知道如何帮助他们。我就可以在课堂上集中讨论、交流需合作解决的问题。课堂上就是直接解决问题，问题解决了，学生的学习目标也就实现了。课堂上学生有各自的学习终端，可以通过终端分享学习心得，展示学习成果，这些都给学生交流、展示的机会，同时，老师也可以通过平台直接了解学生课堂学习情况。这将对那些从不寻求额外帮助或关注，只是默不作声，袖手旁观的学生产生巨大的影响。

三、深度融合，智慧高效

风趣、动感、充满激情，适时、适度、适量，科学合理运用智慧教育平台，使学生学习方式多样化，评价形式多元化，学生积极参与、广泛参与、深度参与课堂教学，一直是我的追求。翻转课堂的到来确实让我看到了希望，但经过不断的尝试，或许是个人能力不足，很难每次课堂都使用翻转课堂的方式开展教学。但慢慢地，我能够在课堂上敏锐地感受、准确地判断学生的学习心理，从而更好地引导学生的学习；做到以学生为中心，把教材、教师、学生、课件融为一体，营造主动学习的氛围。

学生带着教材和问题走向教师，这样我就有更多的时间做学生成长发展中的观察者。信息技术的融入，让教师成了教学活动过程中解决疑难问题的帮助者，成了向导和顾问。信息技术的适当加入，将"一言堂"变为"学堂"，可以做到有效提问、有效活动、有效合作、有效训练、有效点拨。

总之，我们只有从角色、观念上转变，关注学生，关注课堂教学效果，才能真正做到高效率、高质量地完成教学任务，打造智慧课堂。教学中必须要一切以学生为中心，以兴趣为根本，充分激发学生的激情，张扬他们的个性，体现学生的主体地位，使学生愿学、乐学、善学，把课堂作为展示自己的舞台，把学习当作一种享受，在学习中体验到成长的快乐。我们应该积极研究打造智慧课堂的方法，做智慧型的教师。

答　案

——心理健康老师个人成长故事

陈　敏

作为一位心理健康教师，我初入职时满怀热情，欲施展抱负，以为倾己所能便可待得阳光拂面，春暖花开。在试图改变的路上，这份热情在一次次的可行甚少与收效甚微中渐感无力。仿佛石入湖中，除去荡起一圈涟漪，声息全无。湖水依旧，而石却不知所踪。我是一名普通的心理老师，我心怀学生，不忘使命，然而在一次次实践里碰壁，在一个个案例面前的无力，都让我急切地想要提高自身素养，寻求突破，为更多学生答疑解惑，保驾护航。但理想与现实的矛盾令我摇摆不定。我始终摸索不出那个答案：心理老师除了上课还能做些什么？至今我不敢也不想停下这种探寻。

记得在一次年级会议上，一个班主任把我拉到一边说："我们班有个女孩子最近情绪波动大，极易做出偏激的行为来伤害自己。"班主任想让我给这名学生进行辅导。虽然这样的个案并非初次接触，但我仍压力倍增，原因在于未任教过该班，对这个学生知之甚少，全凭班主任口中"情绪波动大，举止偏激"来做判断，恐难起效。在毫无准备的情况下根本没有把握，当下我也心生波澜，不敢轻易允诺。于是问这位班主任，她本人是否愿意主动过来，班主任的答复是愿意的，她之前有提及过想找心理老师。这令我万分庆幸，好在她能及时发现自身情绪状态，并主动求助。所以，我们很快就确定了咨询的时间。

第一次见面，我发现她是一个很瘦很高的女孩子，麦色的皮肤，笑起来眼睛水汪汪的。这着实令人惊讶，这么爱笑的小姑娘竟有偏激的行为。填完了咨询表格后，我做了简单的自我介绍并询问她有什么是需要老师帮助的。意外的是在一个如此陌生的老师面前她能敞开心扉，娓娓道来。很多时候，我还没用一些心理咨询技术，她竟然就可以完全信任地讲述自己的事情。慢慢地，从她的述说中，我了解了这个女生的家庭情况，父母离异，跟外公外婆一起住。她又处于叛逆期，跟家人的关系不好，情绪一失控就会通过偏激的方式去缓解自己的情绪。虽然她描述的时候很平淡，偶尔还会微笑，但我知道这只是一种自我保护的坚强，我真的挺心疼这个女生。在这个过程中，其实我能做的很少，只有认真地倾听，并感受她的委屈，缓和她的情绪。放学的时间到了，这个女生也倾诉得差不多了。我邀请她，"如果你觉得有需要的话可以下周继续过来找我"，她欣然同意了。

之后她每一周都固定过来，不止会聊到自己的家庭，也会聊到自己的人际交往，甚至是自己心仪的男生。慢慢地，我也发现，其实她这些行为的背后只是为了引起大家的关注。所以，她才能如此放松地在一个心理老师面前坦露自己的一切。我很开心的是在一次与她的班主任的聊天中，得到的反馈是她现在比之前开朗、上课也比之前专注。

后来我也接触了这样几个类似的案例，也思考了在心理教育过程中我做了什么，还能再做什么。每一个来访者根源上的问题都是在家庭。在马斯洛需求层次理论中，我知道一个心理老师的角色就是满足学生的安全需要。所以，在整个咨询过程中，我其实能做的就是给予学生一个安全、舒适的倾诉氛围，认真地倾听并共情，给予学生适当的回应，满足学生的安全需要。

虽然此时的我尚未收获到让学生成长的最终效果，但每个学生身上细微的变化，对我而言何尝不是一种自我修炼的成长，何尝不是我始终寻找的答案？即便眼前未得全解，但长路漫漫，或许答案已经在路上！

遇见更美好的"你"和"我"

——唱响颂德课改三部曲

林佳佳

2015 年夏天，在"你"的引领下，"课改"开始启动，我们迎来了激情四射的盛夏与金秋，走上了轰轰烈烈的变革之路。沿途，我们风雨同舟，我们携手同行，风景无限，硕果飘香，然后遇见了那个更美好的"你"和"我"。

一、翻转课堂

教室里，学生没有平板电脑，我们借助"爱学"平台，开始了"翻转课堂"的风雨历程。

首先是老师"翻"。教学观念得翻，教学形式得翻，教学环节也得翻……太多要翻，一时难以实现，那么就分步实施。新学期还没开学，我们课改先锋队已经开工，学习"翻转课堂"理念、教学形式、教学设计等，其间虽然我们辩论过、质疑过，但我们依然坚持。

接着是学生"翻"。每个学生背后就是一个家庭，学生接受课改，需要家长的支持和配合。开学前，我们召开家长会，努力赢得家长的信任和支持。然后是孩子们接受"翻转"历程。从哪里开始呢？第一步，分小组。根据学生各学科的成绩、组织能力、性格差异，在保证各小组之间实力相当的情况下，用了短短 3 周的时间，迅速了解学生后实现了分组。第二步，搞培训。为了保证培训收到较好的效果，课间、自习课、放学后，所有能用上的时间我们都用来培训，小组长的组织和行为方式，记分员记分的规则、细节，监督员的职责和任务，指导员的能力和指导形式，我们都一一落实，力争"翻转"首战告捷。

我记不清多少次"失败"的翻转。但在那一节"立体图形与平面图形：三视图与展开图"课堂上，七年级（4）班孩子们的精彩表现，让我记忆犹新，他们的"自主、合作、展示"远远超出了我们的预期，每每回首，总能热泪盈眶。

二、智慧课堂

技术在更新，资源在丰富，我们终于有了平板电脑。课改历程进入了新篇章。

如何在"翻转"的基础上，让课堂"智慧"起来？如何在"互联网＋"时代，创建颂德自己的课改智慧平台？

平板电脑的使用，促使课堂师生的交互更加高效，课堂的氛围更加热烈，学生的参与度更高，学习的效果更加突出。不同学科智慧课堂使用的App、软件不尽相同。2017 年在"广东省'互联网＋优课'教研展示活动"公开课"反比例函数的图像与性质（1）"中，九年级（4）班的孩子们充分利用平板电脑的数学软件，通过小组研讨、汇报形式，呈现了一节数学智慧课堂。

三、个性化

在改革路上，"个性化"的趋势凸显，"个性化"的推进势在必行。教师的个性化发展、学生的个性化成长、课堂的个性化呈现、不同学科的个性化教与学……"个性化"与我们息息相关。

于是，我走上了另一条"学习之路"，印象最深的是微课制作。从"什么是微课"，到"微课的内容和设计""微课的录制和剪辑""微课的使用"，我都要从头学起。经历了教学核心片段的选材、教学设计、写说课稿、录制、剪辑和后期处理等，我从一个教师，成长为一个编剧、导演、演员……当第一个称得上是"作品"的微课"合并同类项"完成之后，我的"个性化"成长势如破竹。

微课"合并同类项"被评为 2019 年端州区"双融双创"行动教师微课一等奖，并在中国教育技术协会"2019 年中小学智慧教育应用成果展示交流活动"中，由我现场微课说课。

2020 年春季，我承担了端州区线上教学的任务，公开课"27.2.1 相似三角形的判定（第 2 课时）"被评为"优秀课例"，"中考复习：二次函数（第 2 课时）二次函数的实际应用"被评为肇庆市线上教学初中组教学课程类优秀案例三等奖。

一路艰辛一路歌，正是有在质疑中奋勇前进的坚定和咬紧牙关往前冲的勇气，最后我们才遇见了更美好的彼此。"你"，桃李芬芳，名声在外，连年中考创佳绩，成了"新名校"；而我，如沐春风，借势发力，茁壮成长。

感恩有你，是你让我遇见更美好的自己。

第二章　主题教育

感恩父母，拥抱亲情

梁亭婷

一、班会目标

（1）使学生认识到感恩父母是一个人最基本的素养。
（2）引导学生能在日常生活中做到感恩父母。
（3）引导学生能用感恩的心态努力学习、积极生活。

二、班会准备

收集有关视频，制作故事音频，准备大卡纸和便利贴。

三、班会过程

（一）提问导入

有两个人，无论你走到哪里都放不下对你的牵挂，她和他愿把自己的一生无私地奉献给你；有一种爱，它让你肆意地索取和享受，却不要你任何的回报⋯⋯这两个人是谁？这种爱叫什么？

——是"父母"，这一种爱叫"父爱、母爱"。

（二）感受母爱

（1）观看视频：产房真人秀《来吧，孩子》。
（2）播放音频：汶川地震中一位母亲拼命护儿的故事。
（3）学生活动：母爱大比拼——用生活中的事例来描述母亲对自己

的爱。

本环节设计目的：用真实的案例让学生在视觉、听觉的双重冲击下感受母爱的伟大，同时延伸到自己的母亲，用先小组分享后派代表全班分享的活动形式来述说母亲对自己的爱。

（三）品味父爱

（1）欣赏沙画版歌曲《父亲》，让学生回想父亲如山般的爱。

（2）出示马克·吐温说的话，"当我 7 岁的时候，我感觉我父亲是天底下最聪明的人；当我 14 岁的时候，我感到我父亲是天底下最不通情达理的人；当我 21 岁时，我忽然发现我父亲还是很聪明的"，引导学生减少对父亲的不理解，减少与父亲的冲突。

（3）"父爱大比拼"活动：用生活中的事例来描述父亲对自己的爱。

本环节设计目的：用歌曲和名人名言让学生再次在视觉、听觉的双重冲击下触动神经，感受父爱的深沉，同时用先小组分享后派代表全班分享的活动形式来感受父爱。

（四）问卷调查

问卷调查内容：①是否知道爸爸、妈妈的生日？（"都知道"2 分，"知道其中一个"1 分）；②是否知道爸爸、妈妈喜欢吃的东西？（"都知道"2 分，"知道其中一个"1 分）；③是否经常主动和爸爸、妈妈聊天？（"经常"2 分，"偶尔"1 分）；④上初中后，你曾经把妈妈气得掉眼泪吗？（"没有"2 分）；⑤你有经常向父母表达你的爱吗？（"经常"2 分，"偶尔"1 分）；⑥你知道母亲节、父亲节分别是哪一天吗？（"都知道"2 分，"知道其中一个"1 分）。

本环节设计目的：问卷调查最佳得分 12 分。让学生通过自己的得分清楚自己对父母的了解程度，引导学生将对父母的感恩落实到更多的行动中。另外，让学生不用纸笔算分，而是伸出十根手指计分，目的是让学生动起来，活跃课堂气氛。

（五）小组合作

小组合作：我们该如何用行动感恩父母？

要求：学生先独立思考，然后分组讨论，再汇总意见，最后小组代表分享讨论的结果。

本环节设计目的：引导学生能够在日常生活中做到感恩父母。

（六）爱的留言

播放歌曲《感恩的心》，学生在贴纸上写出对父母的感恩之语（要署名）。写好后，学生走上讲台贴在大卡纸上。

本环节设计目的：拍成照片发到家长群，让家长感受到孩子的感恩之心。

（七）教师寄语

一个人如果有感恩之心，也就会有珍惜之心、仁爱之心，这是我们中华民族的传统美德。希望每一个同学能心怀感激，理解父母，并且用自己的刻苦努力、勤勉上进来报答父母。

四、板书设计

感恩父母 拥抱亲情

感受母爱
品味父爱 ｝感恩父母

五、教学反思

亮点1：目标明确，形式多样。本节班会课围绕"感恩父母，拥抱亲情"这个主题，用一首歌、一个视频、一个故事、一份调查问卷落实目标。

亮点2：在活动环节，遵循自主合作探究的原则。学生要先独立思考，然后小组讨论，接着小组汇总意见，最后小组代表进行全班分享。

努力方向：

（1）要学会灵活引导：学生分享父母爱自己的事例时，能用一些关键词引导学生则更好。

（2）要学会拓展升华：班会最后能从感恩父母提升到感恩师长、感恩社会等效果会更好。

我和我的祖国

陈 畅

主题班会活动设计情况：本教学活动在 2019 年广东省林苑华名教师工作室、工作坊、班主任工作室联合教研"一对一帮扶送教下乡"活动中，代表工作室到肇庆市怀集县冷坑镇中心初级中学送课，并获特等奖。

时间：2019 年 10 月 18 日（星期五上午第二节 9：10—9：55）。

地点：怀集县冷坑镇中心初级中学。

授课人：陈畅。

授课对象：怀集县冷坑镇中心初级中学八（1）班。

听课对象：学校领导，怀集县冷坑镇中心初级中学领导和教师。

一、活动目标

（1）通过讲述祖国的发展历史，培养学生的国家自豪感和民族凝聚力。

（2）通过主题班会，帮助学生树立正确的理想、信念和人生观、价值观，增强社会责任感和使命感，弘扬爱国主义精神。

二、活动准备

（1）教师根据内容自制课件，学生每人准备一张"建议卡"。

（2）歌曲《我和我的祖国》，视频《利比亚撤侨》《厉害了，我的国》《共和国丰碑》等。

三、活动设计

（一）创设情境，导入主题

（1）课前循环播放歌曲音频《我和我的祖国》。

设计目的：让学生从歌曲中感受"我和祖国同呼吸、共命运"的情感，进入班会的活动。

（2）播放《利比亚撤侨》视频，请学生看视频，看后说说感想。

（3）揭示主题：我和我的祖国。

（二）走进祖国，了解历史

（1）看视频：通过回顾"1949 年前的中国—1949 年中华人民共和国成立—2019 年七十年国庆"的历史，感受祖国的繁荣昌盛。

（2）学生说出自己的感受。

（3）关注怀集县乡村的变化。

展示怀集县连麦镇文岗村在"乡村振兴"前后变化的图片，让学生说说自己感受到国家实施"乡村振兴"战略后，生活环境的变化。

（4）教师小结：家乡发展，我们享受幸福生活，这都离不开祖国的发展。我们不能忘记我们的初心和使命——为中国人民谋幸福，为中华民族谋复兴。

（三）胸怀祖国，心忧天下

（1）从如今幸福生活，引导学生思考"我们是否可以过着高枕无忧的生活？"，引出"生于忧患，死于安乐"的话题讨论。

（2）学生关注社会环境，从国际、国内、国民素质的角度讨论我国当前面临的挑战。

（四）立足现实，从我做起

（1）以当今国内、国外的复杂环境为切入点，引导学生要有"忧患"意识。

（2）学生讨论：今年以来，怀集县大力实施"乡村振兴"战略，请你为建设美丽乡村出谋划策，你有哪些建议？

（3）书写"建议卡"并交流展示，以此时刻激励自己。

（五）关注英雄，树立榜样

（1）看视频《共和国丰碑》，认识获得共和国勋章的英雄。

（2）谈感想：以英雄为榜样，时刻激励自己。

（3）全班齐声朗读《少年中国说》的节选，升华内心体验。

（4）教师总结：无论中国怎样，请记得，你所站立的地方，就是你的中国；你怎么样，中国便怎么样；你是什么，中国便是什么；你有光明，中国便不再黑暗。

珍爱生命，远离毒品

樊维洁

一、活动目标

（1）借助本次活动，引导学生了解有关毒品的知识，深刻认识毒品对个体、社会和国家造成的危害。

（2）学习一些预防和抵制的措施和方法，从生理和心理上建立和巩固对毒品等恶习的防线，珍惜生命，远离毒品，完善人格，促进自我的健康成长。

（3）弘扬禁毒精神，帮助学生树立健康的人生观和价值观。

二、活动重点

采用自主探究和合作交流等形式，使学生深刻认识毒品对个体、社会和国家造成的危害，增强禁毒意识。

三、活动难点

增强学生的禁毒意识和提高抵御毒品的能力。

四、活动准备

（1）课前，组织学生利用网络媒体广泛搜集禁毒的资料，例如，查找与毒品相关的历史资料、毒品的危害的资料以及禁毒法的相关资料等，对毒品有了一定的认识，并进行提炼、整理，以小组为单位制作手抄报或制作漫画。

（2）禁毒课件、多媒体教学、实物、图片资料、卡片。

五、活动手段

多媒体辅助教学、教育短片等。

六、活动形式

师生互动，讨论、交流、合作探究形式。

七、活动过程

（一）情境导入，揭示主题

（1）观看视频《毒品如魔鬼》：吸毒导致家破人亡、妻离子散、让人生不如死，让学生从感性上了解毒品对人类的危害。

（2）主持人：同学们，看了这辛酸的画面，此时此刻，你有什么想法呢？毒品，正无情地侵害着人们的身心，特别是广大青少年的身心健康，影响着我们的家庭幸福。罂粟花最美，那花儿的微笑灿若云霞；罂粟花也最毒，它以嫣红的诱惑力，将人的灵魂吞噬。它就是一个恶魔！

今天，我们开展"珍爱生命，远离毒品"的主题班会，向万恶的毒品宣战！

（二）认识毒品

主持人：同学们，你们知道"国际禁毒日"是每年的几月几日吗？（6月26日）毒品，它究竟是什么样的？人们竟会被它所支配，驱使左右，乃至俯首称臣。那什么是毒品呢？毒品都有哪些呢？请各小组先交流，并派代表展示本小组的手抄报或漫画。

各小组先交流、分享，主持人归纳小结。

（1）毒品的种类介绍。根据《中华人民共和国刑法》第357条规定，毒品是指鸦片、海洛因、甲基苯丙胺（冰毒）、吗啡、大麻、可卡因以及国家规定管制的其他能够使人构成瘾癖的麻醉药品和精神药品。

（2）毒品的危害介绍。常见和最主要的毒品有（让学生看图片）鸦片、吗啡、海洛因、冰毒、摇头丸、可卡因、大麻等。吸食这些毒品都会成瘾，对人体产生危害，而且易感染疾病。如果服用过量，则可导致死亡。①毒品损害人体健康，摧毁人的消化系统、神经系统、呼吸系统及循环系统。②毒品令人倾家荡产，家破人亡，使人丧失工作能力。③吸毒导致堕落、犯罪。④毒品危害社会，成为世界公害。

（3）毒品的成瘾性介绍。①毒品的成瘾性是指吸毒者对毒品产生强烈的渴求欲望，并反复吸食毒品以取得快感，或避免出现痛苦，使自身处在一种特殊的精神和病态状况，可分为精神依靠和身体依靠两种。②PPT 展示吸毒者的故事与图片。

（三）洁身自好，拒绝毒品

主持人：据国家禁毒委员会统计，目前我国的吸毒者中，35 岁以下青少年占全部吸毒者的 85.1%。青少年吸毒的原因复杂多样，那么如何筑起理智的长城，防护住我们纯真的心灵？

（1）展示青少年吸毒的故事与图片。

（2）请同学们讨论、交流，说说为什么青少年会成为毒品的主要受害者。（各小组自由发言）

主持人小结：①对毒品无知、好奇；②经受不住他人的劝诱；③寻求刺激；④不健康的逆反心理；⑤家庭成员的不良影响；⑥寻求解脱等。

主持人：据有关专家介绍，禁毒的最好方法就是不吸毒，要做到这一点，首要的任务就是使青少年主动拒绝毒品。同学们，让我们坚决地拒绝毒品，珍爱我们如花的生命！生活在艳阳下的我们，盛开在灿烂的花季里，青春是绚丽而宝贵的，珍惜它，把它投入火热的学习、生活和国家建设之中去，那生命会闪烁着耀眼的光辉！拒绝毒品，让我们一起行动起来！

活动一：师生在展板上签名。进行以"拒绝毒品，珍爱我们如花的生命"为主题的宣誓签字活动。

活动二：国旗下庄严的宣誓——拒绝毒品，从我做起！

主持人：拒绝毒品，从我做起！同时请同学们发扬主人翁精神，从我做起，从小做起，在实际生活中以实际行动支持禁毒运动。

请同学们说说为了拒绝毒品，我们应该如何做好自己。

学生自由发言。

（四）结束语

主持人：我们必须"向毒品 Say No"，在生活中增强自我防范意识，坚决做到不与吸毒的人交朋友，真正从行动上拒绝毒品。认识到只有珍爱生命，远离毒品，才能创造完美的未来。

禁毒刻不容缓！鲜艳秀丽的花季怎能让毒品把它摧毁？青春是多姿多彩的，生命是灿烂辉煌的。生命如花，让我们一起用心呵护吧！毒品猛如虎，让我们远离毒品，做中华民族的优秀儿女！

请谨记：每年的 6 月 26 日是联合国确定的国际禁毒日！"珍爱生命，远离毒品！"让我们一起朗诵《爱惜生命，远离毒品》这首诗，用真情告白结束本次活动。

（五）教师总结

这一节课大家都学得很认真。我们既了解了毒品，也认识了毒品的危害性，受到了深刻的教育，更明确了观点：生命是完美的，生命是宝贵的，生命如花，远离毒品。做个珍惜生命、热爱生活、努力实现自身价值的人，就务必远离毒品！最后祝愿同学们珍爱生命，健康快乐地成长！

目标，你前进的能源

刘银健

案例情况：2020 年 9 月 25 日参与肇庆市林苑华名班主任工作室送课到鼎湖区永安镇初级中学。

时间：2020 年 9 月 25 日。

地点：鼎湖区永安镇初级中学。

授课人：刘银健。

授课对象：八（4）班。

听课对象：广东省直播平台、"1＋N" 教育联盟学校教师。

一、活动目标

（1）认识目标的重要性。

（2）明晰自己的目标。

二、活动过程

[活动一] 观察图 1，明确目标概念。

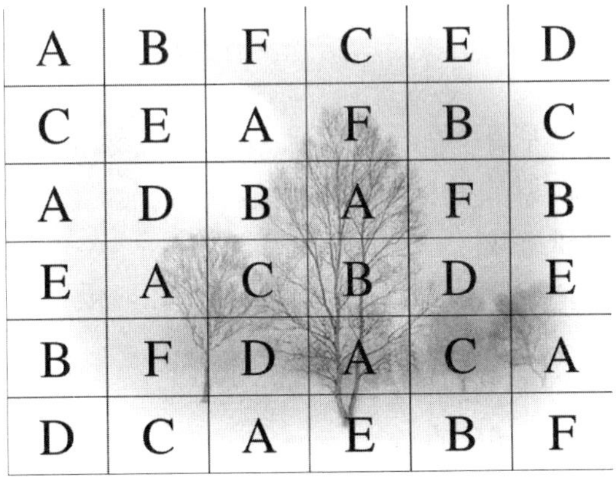

A	B	F	C	E	D
C	E	A	F	B	C
A	D	B	A	F	B
E	A	C	B	D	E
B	F	D	A	C	A
D	C	A	E	B	F

图 1　字母

环节一：先看图，关闭图片，提问图中有多少个 A。

环节二：先看图，关闭图片，提问图片中第三行第五格是什么字母。

环节三：先提问图片中第四行第三格是什么字母，再出示图片。

结论：有了目标，容易获得成功。因为有了目标，就有了明确的前进方向。

过渡引入：目标的重要性只是认清方向吗？它肩负着什么使命？

[活动二] 观图得感悟，目标的动力源泉。

思考：2020 年，疫情袭来，风雨飘摇，一个个遮风挡雨的身影，涌现在我们面前。他们用生命，帮我们渡过了难关。到底是什么支撑着他们？

问题一：是什么让淑女全然不顾脸上的伤疤，甚至毅然削下华发，剃成光头？

明确：为目标豁出去的勇气。

问题二：是什么让 84 岁的钟南山，在疫情期间为民出征？是什么让挂着拐杖的他，依然坚守在重症监护室里？

明确：为救死扶伤这一目标而迸发的惊人的毅力。

问题三：是什么让十几岁的他，吃饭也似行军打仗一样狼吞虎咽？

明确：为一心求学这个目标无所畏惧的信念。

问题四：钟南山的一句话"国家需要我，我责无旁贷"体现了什么？

明确：为国家无所畏惧的信念。

结论：有了目标，就有了豁出去的勇气；有了目标，就有了惊人的毅力；有了目标，就有了无所畏惧的信念。有了勇气，有了毅力，有了信念，成功不再遥远。

过渡引入：是不是有了目标就一定能成功？做梦 = 理想？

[活动三] 在游戏中感悟目标实现之道。

环节一：抢凳子游戏。

说明：4 名同学随着音乐绕凳子走，音乐停止时抢凳子。

明确：紧盯目标，专心致志。

环节二：观看豹子猎食的视频。

明确：锁定目标，勇往直前。

环节三："五毛一块"游戏。

说明：①5 名男同学和 5 名女同学；②男同学代表五毛钱，女同学代表一块钱。

　　规则：老师随便报一个钱数，如"两块五"，同学要自己找相应的同学进行组合，得出钱数。

　　明确：寻找同伴，抱团前行。

　　结论：①紧盯目标，专心致志；②锁定目标，勇往直前；③寻找同伴，抱团前行。

　　过渡引入：目标如何才能历久弥新？

　　［活动四］目标为何？自我价值的实现。

　　环节一：观看鼎湖发展纪录片。

　　明确：建设家乡的责任。

　　环节二：观看《开学第一课》。

　　明确：报效祖国的需要。

　　环节三：确定目标，逐梦未来。

　　学生定下自己的短期目标和长期目标，并贴在目标展板上。

三、活动反思

　　整节课的主题活动，主要以引导和探索的形式开展，逐步让学生感知：什么是目标？实现目标的动力来自哪里？目标因什么而存在？如何定好自己的目标？

　　在推进的过程中，学生靠自我感悟来感受目标，同时借用疫情期间的感人事迹，让学生直观地看到目标的强大力量。而游戏的参与和分享经验，则让学生亲身感受到有目标和没目标的区别，有方法和没考虑方法，实现目标的难易度是不同的。

　　当然，在活动过程中，由于时间限制，学生参与的面还不够广，探究的点还不够深入。

向阳而生，珍爱生命

施晓娜

一、教学目标

（1）使学生感受生命的美好，正确认识生命，懂得生命的可贵，珍惜生命。

（2）使学生正视生活中遇到的困难、挫折，热爱生活，正确面对困难和挫折，努力实现自身价值。

（3）教会学生如何面对和解决情绪问题。

二、教学重难点

（1）感受生命的美好。

（2）学会调适自己的情绪。

三、课前体验

（1）将全班学生分成四个调查组，每个调查组负责一项调查活动，让每个学生都最大限度地参与体验。

第一组：生命孕育的艰辛。采访孕妇或刚生过孩子的妈妈，感受生命孕育的艰辛。

第二组：生命诞生的美好。去医院的新生儿科，或探望亲人朋友家中刚出生的宝宝，同时看电视节目《来吧，孩子》。

第三组：感受生命的脆弱。去交警大队看车祸事故的视频，或同时看纪录片《人间世》，感受生命的脆弱。

第四组：聆听生命的感悟。采访年长的老人，聆听老者的生命感言。

（2）要求：每个小组制作一份 PPT、一个视频，每位同学都要写感想，摘录到 PPT 中展示。

四、教学过程

（一）班会导入

同学们，人的生命是漫长的，也可能是短暂的；可能是坚强的，也可能是脆弱的。有的人因为生命的美好而珍爱生命，有的人因为生活的困境而越发坚强，也有人轻易放弃了生命，还有人因为意外而过早地失去生命。生命的意义到底是什么？这是一个值得我们探讨的话题。今天，让我们来关注自我，关注生命。

主持人宣布活动背景、活动目的，班会开始。

（二）活动汇报

各小组进行展示汇报——学生说，教师聆听。

（三）反思感悟

教师提问：

从你们的分享中，我跟着你们从头到尾体验了一回生命的美好。但在现实中，还是有很多人不珍惜生命，对此，我感到很惋惜。生命很美好，但是生活却不会每一刻都那么如意，所以才有"人生不如意事十之八九"这样的话。不如意的事情谁都会遇到，关键是我们该如何去面对。我们从新闻里也知道，有很多人，甚至是学生，在面对一些问题的时候，可能采取了轻生的极端行为，每当看到这样的案例，我都无比痛心。今天，我想问你们，如果这样的事情就发生在我们身边，你会怎么做？

现在给每人发一张彩色便利条，请你用直接对话的形式写下想说的话。

（四）直面现实

真情热线"说出你的苦"。本环节的目的是让学生大胆去面对自己认为痛苦艰难的事情，由学生自愿阐述并讨论：①在成长的过程中，你曾遇到过什么困难或挫折？②你是如何面对的？

教师根据学生的讨论情况进行归纳：面对挫折，我们无须害怕，更无须逃避、退让，而应勇敢面对。

（1）增强自信、蔑视挫折：知道挫折的双重性，从战略上蔑视它，从战术上重视它。

（2）升华目标，淡化挫折：树立远大的志向，胸怀大志，才不会被小的困难羁绊。

（3）自我疏导，寻求帮助：多与家长、老师、同学谈心，及时化解不良情绪。

（五）你来当医生

心理医生在当今社会生活中是越来越被大家熟悉和需要的，因为我们都知道，心理问题往往最先是由情绪问题导致的，能解决情绪问题，就能避免进一步产生心理问题。情绪问题是每个人都必须面对且往往都是由自我先发现及面对的。

那么，如何解决情绪问题呢？

（1）学会自我调适。

当你感觉到自己情绪低落、焦虑、紧张的时候，你可以学习一些让自己放松的训练方式，让我们来试试。

选一个你最放松的姿势，坐好，全身放松，闭上眼睛，让自己体验一种放松的感觉……准备好了吗？好，现在深深地吸气，慢慢地呼气。再来一遍，深深地吸气，慢慢地呼气。再来一遍，深深地吸气，慢慢地呼气。好！

播放轻柔的音乐《天赐恩宠》，根据主持人的指导语让学生通过想象放松：想象傍晚来到一片宁静的海滩上，整个海滩上只有我一个人。我脱下鞋子，漫步在雪白如银的沙滩上，静静地聆听大海的呼吸。此时此刻，海风轻轻地从我脸上拂过，海水轻轻地拍打着海岸，也轻轻地拍打着我的双脚。细细的沙子调皮地从脚趾缝里钻出来，痒痒的，很舒服……此时此刻，月光洒在我的身上，我仰望深邃的星空，和天上的星星轻声细语地交流……

慢慢地，心情平静下来；慢慢地，获得了幸福和愉悦。现在，请你体验一下这种放松后愉悦的感觉。你会觉得浑身特别的放松，心情特别的愉快！

（2）学会求助他人。

如果你感到自己无法调适，很多时候都心情低落，那么要学会去求助他人，比如找同学、老师、家长述说自己的想法。如果还无法舒缓心情，我们也可以借助心理咨询的手段，去面对及解决心里的抑郁。

（六）班会总结

珍爱生命，我们的生命之树就有了根，深扎于大地母亲的根。学生讨论：生命的意义是什么？难道仅仅是活着吗？

情况归纳："路漫漫其修远兮，吾将上下而求索。"珍爱生命不仅仅是珍爱肉体的生命，更要珍爱精神层面上的生命。

（1）珍爱生命是一种执着，执着于理想、信念、事业。

（2）珍爱生命是一种心态，或豁达，或悲壮，或坚韧。

（3）珍爱生命是一种挑战，挑战外物，更是挑战自我。

（4）珍爱生命还是一种崇高、一种绚烂、一种追求、一种自信。

每一个生命都是美丽的，所以，每一朵花都不应该拒绝开放。同学们正当青春年华，在今后的人生之路上肯定会遇到一些挫折。希望大家学会在挫折中奋起，在挫折中走向成功。只要你不失去对美好事物的追求并坚持奋斗，生活必将回报你幸福的微笑。

教师总结：同学们，生命对于每个人只有一次。"当我们回首往事时，不因虚度年华而悔恨，也不因碌碌无为而羞耻"；当我们回首往事时，我们为曾经不懈奋斗而骄傲；当我们回首往事时，我们为自己高贵的生命而自豪！最后祝愿：生命不息，奋斗不止。愿我们的生命之树常青。

全班起立，让我们手拉手，一起合唱《怒放的生命》。

（七）课后延伸

给你的爸爸、妈妈写一封信，给 20 年后的你自己写一封信，可以说说你的感悟，也可以述说你的困惑。

五、教学反思

在活动开展的过程中，通过自主体验让学生先去探索生命的美好，再通过课堂上的师生交流再次感受这种体验。同时，课堂上师生一起学习如何去面对及调适自己的情绪，正视情绪问题，学会解决问题的办法；并通过课后写信的方式，给学生多一个渠道去述说自己的困惑或感悟。

不足之处是，作为教师的我还应该去学习和掌握更多的心理知识并帮助我的学生。这方面我不够专业，了解也不够深入，始终有点蜻蜓点水的感觉，我以后一定要学习更多的心理学知识。

守护生命之花

江小舒

一、班会背景

"生命"二字，宏大至宇宙，微小如蜉蝣，它可以绽放在广阔的大海中，也可以萌芽于一条细窄的裂缝中。曾经我带的班有一名孩子在半夜因脑出血去世，适逢疫情蔓延全球，生命的脆弱与疫情的反复变化，让我班孩子感受到前所未有的恐惧与焦虑。生命诚可贵，我们有必要再次思考生命的意义。

二、教学目标

（1）了解生命的历程，培养敬畏生命的意识。
（2）树立正确的人生观，学会珍爱生命。

三、教学重难点

树立正确的人生观，学会珍爱生命。

四、课前准备

搜集相关视频与新闻。

五、教学设计

（一）认识·生命之内涵

生命是什么？这是一个永恒的话题，古今中外，不同学科都对生命做出了解释。

1. 观看小视频《小小生命》

了解生命孕育的过程。让孩子们了解，每一个人的生命都来之不易，每个人的存在都是对生命的致敬。

2. 解读"生命"的原始甲骨文字

从原始甲骨文字深入解读中国文化语境下"生命"的内涵,"生命"是一个矛盾的交织体,既包含了生命体的自主性,又包含着客观规律的制约性,而这就注定了生命之中并存着自由与禁忌、乐与苦、爱与恨等对立的两面。(如图1所示)

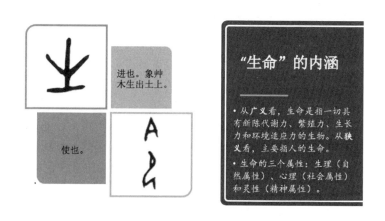

图1 解读"生命"的内涵

(二)敬畏·生命之尊严

列举社会热点事件,感悟生命的尊严。

通过澳大利亚山火、屡禁不止的皮草生意、大学生虐猫虐狗等社会热点事件引导同学们思考背后的原因,明晰该以何种态度对待生命。

面对世间万物,人类应该怀着一颗平等、敬畏、尊重、仁爱的心。敬畏自然,能够让人类在一定程度上避开某些灾害,而敬畏人类本身,则能让这个社会更健康与和谐。

(三)看见·生命之殇

1. 展示疫情数据的图片

通过展示疫情数据的图片让同学们直观感知生命的无常与脆弱。

2. 播放《中国人的0到100岁》(来源:腾讯视频)

视频生动诠释了庄子"人生天地之间,若白驹之过隙,忽然而已"的感慨。生命如此美好却又如此短暂，我们该怎样度过这仅有的一次生命呢？

"寄蜉蝣于天地，渺沧海之一粟。"生命的珍贵与短暂让许多文人墨客为之伤感。但今天的我们来不及伤感，"雄关漫道真如铁，而今迈步从头越"，在病毒肆虐之际，我们更应明白生命的正确打开方式是"敬畏生命，珍爱生命，健康生活，悦纳自己"。

（四）告别·生命之裂缝

一位同学猝不及防地离开了我们，他的离去是突然的、无法预料的。相信很多同学很难接受，前几天和我们一起上课、一起玩耍的同学就这样离开了我们，而我们还没有来得及和他好好告别。下面，让我们全班站立，双手合十，闭上眼睛，好好地和离开的同学告别。

面对猝不及防的生命裂缝，孩子们会难过伤心，班主任要举行一个告别仪式，让孩子们好好地与离开的朋友告别，减轻孩子们的悲伤情绪。

（五）珍惜·生命之宝贵

1. 出示数字"35""77"

"35"和"77"分别是 1949 年和 2018 年中国人的人均寿命，引用这两个数字的目的是提醒同学们，虽然现代医学的进步使死亡率大大降低，但人们仍然应该正视苦难与死亡，珍惜宝贵的生命。

2. 分享沈从文的《湘行散记》与史铁生的《我与地坛》

通过两个动人的故事，启发同学们认识生命的苦痛与快乐，明白"没有比活着更美好的事，也没有比活着更艰难的事"，越是苦难之时，对生命的执着愈显动人。"梅花香自苦寒来"，每个人或多或少都会遭遇挫折，既然如此，那就直面风雪，守护生命之花，收获冬日里的芬芳吧。

（六）守护·生命之花

班主任小结：我们每个人的生命都如鲜花般美好艳丽，那么，我们关注过这个陌生而又熟悉的生命么？首先，感谢我们的父母，感谢他们让我们看到这个世界，感谢他们把我们辛苦养大，给我们一个温暖的家。我们在父母的养育中一天天成熟，在老师悉心的教导下健康成长。我们的成长凝聚着老师的心血、父母的辛劳和祖国对我们的期望。我们应该拥有一颗感恩的心，去感恩所有的一切。父母把我们拉扯大是何等不容易啊，我们曾经是一个小之又小的生命，而今天我们已经是中学生了。从自己和同学的身上，我们更应该体会生命的来之不易。

生命是美好的，生命又是脆弱的。那些潜伏在我们身旁的"暴风雨"，使生命可能比昙花一现还要短暂。地震、战争、洪水，还有各种意外都有可能夺去一些人的生命，给他们的家人带来巨大的痛苦。通过这些事例，我们都更深刻地体会到生命的重要意义，也懂得了珍惜自己的生命，怀着一颗感恩的心去对待生活，对待身边的每一个人、每一件事。

六、教学反思

1. 主题鲜明，贴近实际

根据班情：一名孩子在半夜因脑出血去世。同学们感受到前所未有的恐惧与焦虑，生命诚可贵，召开生命教育主题班会刻不容缓。

2. 环节顺畅，形式多样

班会课环节顺畅，过渡衔接自然。班会形式既凸显了主题——守护生命之花，又适当地结合本班情况进行了教育，层层深入，环环相扣，达到了很好的教育效果。

3. 善于选用素材

本节课结合主题，贴近生活，选用了丰富多彩的素材，有视频，有图片，素材取材于社会热点，具有深度与广度。

主题班会主要是让学生达到"自我教育"的目的，班主任要营造教育的环境和氛围。本节班会是班主任精心准备的，不足之处是学生交流少，应该让学生更多地参与其中，通过观点的交流、碰撞，让学生产生深刻的体验，从而自然地把德育教育内化为自身坚定的信念。

立德感恩，诚信为本

赵燕娇

一、班会背景

我校的办学理念就是感恩立德，立的是中华八德，而"信"作为八德中的重要一部分，是学生重要的行为准则。因此，了解并掌握关于"信"的内涵至关重要。

二、教学目的

（1）知识与技能：了解诚信的内涵，认识诚信的基本要求是对人守信、对事负责，诚信是每个人立足于社会的通行证。

（2）过程与方法：培养学生观察、分析的能力，为人处世与社会生活的能力以及明辨是非的能力，引导学生践约守信，诚实做人。

（3）情感态度与价值观：增强对他人、对社会的责任感，树立正确的为人处世的态度和守信为荣、失信可耻的道德观念，大力弘扬中华民族诚实守信的美德。

三、教学重难点

（1）在现实生活中我们为何要讲诚信？

（2）结合我们的实际生活，我们应该怎样讲诚信？

四、教学过程

【环节一】导入

（1）教师指导活动：活动一——"小弹幕，大谈论"。

①提出问题：从我们学校的八德墙当中取出"信"字，大家思考这个字的意思。现场互动：请同学们打开平台的雨课堂，直接输入你此时想到的。

②开放三分钟外网，围绕主题分享。

（2）学生活动：学生用平板电脑作答，以弹幕形式呈现。

（3）技术环境：雨课堂中的弹幕功能。

（4）时间：3 分钟。

【环节二】何为"信"

（1）教师指导活动：活动二——观看视频了解"信"的历史，引导学生理解"信"字现今的含义。

①提问学生何为"信"，在平板电脑的"爱学"平台上推送《"信"字的由来》视频。

②引导学生说出"信"字三真言。

（2）学生活动：学生观看视频，围绕视频内容从通俗的角度讨论，"信"则为讲话，办_____事，做_____人。

（3）技术环境："爱学"平台视频推送。

（4）时间：5 分钟。

【环节三】为什么要以诚信为本

（1）教师指导活动：活动三——播放《三鹿奶粉事件》《瘦肉精事件》两则商家虚假销售的新闻，让学生就新闻中的案例进行讨论，引导学生明白一个国家、一个民族不诚信将祸国殃民。

（2）学生活动：

①学生围绕案例进行热烈的讨论。

②两名学生上台发言。

（3）技术环境："爱学"平台视频推送。

（4）时间：8 分钟。

【环节四】如何做到以诚信为本

（1）教师指导活动：活动四——案例讨论。

提供三个与学生日常生活学习息息相关的不诚实案例让学生讨论，派发讨论卡。

（2）学生活动：

①观看三个日常生活中的常见案例，分析案例反映的问题、出现问题的原因以及解决问题的措施。

②小组内完成讨论卡上内容的填写。

③讨论作为中学生应当如何做到以诚信为本。

（3）技术环境："爱学"平台拍照上传。

（4）时间：15 分钟。

【环节五】诚信在你我身边

（1）教师指导活动：活动五——展示广州无人售卖商店、桂林无人菜市、杭州无人超市三个新闻例子。这三个例子预示着我们将进入一个信用时代，将通过完善技术手段，大力构建"让守信者一路畅通、让失信者寸步难行"的社会环境。

（2）学生活动：观看新闻，思考新闻背后所呈现的意义。

（3）时间：3分钟。

【环节六】书法大比拼

（1）教师指导活动：活动六——向学生展示我校书法校本课程中"信"字的各种写法。

（2）学生活动：临摹书法校本课程中"信"字的各种写法，加深对"信"字的理解。

（3）时间：6分钟。

五、板书设计

主题班会：立德修身，诚信为本

（1）何为"信"。

（2）为何"信"。

（3）如何"信"。

（4）"信"你我。

六、教学反思

亮点：

（1）班会主题引入学校书法校本教材，展现我校书法校本课程的理念与内容。

（2）信息技术与班会课相结合，使课堂活动形式多、方式新颖、效率高。

①引入"小屏幕，大回顾"（雨课堂中的弹幕功能）。

②讨论卡的展示：通过"爱学派"的拍照上传功能呈现所有学生实时观看讨论卡内容。

不足：

（1）在引导学生思考时，本人语言需要更加精练准确。

（2）在书法大比拼环节，学生非常感兴趣，但是由于提供的字体种类较多，时间不充裕，导致有小部分学生不能在规定的时间内完成。

班级精细化建设之"时间管理术"

温美玲

一、教学目标

（1）认识"时间"及其重要性，并体会时间的价值。

（2）学会管理自己的时间。

二、班会的准备工作

量表、调查问卷、反馈表、视频、录音、规划表、"标签"、白纸等。

三、教学设计

【环节一】创设情境

（1）教师指导活动：用"'TA'的烦恼"引入，同时播放一段对话录音。

提出问题：对话里的这位同学，她遇到了什么困难？

请同学们围绕 PPT 中的简要对话用文字描述一下，思考并分享想法。

（2）学生活动：听录音，借助文本描述思考的内容并回答问题。

（3）技术环境：录音。

（4）时间：2 分钟。

培养能力：倾听、自主思考与语言表达的能力。

【环节二】数据分析

（1）教师指导活动：出示调查问卷的前测结果并简要分析，进一步提出"时间管理"这个主题的意义。

展示几张统计图。

（2）学生活动：查看三张问卷结果统计图，并得出结论。

（3）技术环境：平台问卷调查。

（4）时间：3 分钟。

培养能力：读图能力、数据分析能力。

【环节三】"算一算"

（1）教师指导活动："算一算"人一生的学习时间能有多少。

若人生百岁，减去"前15年"和"60岁以后的人生"，人的一生剩余大约1/5的时间是多少年？同时，展示2015年《世界卫生统计报告》关于"中国人的平均寿命"的相关数据。

（2）学生活动：计算"人一生的学习时间"的长度，以及在中国人的平均寿命下，"人一生的学习时间"的长度。

（3）技术环境：平台相关数据。

（4）时间：2分钟。

培养能力：简单的算术能力。

【环节四】"我们的一天"

（1）教师指导活动。展示"我们班的一天"校园生活照片，并提出两个问题：①自己一天中能"高效学习与复习"的时间段有哪些？②对比自己本学期的学习规划，你有哪些目标达到了，哪些目标还没达到？

（2）学生活动。思考并回答问题：①自己一天中能"高效学习与复习"的有哪些时间段？②对比自己本学期的学涯规划，你有哪些目标达到了，哪些目标还没达到？

（3）时间：3分钟。

培养能力：对比分析能力、展示交流能力。

【环节五】"学涯目标规划表"交流简会

（1）教师指导活动："学涯目标规划表"学习与交流简会。

（2）学生活动：认真倾听并学习瑞鑫同学分享的"学涯目标规划表"，对比自己的表格，发现别人的长处及自己的不足，取人之长，补己之短。继续完善自己的"学涯目标规划表"。

（3）技术环境：平台规划表。

（4）时间：3分钟。

培养能力：上台分享能力。

【环节六】"我的晚上时间管理"

（1）教师指导活动。①播放小视频：反面例子、正面例子（某同学在家的学习状况）。②小组讨论：他们学习方式的不同之处有哪些？谁的学习效益会更高些？

（2）学生活动。小组讨论：他们学习方式的不同之处有哪些？谁的学习效益会更高些?

（3）时间：7 分钟。

培养能力：对比分析能力。

【环节七】"时间管理术"的探秘

（1）教师指导活动："她的一天"。时间管理坐标体系。

（2）学生活动：认真倾听同学分享的一天时间安排，并对比分析自己的时间安排，找到自己有待提高之处并标记出来。重点学习"时间管理坐标体系"方法，并初步学会分类"学习任务"，以及学会管理自己的时间。制作自己的两个"时间标签"。

（3）时间：2 分钟。

（4）培养能力：对比分析及总结归纳能力。

【环节八】回归问卷

时间：22 分钟。

培养能力：科学规划时间的能力。

四、班会总结

（1）教师指导活动。展示对联：

精彩八 6

奋战一个月

出彩九年级

（2）学生活动：响亮地喊出我们班的口号"成功上岸，为自己加油!"。

（3）时间：3 分钟。

第三章 学科课程

能力提升训练："化学式和化学方程式"

林苑华

一、教学目标

（1）理解化学式和分子式的含义，掌握物质的化学式写法与读法。

（2）能正确书写化学方程式，进一步掌握化学方程式的配平方法。

（3）培养自主学习能力、沟通表达能力、小组合作解决问题的能力、科学探究以及总结评价等能力。

二、学情教情分析

（1）本节着重解决化学式和化学方程式的意义、书写、配平问题。

（2）所教的班级学生学习能力差异大，出现两极分化现象。

三、教学设计理念

借助信息技术支持，提供丰富的教学资源和工具，通过创设情境、自主学习（问题发现）、合作学习、检测评价、分享交流五个教学环节，帮助不同层次的学生对标知识点进行自我诊断、小组合作释疑、梯度检测，整理出自己的补缺学习清单。

四、教学设计与环节

教学环节	教师指导活动	导语	技术环境	学生活动	时间（分钟）
一、创设情境	预热互动："小弹幕，大回顾" ①提出问题："你学过的化学用语有哪些?"现场互动：请同学们打开平台软件，直接输入你此时想到的内容。 ②开放两分钟外网，围绕主题分享。 培养能力：借助弹幕回忆知识，培养学生快速整理知识的能力，提高学生的学习兴趣，激发学生的学习动力	请同学们回忆我们学过的化学用语有哪些？接下来，让我们一起做个有趣的互动，在弹幕上分享你们的想法。 谢谢大家精彩的分享！看来大家都知道得不少，今天我们复习的专题是化学式和化学方式	弹幕	学生用平板电脑作答，以弹幕形式呈现	2
二、自主学习	活动一："爱学派"上自主学 ①平台推送：请同学们用平板电脑进入"爱学派"课堂，进行自主学习。 ②知识梳理：化学式和化学方程式。 ③对照知识点和学习目标，找出自己的不足。 ④小组学习：小组讨论。 培养能力：根据"同化与顺应"的认知原理，通过自主学习，让学生对照学习目标，提出问题，组内解决问题，用宏观和微观相结合的视野分析化学变化的原理、条件、规律，理解质量守恒定律，从而提升学生的反思能力	首先，进行知识梳理，下面我通过平台推送任务，请同学们进入"爱学派"课堂进行自主学习并在组内提出问题，互助解决 【填写表1、表2】	平台推送	学生自主学习	8

续上表

教学环节	教师指导活动	导语	技术环境	学生活动	时间（分钟）
三、检测与评价	活动二：梯度训练夯知识 ①基础过关训练。 ②能力提升训练。 ③互批互改，合作释疑。 活动三：自我诊断与评价 ①自我评价：填写知识清单，完成知识诊断，查漏补缺。 ②总结反馈。 培养能力：通过检测与评价培养学生多角度分析、解决实际问题的能力；通过完成知识清单，进行二次自我诊断、自我评价；通过技术平台、小组合作，培养学生互助解决问题的能力	通过刚刚的学习，我们都知道了化学式和反应方程式有什么考点，下面我们通过梯度训练帮助同学们进行知识诊断、查漏补缺。 现在我推送基础过关训练和能力提升训练两套题目，要求大家在平板电脑完成选择题后在学案完成填空题并拍照上传。 选择题部分已经完成，请同学们看一下答题的结果，在学案上完成填空题，拍照上传。 【填写表3、表4】（附件2） 接下来，请大家独立进行自我评价，填写知识清单，完成知识诊断，查漏补缺。请小组长上来填写小组情况。 【填写表5】（附件3）	平台推送拍照上传	①学生在平台上完成选择题，在学案上完成填空题，拍照上传（把题干一起拍照上传）。 ②由小组互评后互改，合作释疑。 ③填写知识清单。 ④总结反馈	10

续上表

教学环节	教师指导活动	导语	技术环境	学生活动	时间（分钟）
四、拓展与展示	活动四："比一比，赛一赛" 第一环节：比赛 ①把六个小组分成 A、B 两个大组。 ②根据题目，在 8 分钟内接力完成。 ③答题顺序：先抽几个代表按顺序轮流上黑板写，最多写三个答案（不能重复，大家可以互相帮助），然后自由抢答，补充答案（最多三个）。 第二环节：评分 各派出两名同学，互改，评分：化学式 1 分，方程式 3 分 第三环节：总结评价 培养能力：培养学生个人展示能力、小组合作能力、探究能力、纠错补充能力，从而实现知识的强化与拓展	下面，我们通过一个小游戏进行知识的巩固与拓展，游戏规则是……请同学们准备好，预备开始。 游戏结束，下面各派两名同学交互评分。 表扬：成绩优秀，积极参与，认真思考，互帮互助，知识掌握和运用能力强，个人魅力和团队精神得以充分展现，再次体现了我们班同学的优秀品质，希望我们借助这种力量冲击中考，收获成功	小组竞赛	第一环节：比赛 ①把六个小组分成 A、B 两个大组。 ②根据题目，在 8 分钟内完成接力。 ③答题顺序：先抽一列代表按顺序轮流上黑板写，最多写三个答案（不能重复，大家可以互相帮助），然后自由抢答，补充答案（最多三个）。 第二环节：评分 ④各派出两名同学，互改，评分：化学式 1 分，方程式 3 分。 第三环节：总结评价	15

续上表

教学环节	教师指导活动	导语	技术环境	学生活动	时间（分钟）
五、反思与感悟	活动五："小打卡"上谈收获 在"小打卡"上发布自己的收获，例如，收获知识，提高能力，形成素养。 培养能力：培养学生总结评价能力、自我反思能力、运用信息技术能力，引导学生形成崇尚科学、严谨求实、感恩他人、奉献社会的意识	经过今天的学习与训练，我们对化学式方程式的知识点进行了自查与补缺、巩固和拓展，相信同学们对这部分知识有了更深刻的认识，运用能力有了更高的提升。当然，在你们的知识清单里还有个别同学的某些知识点存在漏洞，请同学们通过巩固练习继续强化。 下面，请同学们在"小打卡"上谈收获	小打卡	要求：写自己最有感悟的地方，例如，哪些知识还未掌握，怎么努力。落实与拓展：喜欢哪个环节与哪种技术的支持，等等	5

五、教学反思

（一）亮点

（1）依据学科素养设计教学环节，突出科学探究和合作交流能力的培养。本节课设计了四个活动：活动一，"爱学派"上自主学；活动二，梯度训练夯知识；活动三，自我诊断与评价；活动四，"比一比，赛一赛"，培养学生的科学探究和合作交流能力，提升他们的学科素养。

（2）借助信息化技术的支持，使课堂形式多、容量大、反馈快、效率高。①创设情境："小屏幕，大回顾"（弹幕）。②"一对一"自主学习：

"爱学派"上自主学习以及学习成果的反馈。

（3）注重个性化教学，提升不同层次学生的能力。①检测知识与自我评价：设计了"梯度训练夯知识"和"自我诊断与评价"，对标知识点自我诊断、合作释疑。②发现问题与解决问题：设计了5个表格找出问题，通过合作解决问题，查漏补缺并整理出自己的补缺学习清单。

（二）努力方向

（1）"比一比、赛一赛"环节，学生参与程度太高，时间不够充裕，未能按照教学设计进行互评。

（2）新技术支持下的个性化学习有很大的开拓空间，学科与技术的融合、不同层次的学生能力的提升，都是我努力的方向。

附件1　知识点和学习目标（见表1、表2）

表1　关于化学式的知识点和学习目标

知识点和具体要求	目标层次
1．理解化学式和分子式的含义	理解
2．认识物质的化学式写法与读法	认识
3．熟记常见元素及原子团的化合价	理解
4．＊有关化学式计算	理解

注："＊"为第二课时内容。

表2　关于化学方程式的知识点和学习目标

知识点和具体要求	目标层次
1．了解化学方程式的意义	认识
2．能正确书写化学方程式，初步学会化学方程式的配平方法	理解
3．＊根据化学方程式的简单计算	理解

注："＊"为第二课时内容。

附件2 自我评价的知识检查清单（见表3、表4）

表3 关于选择题训练的自我评价：知识诊断

题号	答题情况（正√，误×）	缺漏知识点（填写表1、表2序号）	造成失分的原因
1			
2			
3			
4			
5			

表4 关于填空题训练的自我评价：知识诊断

题号	答题情况（正√，误×）	缺漏知识点（填写表1、表2序号）	造成失分的原因
1			
2			
3			

附件3 查漏补缺表（见表5）

表5 关于化学式和化学方程式相关知识的查漏补缺

知识点	掌握情况		努力方向（具体做法）
	过关	仍需努力	
1. 理解化学式和分子式的含义			
2. 认识物质的化学式写法与读法			
3. 熟记常见元素及原子团的化合价			
4. 了解化学方程式的意义			
5. 能正确书写化学方程式，初步学会化学方程式的配平方法			

作文评讲课：如何突出中心

江小舒

一、教学目标

（1）学习突出文章中心的写作方法。
（2）学以致用，学习如何把突出中心的内容写详细。

二、教学重难点

学习如何把突出中心的内容写详细。

三、教学资源

学生期中考试习作、网络资源。

四、教学过程

（一）故事接龙，激趣导入

出示"今天，外校的一位语文老师来给我们班上作文课"这句话，让学生接龙讲故事。内容连贯即可。

（二）了解概念，明确重要性

（1）默读，圈点勾画中心的概念，完成填空。
（2）出示刘勰《文心雕龙》的名言"并驾齐驱，而一毂统辐"来明确作文突出中心的重要性。

（三）默读勾画，找出方法

翻开书本第108页，快速默读，用笔勾画，找出写作文时突出中心的方法。

（四）重温经典，深化理解

教材是智慧的源泉、启迪思想的钥匙。联系教材中的经典课文，能够有效深化理解突出中心的方法。

（五）细读例文，找出病因

（1）出示最具代表性的例文。运用今天所学，开展小组讨论：这篇文章因为哪些地方没有做好而导致文章中心不突出？不要面面俱到，找出最主要的一个原因即可。

（2）精读例文《我终于战胜了挫折》，明确写作重点，完成表格填空。

（六）学以致用，动笔修改

（1）具体方法指导。

①扫开一块雪，露出地面，用一枝短棒支起一面大的竹筛来，下面撒些秕谷，棒上系一条长绳，人远远地牵着，看鸟雀下来啄食，走到竹筛底下的时候，将绳子一拉，便罩住了。

——摘自鲁迅《从百草园到三味书屋》

明确方法：动作传神，增加细节（外貌、神态、语言）。

②我轻轻走过去关上窗，我的手扶着自己，像清风扶着空空的杯子。

——摘自海子《失恋之夜》

明确方法：运用修辞，突出心情（拟人、排比）。

（2）作品展示。

（七）布置作业

利用今天所学的方法，修改自己的作文，使中心更突出。

五、板书设计

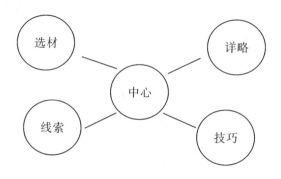

《诫子书》 教学设计

施晓娜

一、教学目标

（1）熟读课文，初步感知文意。

（2）进一步熟悉文言文，了解文言文的特点，积累重点词语和文言知识。

（3）理解文中深刻的人生理念和父对子的殷殷期望。

二、教学重难点

（1）积累重点词语和文言知识，疏通全文。

（2）理解文中深刻的人生理念和父对子的殷殷期望。

三、教学过程

（1）导入新课。①题目是什么意思？（是诸葛亮写给儿子的一封家书）②诸葛亮写给儿子的家书会告诫儿子什么呢？

（2）多形式朗读课文。一读经典：读准字音。（检查预习时字音是否掌握）二读经典：感受节奏。（教师范读，学生自读，发现文中句式整体的特点）三读经典，读准节奏。（学生自读，注意句间和句中的停顿）

（3）读经典，疏通文意。①学生对照注释，自译课文，疏通文意，提出无法解决的字词句。②全班共同讨论解决疑难字词句，教师适时点拨。③学生自译课文并进行小组讨论。师生共译课文。（落实重点词语和重点句子）

（4）读经典，理解文意。①从"诫"字入手，品读诸葛亮对儿子的厚望。诸葛亮希望儿子成为一个什么样的人？结合文中的句子谈谈你的认识和理解。（回答句式：从"＿＿"中可以看出诸葛亮希望儿子＿＿）②由此可见，诸葛亮希望儿子应该做什么、不应该做什么？（结合写作背景和诸葛亮生平）（归纳正反）③总结：诸葛亮教子智慧体现在他不仅从正面进行教导，还从反面进行劝诫。

（5）读经典，选择座右铭。请以"我选择 _____，选择的理由是 _____"为回答句式，结合自己的实际说说自己的感悟。再次从诸葛亮对儿子的厚望中理解父对子的期待。

（6）课堂小结。

（7）读经典：背诵感悟。

（8）作业：①背诵并翻译全文。②完成课后练习题第三题。

四、板书设计

诫子书（诸葛亮）

学
才
志
惜时

静 —→ 谆谆告诫 修身治学

五、教学反思

（1）这篇课文比较简短，在文言文的释义上并不是很难，通过自主学习和小组合作研讨的形式可以解决，但是学生还是有点放不开，不够自信，后续需要更多指导和鼓励。

（2）内容理解是本课的教学重难点，学生是比较难理解的。本节课我通过对学生进行引导，让学生回归课本，抓住"诚"字进行研读，能较好地解决难点，同时让学生联系自身，学有所获。

（3）本节课的内容量比较大，难点需要学生慢慢理解掌握，所以整节课还是感觉到时间比较紧，课堂节奏有点赶，需要更好地安排时间。

作文情感升华（微课）

刘银健

一、教学目标

（1）通过古诗中景物描写的运用，感知景物描写在作文中的作用。
（2）学会在作文中使用景物描写，提升作文水平。

二、教学重点

学会在作文中使用景物描写，提升作文水平。

三、教学难点

通过古诗中景物描写的运用，感知景物描写在作文中的作用。

四、教学时长

十分钟。

五、教学过程

（一）景物描写运用常见问题

（1）景物描写表述不准确，随意拼凑。
（2）景物描写在文中位置不恰当，显得突兀。
（3）景物描写与文章要表达的感情没有关系。

（二）景物描写的作用

（1）对比"写字的女孩"两幅图片。
（2）两幅图片有什么区别？给你怎样不一样的感受？
（3）第一幅图画对我们更有冲击力，更容易吸引我们的眼球，因为她所处的场景是特别的，感情是抽象的，景物描写是具体的，感情通过景物描写可以营造出画面感，让感情从抽象变得具体。景物描写可以更好地表达我

们的感情。(如图 1 所示)

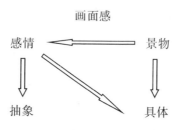

画面感

图1　景物描写的作用

(三) 古诗寻迹，运用描写

有同学经常会提这样的问题，景物描写有这样的作用，那么在作文当中，哪些地方使用景物描写比较恰当？其实这个答案古代的诗人已经帮我们找到了，只是大家没留意，还需要大家进行小结，答案就在我们学过的古诗词当中。下面，我们一起来看看几首古诗词。

1. 先景后情，触景生情

相见欢·无言独上西楼

李煜

无言独上西楼，月如钩。寂寞梧桐深院锁清秋。

剪不断，理还乱，是离愁。别是一般滋味在心头。

"月如钩。寂寞梧桐深院锁清秋"，寥寥 12 个字，形象地描绘出了词人登楼所见之景。缺月、梧桐、深院、清秋，这一切无不渲染出一种凄凉的境界，反映出词人内心的孤寂之情，同时也为下片的抒情做好铺垫。作为一个亡国之君，一个苟延残喘的囚徒，他在下片中用极其婉转而又无奈的笔调，表达了心中复杂而又不可言喻的愁苦与悲伤。

2. 先情后景，缘情写景

春望

杜甫

国破山河在，城春草木深。感时花溅泪，恨别鸟惊心。

烽火连三月，家书抵万金。白头搔更短，浑欲不胜簪。

杜甫的"感时花溅泪，恨别鸟惊心"。溅泪的、惊心的不是花不是鸟，而是因为作者内心充满着忧心伤感，离别愁怨。

3. 寓情于景，情景交融

天净沙·秋思

马致远

枯藤老树昏鸦，小桥流水人家，古道西风瘦马。

夕阳西下，断肠人在天涯。

马致远把十种平淡无奇的客观景物，巧妙地连缀起来，通过枯、老、昏、古、西、瘦六个字，将诗人的无限愁思自然地寓于图景中。这首小令采取寓情于景的手法来渲染气氛，显示主题，完美地表现了漂泊天涯的旅人的愁思。

（四）小结

情 ┌ 一、先景后情，触景生情
　　├ 二、先情后景，缘情写景
　　└ 三、寓情于景，情景交融

（五）结束语

写好考场作文，其实就是写好一件事，写好一个场景。

要写好一个场景，就等于要精心画好一幅画，拍好一场戏。

六、教学反思

（1）本节微课能够充分考虑学情，简洁明了地分析和介绍景物描写在考场作文运用中存在的问题。

（2）通过图片对比等方式，直观地引出景物描写在作文中对于表现情感的重要性。

（3）借用学习过的古诗词，巧妙地让学生找到在作文中运用景物描写表现感情的突破口，但在知识的迁移上，还要再加强。

"二元一次方程的几何意义"教学设计

麦少雄

一、教材分析

（1）数学活动课是教育部审定的 2012 年版初中教材的内容。

（2）平面直角坐标系和二元一次方程都是人们刻画现实世界的重要数学模型。

二、教学目标

学习用图像的观点看待方程组的解法，感受数形结合的思想方法。

三、教学重难点

探索方程与直线的交点坐标之间的对应关系，解决实际问题。

四、工具和资源

平板电脑、多媒体课件、学案、实物工具。

五、教学过程

活动一：说说法国数学家笛卡尔的故事。

【设计意图】通过介绍笛卡尔创建了直角坐标系的故事（如图 1 所示），激发学生强烈的求知欲。

活动二：说说，变变。

【设计意图】为接下来得出"描点法图像"做铺垫。

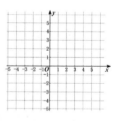

图 1

活动三：动手操作，合作探究。

（1）二元一次方程的解是一组未知数的取值。

（2）学生自己标出一些以二元一次方程 $x - y = 0$ 的解（见表 1）。

表1

x	...	1	2	...
y	...	1	2	...
(x, y)	...	$(1, 1)$	$(2, 2)$	...

（3）比较方程 $x - y = 0$ 和 $x + y = 0$ 在同一直角坐标系的位置及特征。

【设计意图】增强学生的数形结合的思维能力。

活动四：拓展应用，能力提升。

（1）请在同一平面直角坐标系画出下面两个二元一次方程的图像（如图2所示）。

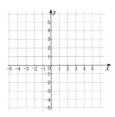

方程一：$x - y = -1$　　　方程二：$2x + y = 4$

（2）解方程组 $\begin{cases} 2x + y = 4 & ① \\ x - y = -1 & ② \end{cases}$

（3）探究图像上的交点的坐标 (x, y) 与方程组的解的关系。

图2

用类比的方法对比解方程和画图哪个简单，哪个准确？

【设计意图】利用两点法来优化画图像的过程。

活动五：实时练习，互相评价。

网络小测6小题，测完后互相评价。

【设计意图】用于评价本节课的核心知识点，进一步体会数形结合的优越性。

活动六：逆向思维，展示个性化学习（供学有余力的同学试试）（如图3所示）。

【设计意图】培养逆向思维展示个性化，让学生深刻体会数形结合这一重要数学思想。

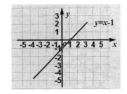

图3

六、板书设计

黑板左边板书知识点和思维导图，右边平面直角坐标系、二元一次方程的几何意义。

（1）平面直角坐标系与二元一次方程的联系。（如图4所示）

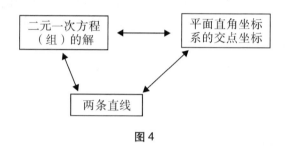

图4

（2）图像与二元一次方程组。（如图5所示）

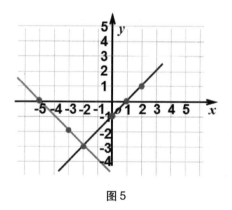

图5

（3）从图像的角度解方程组。（如图6所示）

图6

【设计意图】简明有序的板书体现了本节课教与学的内容。

七、学习日记

课后让学生写学习日记。（见表2）

表2

姓名		日期	
今天数学课的课题		二元一次方程的几何意义	
所学的重要数学知识		把二元一次方程与平面直角坐标联系在一起	
所用的数学方法		数形结合方法	
理解得最好的地方		画图求解	
还有疑惑的地方		平面直角坐标上的点与方程组的解的联系	
对课堂表现的评价（包括对自己、同学、老师）		我自己表现较好，同学都很积极	

【设计意图】学习日记是为了发展学生数学交流的能力，用课堂学习反思给学生提供一种表达数学思想方法和情感的方式，以体现评价体系的多元化，并使学生尝试用数学的眼睛观察事物，体验数学的价值。理解得最好的地方或还有疑惑的地方体现"不同的人在数学上得到不同的发展"。

八、教学设计反思

（1）贯穿一个原则——以学生为主体的原则。
（2）突出一个思想——数形结合的思想。
（3）体现一个价值——数学建模的价值。
（4）渗透一个意识——应用数学的意识。
（5）得到一个发展——让"不同的人在数学上得到不同的发展"。

共读《节庆假日》，领略文化嘉年华

——初中英语文学体验阅读教学案例

罗　健

人教版英语八年级上册 "Unit 8 Section B Thanksgiving in North America"，介绍了北美的感恩节。因此，我选了上海外语教育出版社新课标百科丛书第 3 级之十三的《节庆假日》（"Festivals"）作为该单元对标的英语文学体验阅读的内容。

一、文本分析

《节庆假日》（"Festivals"）是由 Maureen Lee 所写的一本非故事类文本，共四个章节，分别介绍了世界各地节日风俗及其历史，全书用语简洁，图片内容丰富。

二、课前准备

授课前布置学生阅读全书、听配套的录音 1 遍。教师采用 "Jigsaw Reading + 思维导图归纳 + 小组展示" 的模式。

三、课堂教学

（1）引导学生观察封面，获取书本的基本信息，培养良好的阅读习惯。

（2）头脑风暴，激活学生关于节日的知识储备，为上课做好准备。

（3）引导学生浏览目录，了解书本的结构及主要内容，构建关于该书整体结构的模型。

（4）浏览致谢部分的内容，了解书本内容获取的渠道，培养信息素养，树立尊重知识产权的意识。

（5）观察书本的内页，了解书本的特点，借助书本的图片、小标题、注释栏、对话框加深对书本内容的理解，培养良好的阅读策略，做一个高效的读者。

（6）引导学生精读第一章第 8 至 9 页的内容，了解世界各地庆祝新年的活动，同时介绍利用小标题（语言）、图片（非语言）获取有效信息的阅读策略。

（7）以小组为单位进行拼图阅读。

（8）组内交流各自收集的信息，提高学生的阅读兴趣。

（9）文化角：欣赏短片，了解南瓜灯的故事。

（10）小组投票选出最感兴趣的节日，并用思维导图介绍这个节日。

（11）小组展示，分享阅读的收获，培养团队合作精神。

（12）视频欣赏：了解世界各地过春节的盛况，增强文化自信与民族自豪感。

（13）主题升华，树立文化自信心，讲好中国故事，传播好中国声音。

（14）小组合作为该书续写介绍中国传统节日民俗风情的章节，利用图片、小标题、注释栏等可视化的手段增强所写部分的可读性与趣味性。

四、课后反思

（1）选取适合学生阅读的文学作品，教师可以多提供一点背景知识。此外，单词难度应适中，如果生词太多，教师可以适当给出注释。

（2）每次文学阅读课都要有一个具体的目标，而且这个目标是可操作、可实现的。

（3）学生的作品令我大开眼界，同时坚定了我一直以来的信念："学生的创造力需要平台的展示"，在以后的教学中我也要继续多创造机会给学生去展示和分享，并引导他们通过语言表达和肢体语言提高分享的有效性。

"Unit 6 Do you like bananas? Section B 2a—2c" 教学设计

张晓慧

一、教材分析

"Unit 6 Do you like bananas? Section B 2a—2c" 为阅读板块，围绕早餐、午餐和晚餐的话题展开。

二、学情分析

学生对一日三餐的食物比较熟悉。

三、教学目标

（1）掌握以下单词的意义及用法：habit，healthy，really，question，fat。

（2）能基本读懂课文文本材料，熟练表达 like 和 dislike。

（3）养成良好的饮食习惯，写一篇关于饮食习惯的短文。

四、教学重点

该板块的重点单词、重点句型。

五、教学难点

运用目标单词和短语遣词造句，对文本进行复述。

六、教学过程

【环节一】复习与导入

（1）用头脑风暴形式复习食物单词。

（2）引出新单词 healthy。

（3）两人小组活动。

设计意图：对所学过的单词进行分类复习，使学生头脑中形成清晰的知识结构图。

【环节二】读前情景与语言准备

（1）展示新单词：star，fat。

设计意图：利用体育明星、图片，让学生在情境中学习新单词、新句式。

（2）两人结对进行口语练习，运用目标句型进行对话。

设计意图：用目标句型进行口语训练，通过对话进一步巩固知识点。

【环节三】读中活动

（1）快速阅读，整体感知。

（2）阅读文章，根据上下文猜测生词的含义：①猜测 habit 和 really 的意思；②猜测 question 的中文意思。

设计意图：训练学生通过上下文猜测生词的含义。

（3）细读课文，完成表格，对课文内容进行复述。

设计意图：培养学生捕捉具体信息和运用语言的能力。

（4）拓展阅读：阅读与饮食习惯相关的文章。

设计意图：让学生运用刚才所学到的阅读技巧与策略解决新的问题。

【环节四】读后活动

（1）小组活动，调查饮食习惯。

（2）画思维导图，进行写作。

设计意图：巩固目标句型，在真实的语境中运用句型表达他人的喜好。

【环节五】小结和作业

（1）总结所学的知识。

（2）作业：①修改作文；②阅读与饮食习惯有关的文章。

设计意图：帮助梳理、归纳本节课知识点，拓展课外知识。

七、板书设计

八、教学反思

（1）教师紧扣教学目标，设计层层递进的阅读活动，让学生在与文本互动的过程中把握信息、学习语言、训练思维。

（2）密切联系生活，学以致用，培养学生健康的饮食习惯。

（3）通过对文本的阅读，让学生掌握相应的阅读技巧，培养学生的阅读能力。

"台湾省"教学设计

江振浩

一、基本信息

学校	肇庆市颂德学校		
课名	台湾省	教师姓名	江振浩
学科（版本）	地理科（中图版）	章节	第7章第二节
课时	第1课时	年级	七年级

二、学情分析

知识储备：上一章学习了我国四大地理区域中的自然环境的特征。

学习能力：通过上一章的区域地理学习，学生对区域形成一定的分析能力。

学习习惯、方法：学生能通过微课、导学案进行自主学习和思考。

优秀的学生：通过课前任务，画出反映台湾省自然环境特征和影响因素的思维导图。

一般的学生：能写出台湾省的组成和自然环境的特征。

三、教材分析

本节内容是在地图上指出台湾省的位置和范围，分析其自然地理环境和经济发展特色。第一部分比较简单，学生能自己通过读图基本掌握台湾省的位置特点及范围，在图中就可以落实；第二部分，学生需要先了解台湾省的自然环境特点，如气温、降水、地形等要素，进而分析台湾的农业类型及分布特点。考查学生的分析能力和归纳能力。

四、教学重难点分析及解决措施

本节课的重点是台湾省的位置特点、范围及自然环境特点，难点是台湾省的自然环境特点及其与经济发展的联系。学生通过自己读图记忆的方式，了解台湾省的位置特点和范围；通过小组合作探究学习并展示的方式，归纳出台湾省的自然环境特点。

续上表

五、教学设计					
教学环节	时间	环节目标	教学内容	学生活动	媒体作用
课前反馈	5分钟	表扬学生，激励下次做得更好。同时指出部分存在的问题	①展示课前任务做得好的学生名单；②讲解正确率较低的题目	观看并再次练习	展示和强调
学生展示	10分钟	教学重点的落实	检测学生的学习情况，加深对基础知识的记忆	读空白台湾图并能说出台湾的位置特点及范围	展示
难点剖析	18分钟	教学重难点的落实	合作释疑，展示交流。学生进行小组讨论，学生展示讨论的结果	小组合作展示	辅助学习
知识巩固	7分钟	检测知识点的落实情况	展示一幅有错误的知识结构图，让学生找出错误的地方。进一步巩固落实本节课的重点知识	找出图中的错误点并改正	辅助学习
六、教学反思					

（1）台湾省的组成和范围部分采取抽问的形式，可能出现部分学生没有掌握而忽略的情况。

（2）新技术的应用也需要学生配合度高以及学习能力跟得上，同时使用平板电脑较多，使得学生书写的时间变少，个别学生容易开小差。

（3）板书需要及时同步，在教学上要更好地衔接。

"正面战场的抗战" 教学设计

吕东娣

一、教学目标

通过地图、史料、视频等相关资料，论从史出，围绕"为何要胜利？""为胜利而牺牲""牺牲，就胜利了吗？"这三个主题进行步步深入论述，培养学生的家国情怀。

小组合作：学生通过阅读史料，各抒己见。

二、教学重难点

如何让学生更深刻地体会中国军民在抗日战争中不怕牺牲的精神。

三、教学过程

【环节一】新课导入

讲述肇庆地方历史故事，以西江羚羊峡南岸"海军马口抗日阵亡将士纪念碑"作为导入。

【环节二】新课讲授

（1）为何要胜利？展出两张关于全面抗战前中国经历的侵略战争的图片，讲述清楚为何1937年的中国一定要抗战，并且一定要胜利。

（2）为胜利而牺牲：①播放自主剪辑视频《抗日奇侠》。②展示由史料数据整理出的图示，可得出中日双方实力悬殊的结论，再进行小组讨论：到底要不要抗战？③播放剪辑视频《八佰》，让学生感受真实的抗日战争是向死而生的牺牲。④自主学习：完成相关史实。⑤结合地图，讲述台儿庄战役以及武汉会战的基本史实。⑥播放自主录制的音频《地狱谷中的一个星期》，教师加以引导，以此突出战争的残酷、惨烈。⑦合作探究与展示：以小组为单位展开讨论：为了胜利，中国人付出了什么代价？体现出什么精神？⑧讲述薛岳的抗战故事，突出国民党军队在长沙会战中所作出的努力。

（3）牺牲，就胜利了吗？①讲述豫湘桂战役，国民党正面战场的节节失利。②展示材料，引导学生认识到抗日战争进入相持阶段后国民党逐渐积极反共，消极抗日。③引导学生认识，单纯有军民的壮烈牺牲，是不够的，是不能取得胜利的，延伸到下一课内容：此时的中国，需要有一个清明的政党（共产党）引领才能走向光明。

（4）升华：国家的荣光值得我们骄傲分享，但民族的苦难更需要我们每一个人去铭记与担当！

四、板书设计

第20课《正面战场的抗战》
①为何要胜利？②为胜利而牺牲；③牺牲，就胜利了吗？

五、教学反思

亮点1：这节课重组教材，分为三大板块进行授课。整节课以教师讲授为主，充分地体现了历史学科的学科素养：时空观念、史料实证、家国情怀。

亮点2：充分利用各种信息技术（录屏、剪辑视频、录制音频），整节课通过对比的教学方法，让学生更深刻地感受到中国人民在抗日战争中是"惨胜"。

亮点3：注重对学生家国情怀的渗透培养。这节课以国民党军组织的三次正面战场的战役为主线，以"惨胜"来体现中国抗战胜利的来之不易，课堂效果良好，整个上课过程中，总能看到学生眼中的闪闪泪光。

"肇实的研究"教学设计

叶金青

一、基本信息			
学校	肇庆市颂德学校		
课名	肇实的研究	教师姓名	叶金青
学科（版本）	化学校本课程（生活中的化学）	章节	第一章第二节
课时	第 1 课时	年级	九年级

二、教学目标

知识目标：①了解肇实的背景文化、功效、做法以及营养成分，学会用化学知识解释。

②懂得用实验探究验证物质的成分，知道实验探究的一般过程。

能力目标：培养学生的自主学习、沟通表达、科学探究、小组合作解决问题等能力。

三、教学重难点及解决措施

教学重点：学会用实验探究验证物质的成分。

教学难点：知道实验探究的一般过程。

解决措施：①先让学生提前在生活中认识肇实，上网查找肇实的成分。

②结合化学课本上有关实验探究的内容，应用到探究生活中的物质，让学生觉得很有成就感，内心非常享受这种探究过程。

四、教学设计

教学环节	教学内容	学生活动
分享网上学习	通过分享学习，学生已经对肇实的印象比较深刻	交流、分享
视频学习	展示 3 个小问题，让学生带着问题观看视频，进一步了解肇实的生长情况、功效作用等	带着问题观看视频学习

续上表

讲授新课	①围绕着 3 个小问题，学习肇实的学名、肇实的由来、肇实的生长及成熟的过程，以及肇实的核心产地等； ②介绍肇实的功效、食用方法，引起大家对肇实的食欲； ③学习肇实的化学成分，结合所学的化学知识，分析肇实能提供哪些营养（抢答环节）	分别回答 3 个小问题，了解肇实的生长过程、功效、食用方法及营养成分。 抢答问题
实验探究	①在分析肇实的营养成分时，以"肇实中含有淀粉吗?"为题，展开探究的实验流程； 学生猜测回答，提出检验的方法。 ②教师带着学生一起来认识实验所用的化学仪器，简单演示实验的操作。 ③小组合作完成实验探究，并记录实验现象、结论	肇实研究的过程就是化学探究的过程，从理论到实践，学生在实践中获得真知
总结评价	学生写下"课后感悟"，谈收获感受	分享感受

五、教学板书

肇实的研究（化学校本课程）

1. 肇实的背景文化
2. 肇实的功效及食用方法
3. 肇实的成分

六、教学反思

①本节课主要的思路是围绕着肇实的几个问题展开，通过结合媒体技术，充分发挥技术与学科的整合作用，使之产生 1＋1＞2 的效果。实验探究环节更是整节课的高潮，也充分展示了化学科的特点——实验，只有通过实验验证，才会有更深刻的体会，也让初学化学的学生熟悉探究的过程，为中考的实验探究题打好基础。

②本节课我将学生分成了 8 个小组，每个小组 6 人，每小组选出一个组长负责。课前以小组为单位去收集资料，课中小组合作学习（包括问题讨论、合作实验、组内分享），课堂上老师会以小组为单位进行加分竞争激励。在实验探究环节中，小组内成员紧密合作，每一步的步骤怎样操作，小组成员都相互提醒，发现有错误的操作时，小组成员也会及时指出并要求改正，当看到实验现象时，成员们都会说出自己看到的

续上表

现象（如淀粉遇到碘单质变蓝），但此现象很快又会变成淡红色，此时小组内成员开始讨论，为什么会出现这样的颜色？每个小组都认真地讨论起来，才是本节课最大的收获。

③运用了媒体平台提前发送课时任务，让学生知道和了解下节课的内容；运用了媒体平台的抢答功能，解决了学生举手难的问题，激起了小组间的竞争；运用了媒体平台推送课堂习题任务、拍照上传平台马上批改并统计结果，大大减轻了教师批改的任务，还能及时了解学生掌握的情况。

"富有特色的藏书票" 教学设计

李 杰

一、基本信息			
学校	肇庆市颂德学校		
课名	富有特色的藏书票	教师姓名	李杰
学科（版本）	岭南美术出版社	章节	第四单元第9课
课时	二课时（第2课时）	年级	八年级（1）班
二、教学目标 ①设计藏书票票稿；②掌握套色藏书票雕刻技巧；③激发学生对藏书文化的热爱。			
三、学情分析 我校八（1）班学生有了一定的橡皮章版画的制作基础，对小型版画有一定的创作能力，课前通过微课要求学生预习时初步完成藏书票设计画稿和尝试雕刻。			
四、教材分析 立足本节课实际教学情况，通过前置微课的半翻转的教学模式开展教学，通过微课预习、作业反馈、解疑答惑、情感升华等环节来帮助学生高效发现、分析和解决问题，更加直接有效地解决设计和雕刻中的难点问题。			
五、教学重难点分析及解决措施 重点：掌握套色藏书票的设计、雕刻、印制的方法。 难点：套色藏书票的雕刻技法。 解决措施：课前微课预习，课堂解疑与制作。 兴趣点：藏书文化，版画的印痕美。			

续上表

教学环节	时间	环节目标	教学内容	学生活动	媒体作用及分析
课前网上发布任务	4月12日至20日	学生自主预习	藏书票的设计和雕刻技巧	课前预习并完成预习作业	第三平台的运用，完成前置预习
1. 导入	1分钟	点燃学生制作欲望	出示中秋帖图片，介绍"盖章狂魔"乾隆皇帝的鉴赏印（引出课题）	观看欣赏	PPT展示
2. 公布预习情况	1分钟	分析预习情况，表扬学生	PPT展示人数和名单	观看	PPT展示课前预习情况
3. 第一次展示	6分钟	探索发现设计美	①由三名学生介绍自己设计图；②教师总结并指出设计要求	学生讲述自己的设计思路	PPT展示
4. 第二次展示	6分钟	探索发现雕刻美	①由两名学生介绍自己两幅有代表性的雕刻图；②教师总结并指出雕刻要点	学生讲述自己的雕刻过程和方法	PPT展示
5. 讲解套色雕刻过程与落款	5分钟	总结完整的套色藏书票作品制作流程	①总结套色藏书票制作流程；②提醒学生完成作品时要注意的三要素（主图案、拉丁文、别名或斋号）；③强调用刀安全	学生观看并思考	PPT讲解

六、教学设计

续上表

6. 雕刻与印制	11分钟	学生改进作品的不足（探索发现印痕美）	①学生改进自己作品的不足之处，并把套色藏书票粘贴到美术教材上；②微课展示往届学生藏书票作品	学生改进雕刻并印制粘贴	PPT展示、微课展示
7. 第三次展示	10分钟	结果评价与展示	①作品是否有寓意？②设计是否符合点线面的构成美？③雕刻刀法是否正确？④色彩搭配是否美观	拍照上传作品，并讲述自己的作品	白板交互功能
8. 教师寄语	1分钟	学生文化素养升华	养成"读书、爱书、藏书"的好习惯	观看与感悟	PPT

教学反思：

（1）课堂效果上，学生自主展示与教师配合度高，利用智慧教学环境，课前实现了动态监测学生预习状态，在课堂上及时调整教学内容，高效完成学习任务，实现了个性化教学。

（2）课堂效果呈现两极分化，预习并参与实践的学生学习效果好，未完成预习与实践的学生学习效果相对欠佳。

（3）改进方面，建立奖励机制，吸引学生参与课前预习。

"人体的血液循环（第 2 课时）" 教学设计

余曼玲

一、教学目标

（1）概述血液循环的途径，区分动脉血和静脉血。

（2）通过微课学习，初步认识人体血液循环的两条途径，通过小组合作，加深理解，尝试归纳和总结。

（3）通过介绍血液循环的科学史，提高探索科学奥秘的兴趣。

二、教学重难点

（1）人体的血液循环途径。

（2）动脉血与静脉血转换。

三、课前准备

学生课前预习：自主学习网上任务

【网上任务 1】学生通过微课学习血液循环的途径，并完成试卷（9 分钟）。

设计意图：通过微课学习，学生初步认识人体血液循环的 2 条途径。教师通过 3 道选择题及时了解学生学习微课后对知识的掌握情况。

【网上任务 2】讨论：同学们在观看人体血液循环的微课后，掌握了哪些知识要点，还有哪些不明白的呢？请你在留言区写下你的所得与所惑。格式如下：①所得；②所惑。

设计意图：让学生各抒己见，说说自己的收获和困惑，为帮助学生进行个性化学习做好准备。

【网上任务 3】七嘴八舌说"血液"，请同学们上网搜查有关血液循环的课外知识，如饮食与血液循环、运动与血液循环、影响血液循环的因素、心血管疾病等等，将你所搜查到的知识与大家一起分享吧！

教师课前备课：获取学情，聚焦学生问题，进行二次备课。

四、课堂教学过程

【环节一】课堂导入（时间：2 分钟）

（1）展示本节教学目标。

（2）血液循环是谁发现的呢？讲述人体血液循环的发现史。

设计意图：明确本节课的学习目标，由科学史导入，使学生感受科学家的探究经历，体会科学发展与进步的艰辛，科学研究要有持之以恒的精神。

【环节二】自主学习（时间：5 分钟）

阅读课本第 53 页，用色笔标注出以下内容：

（1）什么叫作血液循环？

（2）人的血液循环系统由什么组成？

（3）血液循环的功能是什么？

（4）血液循环的意义是什么？

设计意图：学生的学习是一种思维活动，以问题为主线，引导学生回归课本，查找教材知识，用色笔标注，养成良好的阅读习惯。分享阅读成果，反馈学生学习效果。

【环节三】知识梳理（时间：3 分钟）

体循环、肺循环：观看有关体循环、肺循环两大途径的动画，思考：

（1）体循环、肺循环的起点、终点及大致路径。

（2）在体循环、肺循环过程中，血液成分有哪些变化？在何处发生变化？

设计意图：采用动画形式，直观教学让学生更形象地了解血液循环的途径及成分变化知识，突破教学重难点。

【环节四】合作探究（时间：10 分钟）

任务清单：

（1）对号入座：在图中标注心脏的结构、血管名称。

（2）画箭头：在图中用箭头画出血液循环的路径。

（3）上色：用不同颜色的荧光笔给血液上色，代表动脉血和静脉血。

（4）互述：组内成员互述人体血液循环的两条途径。

（5）拍照上传。

设计意图：学生通过"对号入座—画箭头—上色—互述"一系列活动，辨认人体的血液循环途径的大致路线，加深对当前问题的理解，从而获得新知识。初一学生具备一定的推理能力，通过理性思考和小组合作，使课堂内容渐进式推进，对本节内容进行归纳总结，提高教学的针对性。

【环节五】总结归纳（时间：5分钟）

小组派代表归纳"人体的血液循环路线"。

设计意图：通过展示小组学习成果，培养学生的表达能力，增强学习的自信心。

【环节六】答疑解惑（时间：10分钟）

（1）展示网络任务的完成情况。

（2）对课前3道选择题进行解答。

（3）分享所得，解答所惑。

设计意图：系统学习了人体血液循环的途径后，回应课前小测和困惑，运用所学知识去解决问题，提升应用知识的能力。

【环节七】课堂检测（时间：5分钟）

5分钟限时小测：6道选择题。

五、教学反思

（1）本节课采用翻转课堂模式教学，将基础知识前置，学生利用平板电脑进行自主学习，教师根据学生课前反馈所得所惑，进行二次备课，为课堂上提供个性化教学的重点参照。

（2）通过使用"人体的血液循环模式图"进行小组合作探究学习，将两条途径、血液在循环过程中成分的变化、区分动脉血和静脉血等知识要点用色笔在图上逐级呈现，再通过平板电脑拍照上传进行分享，让学生复述所学知识，以突破重难点。

（3）课堂检测环节，利用新技术实现数据快速反馈，及时掌握学生学习情况，提高课堂效率。

足球直传斜插 "二过一" 技术的训练

武　理

一、教学目标

（1）基本掌握足球直传斜插"二过一"战术配合的方法和实践运用。

（2）训练学生力量、灵敏性和协调性。

（3）培养学生团结合作意识、勇于担当的精神。

二、教学重难点

（1）重点：传球、跑位的协调。

（2）难点：成功突破防守。

三、教学过程

【环节一】课堂常规

教师指导活动：

（1）课堂常规。

（2）师生问好，宣布本节课内容。

（3）强调注意事项，安排见习生。

【环节二】足球专项准备运动

（1）时间：5分钟。

（2）课前热身：图形慢跑、游戏"听数抱团"、足球组合专项热身动作练习。

（3）培养能力：协作能力。

【环节三】辅助练习

教师指导活动：组织学生进行球性练习——熟悉球性。

（1）组织学生在足球场内自由运球。

（2）对抗游戏——听老师口令进行互相抢球和护球练习。

【环节四】足球直传斜插"二过一"动作技术训练

教师指导活动：讲解与示范。

（1）足球直传斜插"二过一"动作讲解与示范。

（2）组织学生复习原地脚内侧传接球。

（3）两人一组传、接球过人练习（用标志物代替防守人）。

（4）增加练习难度，两人一组面对真防守人完成过人传、接球练习。

（5）行进间传脚内侧传接球射门练习。

（6）分4个小场进行比赛（共8小队）＋评价。

【环节五】学以致用与课堂评价

1．教师指导活动：组织小组足球比赛

（1）在比赛过程中成功完成一次"二过一"技术配合记5分。

（2）在比赛中记录各组本次课技术运用情况。

（3）小组评价：展示各小组比赛数据、成功运用技术和有效得分。

2．学生活动

（1）学生在比赛过程中团结协作、积极拼抢。

（2）大胆突破、寻找队友、创造机会。

（3）完成团队配合，攻破对方球门，争取进球。

【环节六】足球专项素质训练

教师指导活动：组合素质练习——分5个小组进行循环练习：敏捷梯上下肢练习（3组）、跳跃小栏架（3组）、跳绳（60个）、仰卧起坐（15个2组）、侧滑步绕标志点练习（3组）。

【环节七】放松与点评

（1）上、下肢拉伸（各4个8拍）。

（2）点评学生学练情况、表扬鼓励、布置作业。

四、教学反思

（1）通过学习，本节课大部分学生初步学会了直传斜插"二过一"战术配合方法并能加以运用，在学习过程中愉悦了身心，身体得到了锻炼，大部分学生基本掌握了本节课的重难点，本节课内容对于小部分同学有些难度，还需不断加强练习。

（2）本次课整体练习效果良好，通过小组合作练习让学生身体得到全面提升，得到很好的锻炼，达到本节课设置的目的。

（3）需要更加科学的方法帮助个别学生更加专注和认真练习，保证课堂教学质量，适当增加更有趣的练习方法，激发学生对足球的热情，将课堂学习氛围推向高潮。

"探究水果电池电压的影响因素" （微课） 教学设计

林湛萍

一、微课目标

探究水果电池电压与水果种类、电极种类、电极插入深度、电极之间的距离的关系，观察实验现象，记录、分析数据，得出结论。该实验在课堂上可以演示水果电池存在电压，也可以做电池，但是具体研究水果电池电压与什么因素有关，要放在课后研究并录制微课，从而对学生进行情感教育，要爱护环境。

二、微课重难点

（1）水果电池的原理。
（2）影响水果电池电压的因素。

三、微课设计

【环节一】介绍微课的实验器材
各种水果、（铜、锌、铝）电极、导线、电压表、刻度尺。
【环节二】实验步骤介绍
（1）探究水果电池电压与水果种类的关系。
（2）探究水果电池电压与电极插入深度的关系。
（3）探究水果电池电压与电极间距离的关系。
（4）探究水果电池电压与电极种类的关系。
【环节三】数据记录（见表1、表2、表3、表4）

实验数据表1

实验序号	水果种类	电极种类	电极距离（cm）	电极插入深度（cm）	电压（V）
1	柠檬	铜铝	2	1	0.6
2	橙子	铜铝	2	1	0.5
3	番茄	铜铝	2	1	0.4

续上表

实验序号	水果种类	电极种类	电极距离（cm）	电极插入深度（cm）	电压（V）
4	苹果	铜铝	2	1	0.2

实验数据表2

实验序号	水果种类	电极种类	电极距离（cm）	电极插入深度（cm）	电压（V）
1	柠檬	铜铝	2	1	0.5
2	柠檬	铜铝	2	0.5	0.3

实验数据表3

实验序号	水果种类	电极种类	电极之间距离（cm）	电极插入深度（cm）	电压（V）
1	柠檬	铜铝	1	1	0.6
2	柠檬	铜铝	2	1	0.4
3	柠檬	铜铝	3	1	0.3

实验数据表4

实验序号	水果种类	电极种类	电极距离（cm）	电极插入深度（cm）	电压（V）
1	柠檬	铜铝	2	1	0.6
2	柠檬	铜锌	2	1	0.2

【环节四】分析数据，得出实验结论

水果电池电压的大小跟水果的种类、电极插入的深度、电极间的距离、电极的种类有关。

【环节五】水果电池的拓展与应用

水果发电应用前景非常广阔，可以推动可再生能源的使用，也可在野外探险或旅游时利用水果发电作为应急电源。

四、微课教学反思

（1）本微课能注重个性化教学，但是本微课还没有很好地做到新技术与学科的融合，没有很好地运用新技术对微课进行处理。

（2）在探究水果电池与什么因素有关的实验中，也使学生认识到酸会与活泼金属发生化学反应，从而教导学生生物、物理、化学的知识是紧密相连的。

（3）本实验如果能够让制作的水果电池给发光二极管供电的话，实验效果会更好，也能收到更好的教学效果，这也是我今后要改进的地方。

（4）课后要引导学生们上网查找方法，解决该实验存在的水果电池电压低的问题。

《愚公移山》教学设计

陈双超

一、教材分析

本节课选取部编版八年级上册第六单元第 22 课《愚公移山》，单元导读指出：要用心去感受古人的智慧与胸襟。本节课据此设计教学环节，引导学生感悟人物形象，感受愚公的智慧与胸襟。

二、学情分析

学生的能力不错，自学能力较强，有几位学生的朗读技巧尤为突出。本节课将引导学生多朗读、多品味、多感悟。

三、教学目标

（1）进行诵读训练，培养文言语感。
（2）品读语言描写的句子，揣摩朗读的语气。
（3）感受愚公的智慧与胸襟。

四、教学重点

加强诵读训练，培养文言语感。

五、教学难点

通过语言描写揣摩人物的心理。

六、教学过程

（一）导入新课

由图片《杞人忧天》《两小儿辩日》导入新课。《愚公移山》同样出自《列子》，既是寓言故事，也是神话故事。

（二）明确学习目标

积极训练诵读，揣摩朗读的语气，培养文言语感并通过品读语言描写的句子，感受愚公的智慧与胸襟。

（三）诵读品析

1．一读，读准字音

第一环节：自由朗读。

要求：参考注释，朗读课文，圈画不懂读音的字。

第二环节：个读，正音。

2．二读，感知内容

第一环节：全班齐读，要求边朗读边感知内容，概述故事。

第二环节：概述故事《愚公移山》，讲述了愚公因太行和王屋两座山挡住了他家的出路，愚公带领全家人移山，遭到了智叟的"笑而止之"，但愚公依然不畏艰难，挖山不止，最终感动天帝而将山挪走的故事。

3．三读，揣摩语气

第一环节：本文以移山为线索，文中不同人物对移山的态度很不一样。（见表1）

表1　不同人物对移山的态度

人物	相关语句	态度分析
家人	杂然相许。杂曰：……之北	支持，主动献策
愚公妻子	以君……王屋何？	关切、担心
智叟	甚矣……土石何？	嘲笑、轻视
愚公	吾……可乎？ 汝心之固，固不可彻 子……不平？	坚定、乐观
操蛇之神、天帝	惧其不已也；帝感其诚	感动

第二环节：朗读句子并分析人物的态度，揣摩朗读的语气。

方法：注意句式、句前的描述、重音、节奏、语气

（四）小结

这一节课我们通过多次朗读，了解文章的主要内容和不同人物对移山的看法。同学们还要落实字词解释，句子翻译并思考文章的寓意。

（五）作业

完成练习卷。

七、板书设计

愚公移山
《列子》
对移山的态度
其妻：担心、关切
智叟：嘲笑、轻视
愚公：坚定、乐观

八、教学反思

（1）教学目标达成情况：较好地实现教学目标，学生认真配合，积极参与诵读，揣摩人物的心理，气氛活跃，学有所得。

（2）本节课的亮点和不足：①设计精心，以诵读为主线，运用多种方式诵读，引导学生品读人物语言描写的句子，进一步揣摩人物的心理，感悟人物的形象。②师生配合好，教师善用鼓励机制，善用语言点评学生的各方面表现。③内容生动有趣，但缺少教师的范读，如果教师大胆示范诵读，课堂可能会更精彩。

《孙权劝学》 教学设计

庞俏冰

一、教材分析

《孙权劝学》是部编版七年级下册第一单元的文言文。学生已经掌握了文言文的学习方法，也积累了一些文言实词、虚词。

二、学情分析

学生的基础参差不齐，我主要通过多种形式的朗读、小组合作、情境演绎等方式，让学生积累文言词汇，理解大意，明白学习的重要性，养成读书的好习惯。

三、教学重难点

重点：朗读课文，利用课文注释读懂课文，积累文言词汇。

难点：①体会对话中的不同语气，揣摩人物的神态、心理活动。②明白学习的重要性，养成读书的好习惯。

四、教学过程

（一）导入

以东汉末年的名将曹操说过的一句话"生子当如孙仲谋"导入。

（二）听读课文，整体感知

（1）教师示范朗读课文。

（2）学生个人自由朗读。

（3）学生齐读。

（三）疏通文句，翻译课文

（1）四人小组翻译课文，展示自学成果。

（2）教师提醒标记课文的重点字词句。

（四）课堂落实，成果展示

（1）老师展示重点词语和句子翻译。
（2）收到数字幸运卡的小组展示学习成果。

（五）质询研讨，深入理解

出示问题，学生思考。
（1）孙权为什么要劝吕蒙学习？
（2）孙权怎样对吕蒙进行劝学？
（3）劝学的结果如何？
分角色朗读课文，模仿并感受人物对话中的语气、神态、心理。
（1）引导学生发挥想象，还原人物对话情景。
（2）学生齐读"穿越时空，演绎对话"的文言文对话。
（3）了解《资治通鉴》，推荐阅读。

（六）开阔视野，拓展创新

《资治通鉴》这本书中三个人的对话给你哪些启示？
跨越千百年时空，古人劝学的声音还在我耳边回响⋯⋯
_____（孙权、吕蒙、鲁肃）的____，让我懂得了_____。

（七）布置作业

（1）背诵并在作业本上默写全文。
（2）推荐阅读《资治通鉴》。

五、板书设计

孙权	吕蒙	鲁肃
关心部下	虚心听取意见	爱才敬才

六、教学反思

学生积极地参与课堂，掌握基本的实词和虚词，能够在本课的学习中有所收获，课堂气氛很活跃，学生的参与度很高，不足的是老师没能对每个学生的回答给予中肯、独到的点评。

巧用细节描写，增添作文神韵

梁亭婷

一、教学目标

（1）理解细节描写的作用。

（2）掌握细节描写的基本方法。

二、教学重点

掌握细节描写的基本方法。

三、教学过程

（一）导入

（1）明确广东中考作文一类卷（45～50分）的评分标准。

（2）明确细节描写的定义及作用。

举例：（父亲）蹒跚地走到铁轨边，慢慢探身下去，尚不大难。可是他穿过铁轨，要爬上那边月台，就不容易了。他用两手攀着上面，两脚再向上缩；他肥胖的身子向左微倾，显出努力的样子。（选自部编版语文七年级上册《背影》）

（二）分析作文得分不高的原因

（1）分析《学案》片段式作文得分不高的原因。——学生先独立思考，然后小组讨论汇总意见。

（2）师生总结：①细节选择不当，不能表现主题。②细节不真实，编造痕迹明显。③细节虽有，但不够具体生动。

（三）探究方法

（1）略讲：要扣题，要真实。

（2）重点：如何让细节描写具体生动起来呢？

①学生分别比较两个片段，指出哪一个好、好在哪里。②师生共同总结出方法。

第一招：细化动作、神态过程。第二招：妙用修辞手法添文采。

（四）学而致用

（1）结合第一招、第二招将《生活充满爱》中画线的地方的细节描写变得具体生动。

（2）完成后，让学生展示。

（五）总结

观察生活是基础，典型细节扣中心，细化动作、神态的过程，妙用修辞添文采。

（六）布置作业

用本节课所学到的细节描写方法，写一小段作文。

四、板书设计

观察生活是基础

典型细节扣中心

细化动作神态的过程

妙用修辞添文采

五、教学反思

亮点1：作文教学是一个难点，在设计环节时，遵循了"接地气"的原则——用实实在在的例子层层深入地引导学生。

亮点2：授予学生的方法宜少不宜多（本节课只讲了两个方法），让学生实实在在地掌握，避免满堂灌。

努力方向：在课堂时间把控上有待提高，最后展示环节只展示了一个学生的课堂练习，有些仓促。

"《中国石拱桥》（第一课时）" 教学设计

邓燕云

一、教学目标

（1）整体感知课文内容，明确说明对象，了解中国石拱桥的特征。

（2）了解本文的说明顺序，把握文中的说明方法，体会它们的作用。

（3）了解中国石拱桥的悠久历史和杰出成就，认识古代劳动人民的聪明才智，激发热爱祖国的感情。

二、教学重难点

（1）了解中国石拱桥的特点，理清说明的顺序。

（2）把握文中的说明方法，体会它们的作用。

三、教学过程

（一）创设情境，导入新课

展示港珠澳大桥的照片，引出赵州桥和卢沟桥，进入新课。

（二）单元解读

（1）明确文体：说明文。

（2）了解本单元的学习内容及目标。

（三）检查预习

（1）作者简介：茅以升（1896—1989），原名以昇，字唐臣，江苏镇江人，桥梁专家，教育家，被誉为"中国现代桥梁之父"。

（2）字词检查：生字词的注音及解释。

（四）初读课文，找出本文的主要说明对象及特点

本文主要说明对象：中国石拱桥；特点：历史悠久、几乎到处都有、大

小不一、形式多样、杰作很多。

（五）再读课文，理清文章的说明顺序

明确：逻辑顺序。

（六）精读课文

第4—8段，掌握说明方法，体会作用。

（1）教师示范第4段，教导学生如何找说明方法及对象特点。

找对象特点的技巧点拨：瞻前顾后。

（2）学生精读课文第5段，合作探究，找出本段用了什么说明方法来说明赵州桥的什么特点。

明确：列数字、引用、打比方等。

（3）自读6—8段，说说下列句子用了什么说明方法来说明卢沟桥的什么特点。

①桥长……平行（列数字，外形结构）。

②永定河……足见它的坚固（做比较，结构坚固）。

③由于各拱相连……叫作联拱石桥（下定义，形态特征）。

④这些石刻狮子……惟妙惟肖（摹状貌，形式优美）。

⑤那时候……说它"是世界上独一无二的"，……"共同构成美丽的奇观"（举例子，闻名世界的地位及形式优美）。

（七）作业

（1）找出文中其他段落所运用的说明方法，体会作用。

（2）预习课后思考探究第四题，体会说明文语言准确、严谨的特点。

四、板书设计

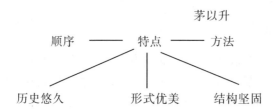

中国石拱桥（说明文）

茅以升

顺序 ——— 特点 ——— 方法

历史悠久　　　形式优美　　结构坚固

五、教学反思

（1）本节课的教学重点和难点是理清《中国石拱桥》的说明对象、对象的特点，以及用什么顺序、用什么方法来进行说明。

（2）为了突出教学手法的多样性，我将赵州桥文段作为例子让学生通过小组合作的形式来详细讲解，让学生吃透说明方法的作用是什么，说明了对象的什么特点。而卢沟桥片段，我则采用了测试的形式来进行，这样既完成了教学任务，也落实了练习。

（3）本课的不足，从广度上看，还是有所欠缺的，如讲授说明顺序时，还是教师的主体性超过了主导性。以后，我将继续认真进行文本阅读，让语文课堂真正成为语文课堂。

《陋室铭》（智慧课堂） 教学设计

周妍雅

一、教学目标

（1）积累重点字词、倒装句和宾语前置句。
（2）理解"铭"及其主要特征。
（3）认识作品的现实意义，理解作者的思想感情。
（4）理解托物言志的写法，学习刘禹锡的阳光心态，体会高尚情操。

二、教学重难点

教学重点：进一步了解本文主旨，理解作者在文中所寄寓的思想感情。
教学难点：学习刘禹锡的阳光心态，体会刘禹锡的高尚情操。

三、教学课时

1课时。

四、课前任务

任务1：观看微课《陋室铭》翻译，完成文言词语积累表。
任务2：本文的重点字词句测试。
任务3：①设计一份思维导图。②讨论：什么是铭？《陋室铭》的"铭"是属于警诫自己还是称颂功德？

五、教学过程

（一）导入

由《秋词》导入，为什么刘禹锡"我言秋日胜春朝"。

（二）回顾任务，总结鼓励

（1）回顾课前学习任务。

（2）表扬完成得好的小组以及个人。

（三）交流合作

（1）汇报思维导图的制作。
（2）讨论：陋室是"陋"还是"不陋"？

（四）精读课文，深化明理

（1）《陋室铭》是警诫自己还是称颂功德？
（2）完成《请你当一回刘禹锡》剧本并且表演。
（3）背诵全文。

（五）知识迁移，思考拓展

阅读《酬乐天扬州初逢席上见赠》，再次体会作者积极向上的心态。

（六）作业

（1）默写全文。
（2）模仿本文写一篇铭文，为你的书房、你的铅笔等。

六、板书设计

《陋室铭》（刘禹锡）
山、水——陋室
仙、龙——德馨
陋室不陋

七、教学反思

（1）群文阅读，深度解读作者。用刘禹锡《秋词》导入，再以《酬乐天扬州初逢席上见赠》作为拓展延伸，让学生深度解读了刘禹锡乐观豁达的人生态度。

（2）主问引领，形成问题链。课前设计主问题，由学生的分歧引出本文主旨，让学生感受文章的语言和结构之美。最后引出讨论，让主问题激活课堂，促进教师、学生和文本之间的对话。

（3）仿写赠作，学以致用。激发学生的写作兴趣，满足学生的创作需求。

动作描写的指导：借"动"风，绎神采

樊维洁

一、教学目标

（1）掌握动作描写的基本方法。

（2）学以致用，在作文中能够运用动作描写刻画人物。

二、教学重难点

培养动作描写的基本能力。

三、教学过程

（一）创设情境，导入

出示写作苦恼的漫画，引出老舍名言：只有描写动作，人物才能站起来。

（二）了解概念

动作描写，就是对人物行为、动作的描写。动作描写，可以丰富人物形象，使之有血、有肉、有灵魂，使中心更加突出。

（三）出示三个片段，引导学生思考归纳动作描写的方法

1．片段一

天啊！要迟到了。我（　）开被子，（　）下床来，（　）上鞋子，几步（　）进洗手间，然后（　）下毛巾，在脸上（　）了几下，飞快（　）出屋子。

（1）开火车填写动词。

（2）自主交流归纳。

（3）教师明确。

方法一：结合语境，精选动词。

2．片段二

她看见了一只蝴蝶，便调皮地奔过去，蝴蝶上下飞舞，她目不转睛地盯着蝴蝶，终于蝴蝶停在了一朵花上，她躬着背，手中间隔着点空隙，脚尖小心翼翼踮着，汗珠从她的脸上滴落下来，她蹑手蹑脚地走到蝴蝶旁，猛地一弯腰……

（1）学生朗读、思考、交流。

（2）教师明确。

方法二：描摹动作，加以修饰。

3．片段三

当她出现的时候，观众的脑袋像一片波浪似的纷纷向她转去。

（1）学生思考、交流归纳。

（2）教师明确。

方法三：联想想象，运用修辞。

（四）了解动作描写的内容

交流归纳：头颈、眼耳、嘴巴、手肩、腰身、脚腿等。

（五）拓展与展示

（1）补充刘翔跨栏的动作描写。

（2）小组交流、展示、点评。

（六）布置作业

运用三种方法，补写动作片段描写。

四、板书设计

动作描写出神韵　让动作描写活起来

1．结合语境，精选动词

2．描摹动作，加以修饰

3．联想想象，运用修辞

五、教学反思

本节课重点突出，引导学生掌握让人物"动""活"起来的方法。紧扣"乐"与"动"字，寓教于乐，学生乐于表达。练笔培养了学生赏析与评改作文的能力。不足之处在于指导学生观察、推敲动词方面仍不够深入。

《爱莲说》教学设计

胡婉冰

一、教学目标

（1）落实文言字词，正确翻译课文。
（2）学习托物言志以及正衬、反衬的写作手法。
（3）感悟作者追求的"君子"之风。

二、教学重难点

教学重点：落实文言字词，正确翻译课文。
教学难点：学习托物言志以及正衬、反衬的写作手法。

三、课前准备

（1）布置学生预习，借助工具书学习文言字词，翻译全文。
（2）布置学生事先收集作者周敦颐的事迹，以准备上课分享。

四、教学过程

（一）开门见山，引入课题

不同的花有不同的花语，同学们，你们知道莲花的花语是什么吗？

（二）识莲之形象美

（1）多种形式诵读，检查课前诵读情况。
（2）学生当堂解释课文重点字词，翻译句子。

（三）悟莲之品格美

（1）作者是从哪几个方面写莲的？
（2）通过品味句子读取君子之德。

（四）拟莲之手法美

（1）君子如莲，莲如君子。作者不是单纯写莲花，而是借莲花自况，这种写法叫"托物言志"。

（2）本文主要是对莲花的赞美，为什么还要写菊和牡丹？

通过这个题目来理解正衬和反衬。

（3）下面让我们仿照作者用莲花来寄托自己感情的托物言志和衬托的方法，每位同学找"物"喻己，或喻他人，用"我特别喜欢⋯⋯"句式来写一段话。

要求：写出"物"的外形、特点，抒发内心情感。

字数：200 字以内。

（4）课堂展示优秀作品。

（五）课堂小结

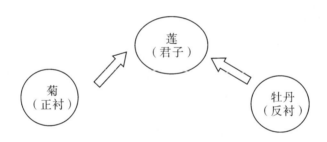

五、教学反思

（1）这节课我利用网络平台和平板电脑，课堂上通过学生抢答、随机提问、投票等环节，活跃课堂气氛，真正体现了"学生是学习的主体"。

（2）课堂上学生仿照"托物言志"的手法写一段话，我运用平板电脑即时拍照上传展示优秀作品，让学生更加直观地了解托物言志以及正衬、反衬的写作手法。

（3）对于文中莲、菊和牡丹的象征意义等资料，可以运用网络平台在课堂上推送资料给学生，这样比起教师直接介绍这些资料会更加生动形象。

作文训练：如何突出中心

陈　畅

一、教学目标

（1）学会根据中心合理地选择素材。
（2）学会表达中心要分清素材的主次，处理好详略关系。
（3）学习细节描写，详写突出中心的内容。

二、教学重难点

学习细节描写，详写突出中心的内容。

三、教学资源

学生习作、部编版语文教材、网络资源。

四、教学过程

（一）创设情境，导入新课

由问题文《校运会记事》导入"如何突出中心"。

（二）读文章，明中心

（1）明确文章"中心"的概念。
（2）学生观察教师修改的开头段和结尾段，找突出中心的方法。
突出中心的方法一：明中心，标首尾。

（三）选素材，定详略

（1）学生看问题文，说说文章写了哪些事。
（2）读修改文，找出修改文和问题文的不同。
突出中心的方法二：扣中心，选素材。
突出中心的方法三：突中心，定详略。

（四）用细节，学详写

（1）读《"飞天"凌空：跳水姑娘吕伟夺魁记》选段，说说这段话运用的描写方法。

吕伟站在 10 米高台的前沿，轻舒双臂，向上高举，只见她轻轻一蹬，就向空中飞去。一瞬间，她那修长美妙的身体犹如被空中托住了，衬着蓝天白云，酷似敦煌壁画中凌空翔舞的"飞天"。紧接着，向前翻腾一周半，同时伴随着旋风般地空中转体三周，动作疾如流星。

（2）小结突出中心的方法四：用细节，学详写。

（3）运用细节描写，修改第④段"我参加 1500 米比赛"。

①学生动笔修改。②作品展示。

（五）作业布置

课本第 109 页《写作实践》第二题：

我们每天都和家人一起吃饭，在餐桌前，大家都在谈论些什么？也许是当天发生的事，也许是正在看的电视剧……请以《餐桌前的谈话》为题，自定立意，写一篇作文。不少于 500 字。

五、板书设计

$$
突出中心
\begin{cases}
一、明中心，标首尾 \\
二、扣中心，选素材 \\
三、突中心，定详略 \\
四、用细节，学详写
\end{cases}
$$

六、教学反思

（1）教会学生围绕中心，找写作素材。

（2）写作时，教会学生根据写作中心，进行详写和略写。

（3）要放手，鼓励学生表达自己的真情实感。

"用加减法解二元一次方程组" 教学设计

林娟遂

一、教学目标

（1）会用加减消元法解二元一次方程组。

（2）了解解二元一次方程组的消元方法，经历从"二元"到"一元"的转化过程，体会解二元一次方程组中化"未知"为"已知"的"转化"的思想方法。

（3）能利用加减法解简单的应用题。

二、教学重难点

重点：用加减法解二元一次方程组。

难点：将两个方程中的某一未知数的系数化成相同的数或相反的数。

三、教学过程

（一）任务回顾

1. 用加减法解二元一次方程组

（1）$\begin{cases} x - 3y = 1 & ① \\ 2x + 3y = 5 & ② \end{cases}$ （2）$\begin{cases} 2x + y = 2 & ① \\ 2x + 3y = 6 & ② \end{cases}$

2. 归纳：像上面的解法，当两个二元一次方程中同一个未知数的系数_____或_____时，把这两个方程的两边分别_____或_____，就能消去这个未知数，得到一个_____方程，这种方法叫作_____，简称_____。

（二）基础练习

1. 用加减消元法解方程组 $\begin{cases} 5x - 4y = -6 \\ 5x + 4y = 14 \end{cases}$ 时，若先求 x 的值，应把两

个方程_____。

2. 用加减消元法解方程组 $\begin{cases} x - 3y = 2 ① \\ x + 3y = 3 ② \end{cases}$ 时，若要消去 x，应把两个方

程_____。

3. 已知二元一次方程组 $\begin{cases} 5m + 4n = 2 ① \\ 5m - 3n = 8 ② \end{cases}$，最简便的方法是_____。

A. ① – ②　　　B. ① + ②　　　C. 代入法　　　D. 无法确定

4. 已知二元一次方程组 $\begin{cases} a + b = 2 ① \\ a - b = 8 ② \end{cases}$，① + ②，消去_____。

A. a　　　　B. b　　　　C. a 和 b　　　D. 无法消去

（三）巩固练习

用加减法解二元一次方程组

（1）$\begin{cases} 2x + 3y = 5 & ① \\ 2x - y = 1 & ② \end{cases}$　　　　（2）$\begin{cases} -x + y = 3 & ① \\ x + 3y = 5 & ② \end{cases}$

（四）当堂测验

1. 用加减消元法解方程组 $\begin{cases} 4x + y = 1 & ① \\ 2x + y = -5 & ② \end{cases}$，将① – ②得_____。

A. $4x + y - 2x + y = 1 - 5$

B. $(4x + y) - (2x + y) = 1 - 5$

C. $(4x + y) - (2x + y) = 1 + (-5)$

D. $(4x + y) - (2x + y) = 1 - (-5)$

2. 解二元一次方程组 $\begin{cases} 3x - 3y = 1 ① \\ 3y + x = 3 ② \end{cases}$ 最简便的方法是_____。

A. ① + ②　　　B. ① – ②　　　C. 代入法　　　D. 无法确定

3. 用加减消元法解方程组 $\begin{cases} 2x + 3y = 2 ① \\ 2x + y = 3 ② \end{cases}$，将两个方程相减得_____。

A. $4y = -1$　　B. $2y = 1$　　C. $-2y = -1$　　D. $2y = -1$

4. 用加减消元法解方程组 $\begin{cases} 3x - 2y = 9 & ① \\ 5x + 2y = -1 & ② \end{cases}$，将① + ②得_____。

A. $8x = 10$　　　B. $2x = 8$　　　C. $8x = 8$　　　D. $-8x = 8$

5. 二元一次方程组 $\begin{cases} 5x - y = 9 ① \\ x - y = 1 ② \end{cases}$ 的解为 _____。

A. $\begin{cases} x = \dfrac{5}{2} \\ y = \dfrac{3}{2} \end{cases}$ B. $\begin{cases} x = 2 \\ y = 1 \end{cases}$ C. $\begin{cases} x = -2 \\ y = 1 \end{cases}$ D. 无法确定

（五）拓展延伸

1. 已知关于 x、y 的二元一次方程组 $\begin{cases} ax + by = 2 \\ ax - by = 8 \end{cases}$ 的一组解是 $\begin{cases} x = 5 \\ y = 3 \end{cases}$，求 a，b 的值。

2. 若 a 使方程组 $\begin{cases} x - y = 1 \\ 2x - y = a \end{cases}$ 的解 x，y 的和为 5，求 a 的值。

（六）课堂总结

归纳：像上面的解法，当两个二元一次方程中同一个未知数的系数____或____时，把这两个方程的两边分别_____或_____，就能消去这个未知数，得到一个_____方程，这种方法叫作_____，简称_____。

四、教学反思

（一）教学课堂中发现的亮点

1. 精心设计课前学习任务

学生借助平板电脑进行课前自主学习；通过观看视频，让学生尝试用加减法解简单的二元一次方程组。根据课标对本节课的要求，精心设计三项网上学习任务，学生课前借助平板电脑进行自主学习，教师通过网络实现对学生的学习成果随时监测与跟踪，提高自主学习的实效性。

2. 精心设计小组合作探究环节

在课堂教学中，小组合作探究环节是本节课的关键教学点，小组合作交流特别能凸显学生的个性。在巩固练习环节和拓展提升环节中，本人先让学生独立完成，然后小组内交叉批改，小组长统计组员完成情况，组织组员讨论，引领小组内解决问题。小组内全部能完成则由小组长举手表示完成，不能完成的，各个小组长协助指导，实现"兵教兵"的方法。最后让学生在黑板上展示自己的成果，提高课堂的效率。

3. 分层次训练

学生在完成巩固练习之后，教师利用"爱学"平台推送题目检测学习成果，学生完成测验后，教师依据平台上学习练习的反馈数据，分析学生学习困难的成因，调整教学设计，提高教学的针对性。信息技术提供的数据统计分析功能不仅减轻了教师批改作业的负担，更重要的是为学生和教师提供了双向的反馈渠道，一方面将答题情况及时反馈给学生，学生可以据此进行矫正学习，理解知识；另一方面将学生学习过程中存在的问题呈现在教师面前，教师可以借助自己的知识和经验对存在的问题进行深入分析，找出问题的根源，并在课堂中有针对性地实施精准教学，以提升教学质量。

4. 学生充当小老师

本节课的第三、第五个环节利用小组合作，解决问题，让小组长充当小老师，也就是"兵教兵"的方法，学生更容易接受；通过学生的讨论，完成拓展题目，并由学生上台讲题；拓展延伸第 2 题采用一题多解的方式，让学生掌握多种方法，效果良好。

（二）教学过程中存在的疑惑

（1）新技术教学手段很大程度上解放了教师，也增加了课堂容量，但是很多时候还是容易满堂灌，区别只在于从"人灌"变成"机灌"，所以在新技术支持下的课堂教学，如何把握课堂教学，值得深思。

（2）如何更好地应用新技术展示课堂的小组合作，如何进行分层次教学，达到高效率课堂，这需要我们从平时的教学中积累经验，不断总结完善。

（3）如何保证学生在课前完成网上任务，而又不受网络诱惑影响，保证网上学习的时间和质量，这需要我们不断调整方案。

"勾股定理"教学设计

李 艳

一、教学目标

（1）掌握勾股定理及其证法。

（2）经历探究和验证勾股定理的过程，培养学生对图形性质和数量关系猜想和检验的能力。（难点）

（3）勾股定理的简单应用。

（4）数学思想及方法：①数形结合。②合情推理。③探究学习。

二、教学重难点

重点：掌握勾股定理及其证法。

难点：体会拼图验证的合理性。

三、教学过程

环节一：探究新知

命题：如果直角三角形的两直角边长分别为 a、b，斜边长为 c，那么，$a^2 + b^2 = c^2$，你能证明这个命题是正确的命题吗？

环节二：验证新知

如图 1 所示：已知四个全等的直角三角形的两直角边长分别为 a 和 b，斜边长为 c。利用这些直角三角形拼成一个大的正方形，来说明：$a^2 + b^2 = c^2$。

想一想：大正方形的面积该怎样表示？

可得：$a^2 + b^2 = c^2$。

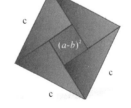

图1

环节三：形成结论

勾股定理

如果直角三角形两直角边分别为 a、b，斜边为 c，那么，$a^2 + b^2 = c^2$，即直角三角形两直角边的平方和等于斜边的平方。

（引导学生：提出问题后，我们运用了拼图，计算推导验证出结果，数

形结合的数学方法)

在中国古代，人们把弯曲成直角的手臂的上半部分称为"勾"，下半部分称为"股"。我国古代学者把直角三角形较短的直角边称为"勾"，较长的直角边称为"股"，斜边称为"弦"。

环节四：例题讲解

如图 2 所示，求下列图中字母所表示的正方形的面积。

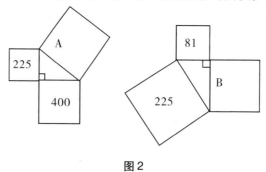

图 2

环节五：巩固练习

如图 3 所示，在 Rt△ABC 中，∠C = 90°，BC = 5，AC = 12，求 AB 的长。(教师板演)

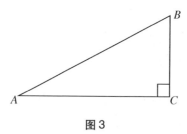

图 3

环节六：板书设计

勾股定理

如果直角三角形两直角边分别为 a、b，斜边为 c，那么 $a^2 + b^2 = c^2$，即直角三角形两直角边的平方和等于斜边的平方。

四、教学反思

学生能在教师的带领下探究本节课的新知。

"算术平方根"教学设计

王小珣

一次备课	教材分析	本节的主要内容是算术平方根的概念和求法，估计算术平方根的大小。在实际计算中需要引入无理数，使数的范围从有理数扩充到了实数，完成了初中阶段数的扩展。运算方面，在乘方的基础上引入开方运算，使代数运算得以完善。本节课内容不多，难度低，但在初中数学中占有重要的地位，是学习二次根式、一元二次方程、解直角三角形等知识的基础。本课的教学重点是：算术平方根的概念和求法
	学情分析	学生在上学期已学过了乘方运算，掌握了一些完全平方数，能说出一些完全平方数是哪些有理数的平方，同时对乘方运算也有一定的认识。本课的教学难点是算术平方根的性质和估计一个数的大小
	教学目标	知识与技能：了解算术平方根的概念和性质，会用根号表示一个数的算术平方根，并求出非负数的算术平方根，会估算一个数的算术平方根的大致范围，掌握估算方法； 过程与方法：加强概念形成过程的教学，提高学生的思维水平，鼓励学生进行探索和交流，培养他们的创新意识和合作精神，体验"无限不循环小数"的含义，感受存在着不同于有理数的一类新数； 情感态度与价值观：让学生体验数学与生活息息相关，从生活中来，到生活中去，体验数学的作用与价值，使人人学到有用的数学
	教学资源	课本，北京四中网校提供的学习资源； 自制的学案以及 PPT 等
发布任务	自主学习目标	期望通过自主学习达成的目标； 掌握算术平方根的概念和求法

续上表

发布任务	自主学习任务	网络任务 1： 任务类型：微课（两段） 任务内容：算术平方根 任务描述：学生上网看视频并做好笔记，不明白的地方做好标记 完成时间：8 分钟 设计意图：掌握算术平方根的概念，会求一个数的算术平方根 网络任务 2： 完成"算术平方根"测试题（9 道选择题） 任务描述：算术平方根的简单应用（基础题）和练习册第 25 页第 1 ～ 14 题 完成时间：15 分钟 网络任务 3： 说说算术平方根有哪些性质				
获取学情	学生问题归纳	①对概念的理解不透彻，不能灵活应用； ②对算术平方根性质的理解存在局限； ③审题不认真				
二次备课	课堂教学目标	根据课前学生自主学习的学情，结合三维目标，确定课堂上算术平方根的性质和估算再做分析，而对其应用技巧和方法进行指导。 教学重点：算术平方根的性质 教学难点：估算一个数的大小，利用规律解决问题 时间分配：解决课前自主学习问题以及本节课知识梳理 15 分钟，课堂检测 5 分钟，小组讨论展示 5 分钟，独立练习 5 分钟，合作练习 5 分钟，总结反思 5 分钟				

		教学内容	教学环节	教学活动	设计意图	教学时间
二次备课	课堂教学设计（增、删、改、减一次备课预设课件）	合作交流解决问题	展示交流 合作释疑 归纳总结	①统计网上测试的正确率，针对正确率低的题目，由做对的同学面对全班同学进行讲解； ②核对练习册的练习题的答案，并由组内同学互助解决	对课前学生学习中存在的个性、共性问题进行交流剖析，总结方法及技巧；突出重点，突破难点	20 分钟

续上表

二次备课	课堂教学设计(增、删、改、减一次备课预设课件)	教学内容	教学环节	教学活动	设计意图	教学时间
		巩固新知加强检测	检测提升	检测题:(3分钟) 1. 0 的算术平方根是（　）。 A. −1　　B. 0 C. 1　　　D. 没有 2. $2\frac{1}{4}$ 的算术平方根是（　）。 A. $\frac{3}{2}$　　B. $2\frac{1}{2}$ C. $-\frac{3}{2}$　　D. $\sqrt{2}\frac{1}{2}$ 3. $\sqrt{81}$ 的算术平方根是（　）。 A. 9　　　B. −9 C. 3　　　D. −3 4. 计算：$\sqrt{0.64}+\left|-\frac{1}{5}\right|$ 的结果是（　）。 A. 0.4　　B. 0.6 C. 1　　　D. 1 5. 如果 $\sqrt{x-1}+\sqrt{y+3}=0$，那么 $(-xy)^2$ 的值是（　）。 A. −6　　B. 9 C. 6　　　D. −9	巩固新知,加强检测,实现学习目标	5分钟

续上表

二次备课	课堂教学设计(增、删、改、减一次备课预设课件)	教学内容	教学环节	教学活动	设计意图	教学时间
		知识延伸灵活应用	展示交流合作释疑检测提升总结评价	探究填空： $\sqrt{0.0001} = $ _____， $\sqrt{0.01} = $ _____， $\sqrt{1} = $ _____， $\sqrt{100} = $ _____， $\sqrt{10000} = $ _____， $\sqrt{1000000} = $ _____。 观察：当被开方数越来越大时，它的算术平方根越来越_____。（"大""小"） 巩固练习： 1. 比较大小： （1）$\sqrt{8}$ ____ $\sqrt{10}$ （2）6 ____ $\sqrt{35}$ （3）$\dfrac{\sqrt{5}-1}{2}$ ____ 1 （4）$\dfrac{\sqrt{3}+1}{2}$ ____ $1\dfrac{1}{2}$ 2. 估算 $\sqrt{7}$ 在两个连续整数 ____ 和 ____ 之间。 ∵ $< 4 < 7 < 9$ ∴ $\sqrt{4} < \sqrt{7} < \sqrt{9}$ 即：$2 < \sqrt{7} < 3$	结合实际问题，提升学生对知识的应用能力	独立做题5分钟，小组合作5分钟

续上表

		教学内容	教学环节	教学活动	设计意图	教学时间
二次备课	课堂教学设计（增、删、改、减一次备课预设课件）	知识延伸灵活应用	展示交流合作释疑检测提升总结评价	（1）估算 $\sqrt{40}$ 在两个连续整数____和____之间。 （2）估算 $\sqrt{31}-2$ 在两个连续整数____和____之间。 3. 若 $\sqrt{5.23}\approx2.287$，$\sqrt{52.3}\approx7.232$，则 $\sqrt{523}\approx$____。 要求：学生独立完成问题，每小组先完成的前1—2名同学由教师评判，然后由他们检查其他组员完成情况，对其他同学进行指导与评价	结合实际问题，提升学生对知识的应用能力	独立做题5分钟，小组合作5分钟
		归纳小结反思提高	展示交流总结评价	让学生自主进行归纳小结，教师根据情况进行补充（包括算术平方根的概念、性质、估算）	让学生回顾本节课的学习内容，帮助学生归纳知识技能，训练学生的语言表达和归纳总结能力	4分钟
课后反思	目标达成情况	学生掌握算术平方根的性质，并会利用性质估算无理数，完成了本节课的教学目标				
	优点和不足	优点：及时反馈学生答题的正确率，并有针对地加强练习，保证了学生自主学习的时间，体现以学生为主体； 不足：学生探究的时间难以掌握，导致课后练习没有完成				

附1：正确率较低的3道题

1. 某电脑公司销售部为了制订下个月的销售计划，对20位销售员本月的销售量进行了统计，绘制成如下图所示的统计图，则这20位销售人员本月销售量的平均数、中位数、众数分别是（　　）。

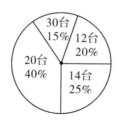

A. 19，20，14

B. 19，20，20

C. 18.4，20，20

D. 18.4，25，20

2. 某车间 20 名工人日加工零件数如右表所示：

这些工人日加工零件数的众数、中位数、平均数分别是（　　）。

日加工零件数（件）	4	5	6	7	8
人数（人）	2	6	5	4	3

A. 5、6、5　　　B. 5、5、6　　　C. 6、5、6　　　D. 5、6、6

3. 某校九（1）班全体学生 2016 年初中毕业体育考试的成绩统计如右表所示：根据表中的信息判断，下列结论中错误的是（　　）。

成绩（分）	35	39	42	44	45	48	50
人数（人）	2	5	6	6	8	—	6

A. 该班一共有 40 名同学

B. 该班学生这次考试成绩的众数是 45 分

C. 该班学生这次考试成绩的中位数是 45 分

D. 该班学生这次考试成绩的平均数是 45 分

附2：课堂检测题

1. 孔明同学参加暑假军事训练的射击成绩如右表所示，则孔明射击成绩的中位数是（　　）。

射击次序	第一次	第二次	第三次	第四次	第五次
成绩（环）	9	8	7	9	6

A. 6　　　　　B. 7　　　　　C. 8　　　　　D. 9

2. 某中学九（1）班 6 个同学在课间体育活动时进行了 1 分钟跳绳比赛，成绩如下：126，144，134，118，126，152。这组数据中，众数和中位数分别是（　　）。

A. 126，126　　B. 130，134　　C. 126，130　　D. 118，152

3. 已知一组数据3，7，9，10，x，12的众数是9，则这组数据的中位数是（　　）。

A. 9　　　　　B. 9.5　　　　　C. 3　　　　　D. 12

4. 在一次献爱心的捐赠活动中，某班45名同学捐款金额统计如右表所示，在这次活动中，该班同学捐款金额的众数和中位数分别是（　　）。

金额（元）	20	30	35	50	100
学生数（人）	5	10	5	15	10

A. 30，35　　B. 50，35　　C. 50，50　　D. 15，50

5. 已知一组数据：3，a，4，5的众数为4，则这组数据的平均数为（　　）。

A. 3　　　　　B. 4　　　　　C. 5　　　　　D. 6

附3：拓展应用题

七（1）班四个绿化小组植树的棵数如下：10，10，x，8，已知这组数据的众数和平均数相等，那么这组数据的中位数是____棵。

拓展应用：我们约定：如果身高在选定标准的±2%范围之内都称为"普遍身高"，为了了解某校九年级男生中具有"普遍身高"的人数，我们从该校九年级男生中随机抽出10名男生，分别测量出他们的身高（单位：cm），收集后整理成如下统计表。

（1）计算这组数据的三个统计量：平均数、中位数、众数。

（2）请你选择其中一个统计量作为选定标准，找出这10名男生中具有"普遍身高"的是哪几位男生？并说明理由。

男生序号	1	2	3	4	5	6	7	8	9	10
身高 x（cm）	163	171	173	159	161	174	164	166	169	164

人教版英语七下"Unit 9 What does he look like? Section A"教学设计

刁燕屏

一、教学目标

1. Language ability：

（1）Identify key words and phrases by practicing.

（2）Talk about people's looks.

2. Thinking ability：Form logical thinking, creative thinking.

3. Culture awareness：To know that we can't judge a person by appearance, we should focus on the people around us and find the beauty of their inner thought.

4. Learning ability：Learn to think independently and work in groups.

二、教材分析

1. This is the first period of Unit 9 and focuses on students' skills in listening and speaking.

2. This unit is about describing people's look.

三、学情分析

1. Students are active, talkative and interested in new things. Most of them have a preliminary ability to communicate in English but they are lack of words.

2. After learning English more than three years, they have some basic English background knowledge.

3. They have strong memories and imitation ability.

四、教学重难点

1. Learn how to use the new words, new structures.

2. Learn how to use the sentence patterns.

五、步骤

Step 1：Warm-up

1. Teacher will sing a song with students and ask students to follow her instruction.

2. Purpose

（1）Form a better English learning surrounding for students.

（2）It provides situations to review learned knowledge for the next step.

Step 2：Presentation

1. Play a guessing game.

2. Show a mind-map.

3. Let the students classify the words.

4. Pair-work. Ask students to describe English teacher's favorite stars in pairs.

5. Purpose

（1）Get ready for making sentences.

（2）To acquaint with the new words and new sentence patterns.

Step 3：Practice

1. Listening task

（1）Listen and choose the best answers.

（2）Listen and answer.

（3）Fill the card and retell it.

2. Speaking task：Ask the students to describe their favorite stars.

3. Reading task：Ask the students to read the passage and mark True or False.

4. Purpose

（1）Enhance students' ability in using the new words and new sentence patterns.

（2）Attract students' participation through different tasks.

（3）Improve students' speaking, listening, reading abilities.

Step 4 Production

1. Talk about the stars of class, say something about him/her from 5 as-

pects：hair, height, build, clothes, others. Give some tips.

2. Group work：Talk about the stars of our country and report it.

3. Show a video.

4. Purpose

（1）Check and enhance students' language ability.

（2）Make students master the new words and new structures.

Step 5 Summary

1. Lead the students to review the key and difficult points in this lesson.

2. Purpose

Make students review and grasp the key and difficult points in this lesson.

六、板书设计

Unit 9

What does he look like?

（Section A）

New words   Sentence patterns

medium   A：What does he look like?

curly   B：He is tall. /He has long straight hair. /

straight   He is of medium height.

height   A：What does he/she like?

build   B：He/She likes/loves…

thin   A：What do you think of him/her?

blonde   B：He/She is…

七、教学反思

（1）本节课继续采用"问题教学法"来进行教和学，鼓励学生大胆说、大胆问、大胆练，让学生暴露问题；让学生通过合作探究解决问题，提高学生的合作能力；让学生相互评价，让学生教学生，养成学生的参与意识。

（2）合理利用现实教学资源。图片的信息直观，现实的资源就更为形象。本课要求学生能描述他人的外表，学生的身边有那么多的同学、朋友、老师，如果学生来描述他们的长相，则更贴近生活实际，能给他们的学习带来更多乐趣。

（3）贴近学生的生活，让学生的口、手齐动。学生应具备思维与动手能力。大量的可行的任务教学设计，有利于学生对知识的灵活运用。课后作业是描述自己的外貌特征。这样设计是为了在巩固知识和提高写作能力的同时，让学生对自己有清晰的认识。

（4）对学生情感上的引导。人的外貌对人的影响是很大的，所以有人常常会以貌取人。教师应该对学生进行正确的引导，培养学生正确的人生观和世界观。于是，在此课中列举很多国家的英雄人物，让学生去描述他们的外貌，表达自己的看法，使学生明白不应该只关注别人的外貌，还要学习别人身上的优秀品质，向英雄人物学习。

"Unit 7 Will people have robots? Section B 2a－2e" 教学设计

何红梅

一、教学目标

（1）利用图片说句子来复习新词汇：astronaut，apartment，rocket，space station，dangerous，factory，Japan，disagree，agree，human，shape。

（2）培养学生基本的英语学科核心素养：良好的阅读习惯和阅读策略（预测、略读、扫读）。

（3）能运用基本的阅读技巧去解决问题。

（4）通过小组合作，讨论如何设计未来的机器人并用文字表达出来。

（5）通过阅读文章 "Do you think you will have your own robot?" 进行续写能力的训练。

（6）通过讨论机器人的现在和未来，激发、培养学生对未来的想象力，并鼓励学生为实现美好的梦想去努力学习。

二、教学重点

（1）在英语学科核心素养下培养学生预测、跳读和寻读的阅读技能，能够运用所给的信息读懂文章。

（2）能够运用 there will be 句型谈论未来机器人，并能用文字表达出来。

三、教学难点

（1）能够运用阅读策略，掌握阅读的技巧和方法。

（2）通过以读促写的方法训练学生的写作能力。

四、教学资源

学生网上作业的分享、机器人工作的图片和视频、微格教室的多媒体教学设备、平板电脑。

五、教学过程

环节一：Review the words and phrases of Section B

（1）教师指导活动：让学生进行单词和短语复习，利用平板电脑填上所缺的单词或者短语，使句子完整。来个现场抢答，课前热身。

（2）学生活动：Guess the new words to complete the sentences when looking at the pictures.

（3）技术环境：智慧课堂的平台和学生的平板电脑。

（4）时间：3 分钟。

（5）培养能力：复习学过的新单词和短语，提高运用能力。

环节二：Warming up

（1）教师指导活动：①Encourage students to share something that they know about robots. ②Have a brainstorm about robots' activities.

（2）学生活动：①Go to the teacher's desk to share something that they know about robots by online homework. ②Talk about the drills：What can robots do?

（3）技术环境：多媒体平台。

（4）时间：6 分钟。

（5）培养能力：学生上台分享自己对机器人的认识，培养他们课前预习的习惯。通过头脑风暴活动，培养学生发散思维的能力。

环节三：Reading practice

（1）教师指导活动：Let students do some reading exercises to train them the reading skills by mind maps.

（2）学生活动：①Read the text, and know more about the development of robots. ②Learn the reading skills（preview, skimming and scanning）about fast reading and get the information.

（3）技术环境：平板电脑。

（4）时间：10 分钟。

（5）培养能力：阅读的良好习惯和阅读策略（预测、略读、扫读）。

环节四：Group work

（1）教师指导活动：Encourage students to have a good imagination and change the ideas in a group. ②Let the group report their ideas：Talk about the future robot that I want to have.

（2）学生活动：①Talk about the future robot that I want to have. ②Change the ideas in a group.

（3）技术环境：多媒体平台。

（4）时间：8 分钟。

（5）培养能力：小组合作能力。

环节五：Writing

（1）教师指导活动：①Ask students to write a composition according to the three key points. ②Correct the compositions of students by the projector in 4 minutes.

（2）学生活动：Write a composition about your own robot in 8 minutes.

（3）技术环境：幻灯机。

（4）时间：12 分钟。

（5）培养能力：培养学生的写作能力与点评的能力。

环节六：Summary

（1）教师指导活动：Let students review the skills of fast reading and writing about the future robot.

（2）学生活动：Give a summary and review the key points of the lesson.

（3）技术环境：智慧课堂的平台。

（4）时间：1 分钟。

（5）培养能力：回忆本节课重点知识，快速整理所学知识的能力。

六、教学反思

（1）我注重培养学生英语学科核心素养，坚持以学生为中心，以培养学生自主学习、合作探究为目的，以任务型教学贯穿始终，通过完成任务，促使学生掌握阅读策略来提高阅读水平，最后进行写作训练和及时的反馈评价，培养学生写作的兴趣。

（2）我在教学中能够紧扣新课程标准，充分利用教材提高学生读写方面的技能。教学中运用多媒体课件、图片、视频等教学手段，创造生动的教学情景，让学生轻松掌握知识。

（3）整节课下来，学生基本上能够达到预期设定的教学目标，积极配合老师，在预习准备阶段能够体现学生的自觉性，如预习课文、完成网上作业（查找机器人图片，了解当代机器人能够做什么）、敢于上台展示自己所获和与人分享。

（4）在做一个机器人设计者这个活动中进行小组合作，学生在小组活动中表现出色，连平时不敢发言的学生也被带动起来，开口讲英语和分享自己设计机器人的创想。

（5）遗憾的是，因为一节课只有 40 分钟，既要阅读训练，又要写作，还要展示面批，写作这一块的时间有点紧，只是展示和评价了两个学生的作文，如果写作的时间充裕一点，对于学生来说，或许在写作方面收到的效果会更好。

中考英语写作复习课：环境保护话题

钟丹丹

一、学情分析

九年级学生积累了一定量的英语词汇、句型等，但不少学生写作时出现结构不完整、表达不连贯等明显问题。

二、教学目标

（1）巩固话题相关单词以及句型。

（2）能运用已学知识提出关于环境保护的建议或做法，能通过阅读去观察并归纳总结写作构建方法，能写出结构完整、条理清晰、行文连贯的话题作文。

（3）学科素养目标：提升学生的语言表达能力、批判性思维和生态保护意识。

三、教学重难点

掌握写作框架及行文连贯等写作技巧。

四、课程特点

（1）借助网络平台上课，灵活利用图片、动画等，增加趣味性和实时性。

（2）创设主题情境，为学生提供更丰富的语言背景及思维空间。

（3）引导学生通过阅读和观察，总结写作框架构建的要素，以达到"以读促写"的目的。

五、教学过程

Step 1：Teacher greets and introduces the teaching aims of the lesson.

设计意图：To make students clear the learning goals and get ready for the class.

Step 2：Present and review.

（1）Teacher uses mind maps to lead in the description of a wonderful world and a polluted world. And students use the mind maps to sum up the features of them.

（2）Teacher uses a mind map to lead students to list the causes of environmental problems.

（3）Students watch a short video *Man* and think about what humans have done to nature.

（4）Teacher leads students to speak out some solutions.

设计意图：Review and enlarge the vocabulary.

Step 3：Practice and produce.

（1）Students practice giving suggestions for protecting the environment.

（2）Teacher and students speak together.

（3）Students read a passage and find out the key information.

（4）Teacher leads students to observe and sum up the writing strategies.

（5）Students practice writing an essay.

设计意图：Consolidate students' speaking, reading and writing skills.

Step 4：Summary.

（1）Sum up.

（2）Call on students to protect the environment by doing small things.

设计意图：Summarize and appeal.

Step 5：Homework.

Finish writing the essay.

六、学习评价的设计

线上平台上传习作，教师进行评价及学生互评。

评价等级：

A 等级：结构完整、连贯有条理。

B 等级：结构完整、缺连贯或条理性。

C 等级：结构不完整、缺连贯或条理性。

七、授课方案

（1）直播教授。

（2）视频平台播放课程。

八、教学反思

线下教学模式和线上教学模式比较：

（1）线下课堂互动更多，过程性评价更灵活，课堂教学教师板书更方便。

（2）线上教学课时短，对教学设计的精准度要求更高；网络课上师生互动有限，但课后可通过平台讨论区或者其他方式进行交流等；线上教学促使教师更多地运用媒体资源如动画、网页等。

中考话题作文：科普知识与现代科技、通信

谢玄苑

一、课程与学生特点

本节课为九年级中考复习课，教学对象是全端州区 18 所学校九年级的学生，学生英语水平参差不齐，多天的网课学习也让学生感到疲劳。因此，课程时间设计在 20 分钟左右。学生在七、八、九年级已经学习过涉及该话题的文章，有一定量的知识储备。但是对该话题的学习仍缺乏系统性的知识储备。因此，本节课将借助图片、音频，通过归纳法和递进法，引导学生回顾与科普知识、现代科技、通信相关的单词、短语，再进行听力、句子翻译、文段阅读来巩固该话题的知识，最后帮助学生通过写作四部曲来分析该话题的写作步骤。

二、原教学模式和现行教学模式的比较

（一）原教学模式（现场面对面授课）

课前：根据学情设计教案，提前布置预习任务，准备多媒体课件。

课中：①默写与本节课话题相关的单词；②设计任务，展示图片，并口头表达图片的相关信息；③学生做练习，老师巡堂指导；④分组讨论，互相帮助解决难点；⑤将范文投屏展示并点评。

课后：布置、批改作业，反馈问题。

（二）现行教学模式（网络录播课）

课前：根据学情设计教案，准备多媒体课件、视频、音频、讲稿。

课中：①明确学习目标；②归纳该话题不同词性的高频词；③展示图片，播放音频，引导学生对该话题的理解；④通过写作四部曲分析该话题的写作步骤。

课后：布置作业，利用 QQ 作业批改功能，及时反馈。

三、学习资源设计

1. 设计意图

采用层层递进的原则，通过单词、短语的输入，采用听、说、读、写的方式完成整个教学环节。

2. 教学目标

（1）语言知识目标：通过这节课，学生能够掌握科普知识与现代科技、通信相关的单词、短语、句型，以及能够完成该话题的写作。

（2）语言能力目标：学生能够通过学习写作四部曲，快速审清写作题意、列提纲、遣词造句，最后清晰合理地完成写作。

（3）情感目标：培养学生正确对待电子设备的意识。

（4）学习策略目标：通过学习，学生能够独自完成考点梳理以及清楚写作的步骤。

四、教学过程

Task 1：Warming up and Leading in the topic.（1 minute）

Task 2：Presentation.（1 minute）

Show pictures of modern technology, and let students focus on the electronic devices.

Task 3：Review the most frequently used words of this topic.（2 minutes）

Task 4：Presentation and practice.（9 minutes）

（1）Guide students to talk about the advantages and disadvantages of using electronic devices.

（2）Ask students to listen to what 3 students say and write down the answers.

（3）Use the listening materials to lead to the reading. Guide students to answer the questions.

Task 5：Writing.（8 minutes）

Learn the four steps of writing.

Step 1：Examine the topic.

Step 2：Outline the content in detail.

Step 3：List out the phrases and make sentences.

Step 4：Give a sample and analyze it.

Task 5：Summary and homework.（1minute）

五、学习评价的设计

线上平台发布测试作业，利用 QQ 限时上交作业，教师批改，评价结果分四个等级。

六、教学反思

线上录播课，与学生互动交流减少，不能及时地观看到学生的上课情况和状态，无法及时了解学生的学习效果。

黄河含沙量大对社会经济发展的影响（微格课）

温美玲

一、教学目标

运用图文资料说出黄河的主要水文特征及其对社会经济发展的影响。

二、教学重难点

（1）黄河的水文特征及其对社会经济的影响。

（2）黄河"地上河"的成因。

三、教学设计

【环节一】创设情境

（1）教师指导活动：情境导入：黄河"母亲"遇到了"困难"，我们一起"把把脉"……

（2）学生活动：听老师讲故事，创设学习情境。

（3）技术环境：投影图片。

（4）时间：1分钟。

培养能力：引导学生得出"含沙量大"的结论。

【环节二】自主学习

（1）教师指导活动：探寻沙源：黄河水从哪个河段开始变黄了？为什么？投影上游水、中游水、下游水的图片，让学生观察三个河段河水的颜色。

（2）学生活动：从图片中观察黄河水的颜色，得出从中游开始变黄。

（3）技术环境：投影图片，播放视频。

（4）时间：2分钟。

培养能力：读图分析能力。

【环节三】小组合作探究

（1）教师指导活动。

"黄河流域分布图"，播放"地上河"形成过程的动画，展示黄河改道与决口数据。

"中国大型港口城市分布图"。

黄河入海口图片及文字说明，展示黄河三角洲"多年平均入海沙量数据"及珠三角、长三角、黄三角深水港口与港口城市群数量对比表格。

"中国地形图""黄河入海口图片"及"省级区域粮库数量图"。

（2）学生活动。

"地上河"、支流、狭小。

黄三角没有大型港口城市。

黄三角不断向渤海推进，扩大了陆地面积，增加了沿岸耕地数量。

（3）技术环境：投影图片。

（4）时间：10分钟。

培养能力：读图分析、小组合作、探究精神。

【环节四】课堂总结

（1）师生一起总结。

（2）时间：1分钟。

培养能力：归纳与表达能力。

【环节五】学以致用

（1）教师指导活动：为学生设计一条"从黄河上游到入海口的旅游线路"。

（2）学生活动：学会迁移运用本课所学知识。

（3）技术环境：投影动态图。

（4）时间：1分钟。

培养能力：知识反馈。

四、板书设计

黄河含沙量大对社会经济发展的影响

（1）探寻沙源。

（2）对社会经济发展的影响。

形成地上河。

没有深水港口。

陆地面积增加。

五、教学反思

教学内容精简，教学安排紧凑，课堂学习高效。

学生通过本节内容的学习能简单分析黄河下游形成"地上河"的原因，黄河水害的成因，培养学生对各地理要素的相关分析能力以及对某一地理现象的综合分析能力。在理解黄河对社会经济发展影响中，感受治理黄河的必要性，为下节课做好铺垫。

研究物体的浮沉条件

王伟娟

一、教学目标

（1）知道物体的浮沉条件。
（2）运用物体的浮沉条件说明生产、生活中的一些现象。
（3）通过实验观察和分析，认识浮沉现象和浮沉条件。
（4）通过课前自学，培养自我学习的能力。
（5）体会科学、技术与社会的密切联系。

二、教学重难点

重点：通过实验观察和分析，认识物体的浮沉条件。
难点：运用阿基米德原理分析鸡蛋在盐水中受到的浮力大小的变化。

三、教学设计

【环节一】课前任务
教师发布自学课件、微视频。学生带着问题观看自学课件和微视频并完成相关习题，体会科学技术与社会发展的密切联系。
技术环境：平板电脑、"爱学"平台。
培养能力：自主学习。
【环节二】课堂分享
（1）教师活动："爱学派"上自主学习情况分析汇报。
（2）学生活动。
①学生代表通过实验讲解本节主要内容。
②分享浮沉条件在生活、技术上的应用。
（3）技术环境：平台数据。
培养能力：表达与自我展示能力。
【环节三】训练与评价
（1）教师指导活动：讲解课前检测题情况、小结本题所应用的知识点、发布提升题目。

（2）学生活动：对课前自学错题进行分析思考、总结、小组讨论及汇报。

（3）技术环境：平台数据分析、题目推送。

培养能力：解决问题、沟通与交流、小组合作能力。

【环节四】提升

（1）教师指导活动：平台发布题目、总结评价。

（2）学生活动：平台答题、总结反思。

培养能力：限时做题。

【环节五】拓展与反思

（1）谈收获感想、思考拓展题。

（2）技术环境：平台推送拓展题目。

培养能力：总结能力。

四、板书设计

漂浮（静态）	$F_浮 = G_物$	$\rho_液 > \rho_物$
悬浮（静态）	$F_浮 = G_物$	$\rho_液 = \rho_物$
下沉（动态，最终沉底）	$F_浮 < G_物$	$\rho_液 < \rho_物$
上浮（动态，最终漂浮）	$F_浮 > G_物$	$\rho_液 > \rho_物$

五、教学反思

亮点：①课堂注重物理与生活的联系。②借助信息化技术的支持，使课堂效率高。③注重分层教学，提升不同层次学生的能力。

努力方向：培养学生的发散性思维。

研究物质的比热容

张航芬

一、教学目标

（1）了解比热容的概念，知道比热容是物质的一种基本属性，是反映物质的吸热、放热性能的物理量，知道比热容的单位及其读法、含义。

（2）尝试用比热容的概念说明有关的简单现象，知道水的比热容比较大。

（3）通过实验探究，认识质量相同的不同物质，在吸收相同的热量时，升高的温度不同这一特点，会运用控制变量法设计和进行实验。

（4）通过联系实际，分析与比热容有关的问题，让学生体会物理知识的魅力，养成探索、思考物质世界奥秘的兴趣和好奇心，逐步形成学生对物理科学的热爱。

二、教学重难点

重点：探究物质的吸热、放热性能的实验。

难点：探究水和砂石的吸热、放热的性能的实验，理解比热容的物理意义。

三、教学过程

（1）情景引入：展示图片"在同一天内，同一纬度的沿海地区和沙漠地区昼夜气温变化有什么不同及其造成的原因是什么"。学生小组讨论，回答问题。

（2）实验探究：问题引导实验——"探究水和砂石的吸热、放热性能"。①实验中主要用到的实验方法是什么？需要保证哪些相同的物理量？②实验需要测量哪些物理量？需要哪些器材？③若用同规格的酒精灯对水和砂石加热，通过什么判断水和砂石吸收的热量？

引导学生小组讨论，设计、展示实验方案，汇报交流，补充、完善。进行实验，收集、分析数据，得出结论，评价实验。

（3）比热容概念的引入：由实验结论引出比热容的概念，引导学生阅读课本，自主学习，完成以下任务：①认识比热容的符号、单位、物理意义。②认识一些物质的比热容，知道水的比热容比较大。

（4）比热容知识的应用：引导学生小组讨论，解释生活中的物理现象。

（5）小结：引导学生回顾、小结本节课的收获。

（6）课后拓展：从生活中找出更多与比热容相关的例子。

四、教学板书

研究物质的比热容：

（1）探究水和砂石的吸热、放热性能。质量相等的不同物质，在升高相同的温度时，吸收的热量是不相等的。

（2）比热容：吸热、放热性能。

（3）生活应用。

五、教学反思

（1）本节课的设计线索是"从生活走进物理，从物理走向社会"，从天气引入，到学生掌握知识并解释生活现象，体现学科特色，激发学生学习兴趣。

（2）从整体上来讲，本节教学达到了预期的教学效果，学生在各个环节的学习过程中学习状态良好，独立思考到位，参与积极性高，探究合理，合作有效，符合学生的认知结构和探究特点。

（3）在重难点的突破上，本人充分利用分组实验的优势，让学生通过探究不同物质的吸热能力，组织学生进行分组讨论，通讨多媒体呈现学生结果，使学生能够在感性认识的基础上理性地进行学习和分析，从而清晰地建立比热容这一物理概念。

"酸和碱的反应"教学设计

周梅兰

一、教学目标

（1）知识目标：掌握中和反应的定义、实质和应用，理解实验设计的思路方案，能正确书写化学方程式。

（2）能力目标：通过本节课的设计，培养学生的自主学习能力、沟通表达能力、小组合作解决问题的能力等。

二、教学重难点

重点：中和反应的定义和本质。

难点：讨论关于酸和碱发生反应的实验设计方案、探究实验、分享实验结果。

三、教学资源

实验、课件、平板电脑。

四、教学过程

（1）复习回顾：回顾学过的常见的酸和常见的碱，展示氢氧化钠溶液、氢氧化铜、氢氧化铁并说出各自的颜色状态。

（2）实验引入：演示实验：分别向氢氧化铜、氢氧化铁中滴入稀盐酸。提问：通过实验现象判断盐酸和这两种碱是否发生反应？向氢氧化钠溶液中滴加稀盐酸，溶液无明显现象，是否发生反应？引出下一个教学环节——对无明显现象实验进行实验方案设计，证明反应的发生。

（3）讨论方案：学生根据教师提供的药品（氢氧化钠溶液、氢氧化钙溶液、稀盐酸、稀硫酸、紫色石蕊试液、无色酚酞溶液，紫薯汁、pH 试纸）和酸碱化学性质设计实验，小组讨论并选取一个合理的方案，进行分享。

酸和碱的反应实验设计方案		
组别：_____ 姓名：_____		
实验名称	探究酸和碱是否发生反应	
实验目的	通过设计实验，探究酸与碱是否发生反应	
设计思路	1. 药品：	
	2. 仪器：	
	3. 原理：（用化学方程式表示）	
	4. 操作步骤：	
	方案一：【必做】 （步骤①）　（步骤②）	
	方案二：【选做】	

（4）体验探究：学生分组探究实验，观察实验现象，填写实验报告，并拍照上传。

实验报告						
一、实验步骤						
二、实验现象		酸溶液	碱溶液	指示剂	实验现象	
	必做					
	选择					

续上表

三、实验结论	
四、思考讨论	实验结束后能将酸溶液或碱溶液直接倒进下水道吗？应该如何处理呢？_____，处理方法是：_____。

（5）分享心得：学生代表分享探究实验过程、结果和心得，其他同学进行补充。通过化学方程式及微观粒子图分析中和反应的实质。

（6）自主阅读：阅读课本，标记出中和反应的应用。

（7）训练评价：①当堂反馈训练，互批互改，合作释疑。②在学案上完成填空题，并拍照上传。由小组互评，合作释疑。

（8）师生小结：师生小结本节课内容。

五、板书设计

酸和碱的反应

1. 定义：酸和碱反应生成盐和水
2. 实质：$H^+ + OH^- = H_2O$
3. 应用：农业、工业、医药。

六、教学反思

（一）亮点

（1）依据学科素养设计了讨论方案、体验探究、分享心得、自主阅读、训练评价五个环节，培养学生的自主学习能力、沟通表达能力、小组合作解决问题的能力，提升他们的学科素养。

（2）通过小组讨论、体验、分享，突破教学的重点难点，把自主权交给学生，学生参与程度高，激发了学习的兴趣和动力。

（3）通过训练评价在线检测，反馈学生对知识的掌握情况，帮助学生进行知识巩固、查漏补缺等。

（二）努力方向

（1）在体验探究的过程中，部分学生实验操作的动作不够规范，但我没有一一指出纠正。

（2）当学生讨论实验方案设计表格时，我对操作图示应该指引得更具体更详细，从而利于学生准确理解。

（3）在信息技术的支持下，课堂上学生实验的融合、知识的落实、能力的提升是我需要继续努力的方向。

足球脚内侧传球技术的训练

杨浩荣

一、指导思想

本课依据《体育与健康课程标准》的要求和学校竞争机制的"自主·合作·展示"小组教学模式的特点，以"健康第一"为指导思想，以促进学生全面均衡发展为核心，以合作、自主学习为主题，培养学生团结协作的精神。

二、教学目标

（1）学生初步掌握脚内侧传球的技术动作及练习方法。

（2）通过练习，80％的学生能熟练地做出各种熟悉球性的动作，并能认真进行传、接球练习。

（3）培养学生主动参与体育学习的兴趣和刻苦锻炼的意志品质。

三、教学内容

（1）足球：脚内侧传球。

（2）素质练习。

四、教材分析

（1）足球活动是在跑动中进行的，足球教学和比赛中的运动负荷要比其他项目大一些，在不断跑动中经常变换速度、方向，对于内脏器官，特别是呼吸系统和心血管系统影响较大。

（2）足球活动是在不断变化中进行的，球的滚动与飞行，同伴的跑动与传球，进攻与防守，都在不断地变化。

五、学情分析

本节课是足球大单元教学中的一个内容，这些课程能有效地培养学生对足球的兴趣及提高技术。在教学中，我根据实际情况进行教学，注重师生交流、合作的互动过程。教师要设计内容新颖的课程，以适应广大学生的身体情况。但学生在学习脚内侧传球技术的时候，会出现传球脚触球的力度过大，使足球脱离控制的情况，这个需要反复练习。

六、教学重难点

重点：传球时触球部位及对球的推拨用力。

难点：脚内侧传球的力度及方向。

七、教学流程

课堂常规：集队、师生问好、宣布本节课的教学内容、安排见习生。

图形跑＋足球操：沿篮球场各线进行慢跑、自编足球操、游戏［搬西瓜接力（练习种、收、夹等动作)]。

脚内侧传球学习：自主体验脚内侧传球的动作方法、学习脚内侧传球的技术、展示脚内侧传球的学习成果。

课课练：撑上握、站立体前屈、高抬腿。

放松总结：太极放松操、总结本节课所学的内容，表扬优秀学生，提出今后注意的问题。

八、运动负荷预计

预计平均心率为 135 ～ 145 次/分，练习强度为 50% ～ 60%。

九、教学反思

（1）在教学中，我在准备活动中通过游戏，调动学生的情绪，为教学创设一个轻松活跃的情境。

（2）教学过程中改变枯燥、单一的练习形式，采用多种练习形式，让学生掌握脚内侧传球的力度及方向，围绕这个中心，通过讲解练习，体会传球时触球部位及对球的推拨用力。

（3）不足的地方，学生在掌握足球脚内侧传球技巧时，触球能力及动作的连续性有待提高。

学生篇

第四章 颂德学子的成长印记

智中 "慧" 学

2022 届 赵颖

我是肇庆市颂德学校（以下简称"颂德"）2022 届学生赵颖。初到颂德，我十分幸运地加入了"智慧课堂"班。在此之前从未听说过"智慧课堂"的我，也不由得被勾起了一丝好奇与担忧：好奇的是课堂上怎么用平板电脑上课，担忧的是用平板电脑上课会不会对身心造成影响。

我怀着好奇与担忧来到微格室上了第一节平板电脑课程。一节课过去后，我才发现刚开始的担忧是没必要的。在课堂上，老师发送课件到我们的学习账号上，我们可以直接通过平板电脑观看到老师的课件，不再需要抬头看投影屏幕或者黑板；在讲课过程中，老师时不时会抛出几个问题来让我们抢答，通过触摸屏来抢答题目，对于我们来说本就是一种新鲜的事物，这也为原本枯燥乏味的课堂增添了几分乐趣。

或许家长会担心在上课过程中会有个别同学开小差，用平板电脑做一些与课堂无关的事，从而影响学习。这倒不用担心，因为在上课过程中，只要打开了老师的课件，我们的界面都会被锁住，除非老师解控，不然根本不能退出界面。所以，上平板电脑课开小差这种现象，是几乎没有的。

　　智慧课堂的开展，养成了我们主动学习的能力，让我们通过动手、动口、动脑去学习，去解决问题，为我们提供了自由发挥、处理问题的空间。在遇到不懂的知识时，老师能够及时为我们解答，提高了我们的学习效率。这是一种新奇而又有益的上课方式。

我运动，我快乐

2020 届　苏晓明

　　我是肇庆市颂德学校 2020 届的学生苏晓明。入学时，我被学校的气氛深深地吸引，校园生活总是那么地丰富多彩。游泳、跑步这些运动特长让我在学校里大放光彩，我在老师们的精心教导下，获得 2018 年迷你马拉松冠军，2019 年成为国家二级游泳运动员。

我的乒乓球之路

2021 届　麦芷晴

　　我是肇庆市颂德学校 2021 届的学生麦芷晴。乒乓球的特长使我来到了颂德这个大家庭。平常我最喜欢的运动是乒乓球，来到颂德学校后，老师们和同学们给了我很多磨炼自己和提高技术的机会，使我的乒乓球技越发提高。2019 年，我参加广东省中学生乒乓球锦标赛获初中组女子单打第三名，参加广东省"中国体育彩票"青少年乒乓球冠军赛获乙组女子双打第七名；2020 年，参加广东省中学生乒乓球锦标赛获初中组女子单打第六名。我十分感谢帮助过我的老师和同学们，因为你们，我才能在赛场上赢得比赛，希望未来的日子能赢得人生的比赛。

合唱团让我成长

2019 届　张可

　　我是肇庆市颂德学校 2019 届的学生张可。我在颂德合唱团中刻苦训练，最终获国家级合唱比赛团体金奖。在颂德学习的三年里，合唱一直陪伴着我成长，它让我感受到这门艺术背后团队凝聚力、纪律性之重要，感受到用心、用耳、用气息共同歌唱的美好，也感受到为了做好合唱这件事，老师、同学背后的付出和辛酸。合唱团的经历不仅让我拥有了追逐爱好并为之努力的机会，更在潜移默化中磨炼了我的心性，让我能够乐观地面对更多的挑战和困难。

画中有桃源

2019 届　伍仲豪

　　我是肇庆市颂德学校 2019 届的学生伍仲豪。我热爱画画，喜欢在画纸上随意地画自己喜爱的东西，然后精心地修饰它，让它成为一件令人欣赏的艺术品，成为我向往的那个世外桃源。在颂德学校老师的推荐下，我参加了"童话新时代　手绘价值观"——社会主义核心价值观主题儿童画网上征集活动，并荣获了国家级三等奖。成长的故事很多，有欢乐也有悲哀；成长的岁月很长，需要我们一点一滴去感悟。岁月不会回头，抓住今天的每一秒，把希望系于明天的彩云。成长就是希望编织的彩带，串连回忆和向往。细数那过去的无数岁月，我们会欣慰地露出笑容。可是未来的人生是漫长的，需要我们不断努力，不断奋斗，让我们扬起理想的风帆，一同驶向成功的彼岸。

我与科技共成长

2020 届　何彦霖

　　我是肇庆市颂德学校 2020 届的学生何彦霖。光阴似箭，日月如梭，回忆往昔在颂德的美好时光，不知不觉，三年过去了。我在这里变得越来越好，成长为一个全新的自己！在这所学校我不仅汲取知识，而且锻炼了强健的体魄，更是与老师和同学共度了三年美好且具有深刻纪念意义的时光！同时，感谢母校给予我参加各种大赛的机会，培养我、成就我，让我能在各种大赛中有幸得到各类奖项。

付出与收获

2020 届　邓智恩

我是肇庆市颂德学校 2020 届的学生邓智恩。不知不觉在颂德已经度过了三年的时光，这三年生活的点点滴滴如电影般在我脑海里涌现。还记得当我第一次踏进这所学校，我就深深地被颂德的美丽校园所吸引，它是如此有朝气，有活力。其中，让我印象最深刻的是我参加了端州区传统文化比赛并荣获特等奖。小时候，甚至现在有些时候，我都幻想自己能回到古代，最好是唐朝。不为别的，只为能在平常的日子里穿上美丽的衣裙走走停停，那感觉肯定很美。因为在我的想象中，古代女子都是裙裾飘飘的。在颂德，我不断地成长，颂德陪伴着我从一个懵懂的小女孩成长为一个自信、爱笑的女生，这一切都要深深感谢颂德。

比赛的日子真难忘

2020 届　祝晓晴

　　我是肇庆市颂德学校 2020 届的学生祝晓晴。在颂德的日子恰似流光溢彩的画卷，三载四季轮回，回回都描画着成长的印记。我在母校找寻到了自己的梦想，发掘出了深藏的天赋。回望那段为了演讲比赛准备的日子，同何丽妍老师一起，修改稿件，不断练习语调，内心是充盈而快乐的。感恩比赛前、赛场上不断帮助和鼓励我的丽妍老师，也感谢母校对我的栽培和信任。

我的舞台梦

2021 届　陈功婷

　　我是肇庆市颂德学校 2021 届的学生陈功婷。在颂德学校的三年，我一直担任学校广播站的主播，也做过校园十大歌手晚会的主持人。站在舞台上成为主持人是我一直以来的梦想，虽然过程比较艰辛，但在老师和家长的鼓励下，我没有停止追逐理想的脚步，而是怀揣着自信站在了舞台上。谢谢学校给我历练的机会。

第五章　不一样的家庭教育

坚持！养成好习惯！

2020 届　梁展毓家长程新河

我总结了梁展毓在颂德学校初中三年来的减肥过程和学习的一些方法。

一是减肥历程。七年级第二学期梁展毓的 1000 米体育考试是零分，总分从全级的三十几名跌到了八十几名，那时候我才知道体育分的重要性。那个学期，他因为骑单车跌断了手，大概半年时间没有运动过，体重上升到 206 斤，真的是太胖了，班主任说他 1000 米基本跑不完。经多方了解得知，健身跑步减肥快又不会受伤。因此，八年级第一学期我带着他去健身房请私教训练，一共是 39 节课，从 6 月中旬开始上课，平时除了上私教课，教练还要求每天坚持跑步一个小时。他每天放学回家已经 6 点多了，吃完晚饭后我就送他上健身课，回来已经是 9 点多了。但是他在训练的这段时间里，每天作业照样能完成。减肥真的是非常痛苦，脚痛、手痛、全身肌肉酸痛，还要控制饮食，每天早上只能吃无糖无味的馒头、燕麦包和鸡蛋白，坚持了一个月瘦了 18 斤，4 个月总共瘦了 33 斤。同年他刚好有幸参加省运会表演训练，又瘦了几斤。后来，他每天一直都坚持一个小时的运动，特别是疫情期间，我每天早上 7 点钟起床带他上北岭山脚坡练跑步，我邀请我的跑友肇庆马拉松冠军指导他怎样跑步才不会受伤，怎么拉伸才正确。2020 年放寒假后，他每天的运动量基本上是跑 10000 米。好几次都跑到他大哭，累趴在地上起不来，但哭完我又鼓励他继续练，想跑得快必须要减脂，必须要坚持有氧运动。疫情期间，好多同学都长胖了，但他瘦了七八斤。如果下雨不能出去跑步，他就在家练跳绳、练核心力量，总之每天都要坚持运动 1 个小时，我还要求他每天完成 6 个小时的作业和练习（基本是上午、下午、晚上各两个小时），就像是在学校上课一样，吃饭、作息一切正常。他最终在体育中考中获满分。当他考完试告诉我他得了满分的时候，我流下了幸福的眼泪。可能对于别的同学来说，在体育考试中能拿满分是轻而易举的事情，但对于梁展毓来说，实在是太艰难了。我们付出了很多，但我相信有付出必有回报，儿子现在的体重是 146 斤，比之前瘦了 60 斤。

　　二是家庭教育的一些做法。梁展毓从小学到现在都是先完成作业再吃饭的。他从来没有做作业做到三更半夜，基本上每晚读半个小时英语，有时背语文方面的知识。在这三年时间里我也问了很多学习成绩好的同学和他们的家长，向他们取经，自己再总结起来与儿子分享。引导他去学习别人的长处，改正自己的不良习惯，我感觉这个方法非常好：养成上新课前预习的好习惯，在课堂上专心上课、善于提问、复习归纳、整理错题本。另外有一点非常重要，就是要培养孩子的思维能力，这就需要家长的陪伴和引导，而且要有耐心、讲究方法。经过多方了解和亲身实践，有个黄金记忆方法的效果不错：早上 6 点半到 7 点，晚上 6 点到 6 点半（我自制了一份表格，要求他每天要打勾完成的），比如今天没有完成，明天就要双倍完成，还有睡前半小时，记忆力也是最佳的。有时间我就会陪他去书店看书，他可以在书店看上几个小时。周六、周日他完成了运动和作业任务后，我允许他上网玩游戏、看电影。该玩时还是让他玩的，劳逸结合，但是千万不要让他沉迷游戏。家长一定要多关注和陪伴，对孩子的鼓励也非常重要。九年级时学校组建了一个精英班，儿子没有入选，他心情不太好。我就鼓励他：还有一年的时间，只要你在原基础上每天进步一点就可以跟上甚至超越他们了。我也向科任老师了解了儿子的学习情况，他每科的薄弱点是在哪里，然后就鼓励他多向各科老师提问，自己巩固好基础。九年级第一学期期末考试全级排名第23 名，第二学期二模考试全级第 20 名，再经过最后一个多月的努力，终于功夫不负有心人，他以全级排名第六的好成绩考上了肇庆中学。

做孩子的益友

2020 届　陈诗曼家长吕晓林

初中的课比较多，作业也很多，周一到周五基本上没有多余的时间去做别的事情。诗曼做作业比较仔细，每天很晚才睡觉。平时接她放学的时候她会说些学校有趣的事情，有时候在学校发生的不开心的事情也会说，通常这个时候我会了解一下事情的来龙去脉，同她分析一下对错，即使有时候她并不赞成我的观点，但我能感受到她的负面情绪减少了，心里也平静了许多。

手机、电脑是否能给孩子支配是每个家长都要面对的问题，我曾经想过没收她的手机。但因学习上有需要用电子设备完成的作业，所以完全没收是不可能的。家长只能多花心思去监督手机、电脑的使用，还要不断去强调她要有自控能力，自觉性很重要。

诗曼的学习方法比较多样化。

语文科一定要注重基础部分。字词和古诗都属于语文科的基础板块，都需要每天坚持默写，错的一定要用红笔更正并在书本上做好记号。可以在默写完后返回来重新默写之前错的部分。文言文要背好书本的注释，翻译句子时，将书本的注释和对其他字词的理解串起来即可，不要死记硬背。如果病句和成语是自己弱项的话，一定要加强练习，多做多练。阅读要在有答题套路的情况下回归文本，文本才是最重要的。作文首先一定要审题，将题目审清楚，画关键词。考试时将自己最拿手的素材贴合题目去写，注意多点题。

数学科则要多刷题，多看错题，将每一类题目的方法总结起来。

历史科在复习的时候可以在纸上将历史事件按发生的时间顺序列出来。另外，一些会议或战役的原因、意义以及目的也很容易混淆，可以将这些内容简短地与刚刚说的事件写在一起，睡觉前拿出来记一记，这些内容不一定要一字不漏地背出来，选择题会选，能够清楚地辨别出他们的不同之处就可以了。如果有一些特别难分辨的，就要将它们单独列在一起，抓住关键的字眼进行记忆，加深印象。做大题时，要注意观察是要根据材料回答还是结合所学知识回答。面对大题常考的战争意义或影响，就要进行针对性的背诵。除此之外，启示或教训这一类题目的答案往往差不多，并不需要特别的背诵。

最后要感谢颂德学校的老师们，在这个集体大家庭中，同学们一起成长，互相帮助，互相监督。诗曼能取得优异成绩，离不开每一位老师的认真教学和鼓励，学校与我们家长一起成为孩子们努力前行的后盾。感恩各位老师的付出和学校的支持，希望未来共同成长。

优秀传统文化促成长

2020 届　梁安芮家长苏丽玲

　　梁安芮在 2020 年的中考考上了高分段屏蔽，据说已通过了肇庆中学和肇庆市一中直升试的学生也参加了这次中考，所以与往届相比，成绩的含金量可以说是非常高的。能取得这样的优异成绩离不开颂德学校和奥威斯实验小学老师们的悉心教导和她自身的刻苦努力。以下是她在义务教育阶段的成长历程。

　　安芮在小学一至三年级的时候学习成绩平平，各科成绩在七八十分，在班级中并不突出。在三年级的时候和很多小孩一样，也是开始有点叛逆，我曾经在开车时和她争吵，冲动是魔鬼，争吵中一时分神，车子蹭到小区的马路牙子，车子也刮花了。为了让她顺利度过叛逆期，她爸爸想了很多方法和花了很多心思，效果不大明显。后来经过在广州的亲戚介绍，2014 至 2015 年利用假期陪同安芮去广州参加了两期传统文化培训班，作为父母的我们一起陪同她参与了其中的培训项目，如家人互相忏悔、子女为父母洗脚等。培训后开始教她做家务，比如搞卫生、买菜、煮饭等。利用节假日陪同她到图书馆，培养她看书的习惯。课余时间让她学习钢琴，以培养她的毅力和专注力，另外还让她参加了很多公益活动，如到公园捡垃圾、帮助环卫工人扫街等。一系列教育，逐渐培养出她的孝心、恭敬和感恩的心，使她的慧根得到了启发，逐渐转变了脾性，找到了读书目标和人生方向，主动成长、主动学习，学习成绩稳步提升。

　　从中考取得的成绩可以证明，我们现阶段对安芮的教育方法是正确有效的，总结一些在教育孩子方面的浅见：

　　（1）父母要用心陪伴、耐心教导孩子，做好孩子的榜样。孩子好比一面镜子，安芮的缺点其实作为母亲的我也有，所以当孩子做错事时，父母不要马上责备和打骂，应该思考是否自己做错了。

　　（2）学习中国优秀的传统文化。传统文化曾被一些人误解为封建迷信、迂腐不堪的东西，其实这个看法是大错特错的。中华民族五千年的优秀传统文化都是古代圣贤通过观察和实践得出的宝贵经验，是教做人的道理，应遵守做人的规则，对启发孩子的慧根、产生学习动力非常有帮助，是我们民族生存和发展的瑰宝，值得代代传承。

（3）每个孩子都有自己的特长，只要父母细心观察，琴、棋、书、画总有一方面他（她）是擅长的，家长应在力所能及下培养孩子的才艺。

最后衷心感谢颂德学校和奥威斯实验小学的各位老师！感恩、感谢每位教导过梁安芮的人！

培养学习的兴趣与好习惯

2020 届　李念家长李嘉贤

教育经验谈不上，只是大概说说我的小孩李念从小学一年级到初中三年级这九年学习的有关情况吧。

一是培养浓厚的读书兴趣。兴趣是最好的老师。我们注重对小孩学习兴趣的培养，从认字起，我们就有意识地少看电视或少进行其他娱乐活动，多花时间陪她看书。以身作则，带着她一起读书看报，内容包括天文地理、古今中外、时事热点、趣味知识等，只要是能引起她兴趣的书刊，我们都给她看让她读，渐渐地就培养起了她喜欢看书的习惯。她连原来最爱看的电视节目、和小伙伴疯玩等也几乎忘记了，把更多的时间花在看书上，成了名副其实的"书虫"。在读书成为习惯后，阅读量逐步加大，视野不断扩展，知识慢慢积累，她对学习的兴趣也越来越浓厚。

二是培养良好的学习习惯。当然，良好的学习习惯也包括良好的学习方法。从小学一年级开始，我们就注重抓好小孩的学习习惯，从最初的执笔、端坐姿势、字迹工整清晰，到完成作业练习、总结学习方法，我们边发现问题边纠正，循序渐进，一点一滴地进行指正，使小孩逐渐养成良好的学习习惯。如针对小孩注意力容易分散的特点，我们就教会她如何专注听课、专注学习、专注考试，通过不断的教育提醒，反复训练，成功培养了她的专注力，这对她今后能独立专心学习起到很大的作用。又如培养良好的学习方法，我们注重结合孩子的性格特点，结合每科的特点，要求孩子结合老师的要求，结合自己的学习思维习惯，形成适合自己的一整套预习、听课、复习、考试、做作业、练习、整理错题等的学习方法，特别重视并全力以赴考好每一次测试、考试，善于在学习中学会不断地测试和纠正自己的学习方法。在培养良好的学习方法的同时，我们更注重培养孩子的刻苦拼搏精神，要有效提高学习成绩，必须花费大量的时间、精力去学习、练习，我们除了强调刻苦学习的精神外，就是不断地加大学习任务、练习任务，使小孩逐渐养成了刻苦学习、顽强拼搏的精神。

三是积极融入集体学习。人从来不是一个孤岛，学习也一样。从孩子读小学一年级开始，我们就注重要求孩子积极主动融入同学、融入班集体，团结友爱，互相帮助，只有在融洽、和谐的氛围中，才能更有效地提高学习成绩。特别是到了颂德学校学习，这是孩子第一次独立离开家乡求学，我们更注重孩子的主动融入，有效预防她心理上的断层。颂德学校有着先进的教育和管理理念，小孩进入这样的学校学习后，很快就适应并喜欢上了这里的一切。这里有着善教和蔼的老师、勤奋活泼的同学，再加上学校一整套完善的管理，在这样的学习氛围中，小孩自然而然地受到鼓舞，越发地努力学习，形成了你追我赶的良性竞争氛围。特别是到了初中三年级，得益于学校经常性地组织科考试，小孩每次都是全力以赴，认真对待，学习成绩自然也得到了大幅提高。

育者，体为先

2018 届　苏刘俊家长苏国荣

我是肇庆市颂德学校 2018 届学生苏刘俊的家长。毛泽东同志曾说"体者，载知识之车而寓道德之舍也"。在苏刘俊的成长过程中，我们非常重视培养他的体育精神，让他从小参加乒乓球、羽毛球、篮球、游泳等培训班，"野蛮其体魄，文明其精神"，在训练中体会摸爬滚打的艰辛，在比赛中体会挫折和成功，培养正确的荣辱观和价值观。虽然他没有特长，但因为什么都会一点，可以结交有各种爱好的同学，从中相互学习交流，对他的成长帮助很大。他从小参加志愿者活动，参加过"暖流行动"，参加了 2018 年在肇庆举办的广东省第十五届运动会的志愿者活动。我相信，良好的体魄和品德有助于他在学习的道路上行稳致远。

严于律己

2018 届 陈俊霖家长陈戈

　　我是肇庆市颂德学校 2018 届学生陈俊霖的家长。孩子爱看书，我也时常拿出一两本书陪伴孩子阅读。从《诫子书》到《朱子家训》，从《颜氏家训》到《傅雷家书》，我们都看到相同的一点，便是孩子要严于律己。孩子的生活，我少有干预。他需要对自己负起责任，这才是我作为一个家长所希望培养出来的孩子，一个自律、负责任的孩子。

共同学习

2022 届　黄乐妍家长何柱玉

我是肇庆市颂德学校 2022 届黄乐妍的家长。我采用的教育方式是陪伴孩子，共同学习。我们每周尽量多抽时间陪伴小孩，与小孩共同成长、共同学习，结合小孩的学习情况，跟随学校的上课进度，对学完的每个章节进行复习总结。学习过程中找一些有代表性的题目进行练习，特别是数学和物理这两个知识面比较广的学科，遇到不懂的地方一起探讨，找出规律，让孩子更好地掌握每个节点的知识点。同时，陪伴孩子共同学习可以让孩子明白父母的苦心，父母愿意在百忙中抽时间一起共同学习，自己作为一名学生就更应该要有端正的学习态度去努力学习，为以后的人生打好基础。

肯定与鼓励

2022 届 谈家希家长刘志端

我是肇庆市颂德学校 2022 届学生谈家希的家长。谈家希自小就是一个十分听话乖巧的好孩子，待人有礼，很会替人着想，心地善良，乐于助人，而且特别喜欢舞蹈。她作为学校的舞蹈积极分子，还创建了啦啦操队，代表学校参加了多次比赛并获得优异成绩。有时在学校训练到天黑了，她才拖着疲惫的双腿回家赶做作业，作业经常要到晚上 11 点才能做完，第二天又要起早去上学。我们都担心她受不了这个苦，劝她放弃，她都说要为学校而坚持。只是在学习上个人的刻苦程度不够，也受班里一些同学影响而导致课堂上的学习效率不高，成绩也深受影响。这也是作为家长最为担心的事情。在每个学期初，我们都会一起制定家希的学习目标，并加以细化，要求她多向班里成绩优异的同学学习，要探索出一套行之有效的学习方法并尽自己最大的努力去学习。在学习之余，要多培养个人的爱好，多关心他人，多观察周边的一切事物并学会独立思考，争取全方位提高个人的综合素质。

以身作则

2021 届　陈姹桦家长陈永洪

　　我是肇庆市颂德学校 2021 届学生陈姹桦的家长。说到家庭有什么不一样的教育时，我真的也觉得没什么。我觉得，在小孩的面前树立一个好的榜样是非常重要的，要严格要求自己，做什么事情都要严谨。在工作上要积极努力上进，在家庭教育方面要严肃认真，对小孩要有足够的关心和爱护。平时要多抽一点时间陪孩子出去走走，在家一起阅读、学习，一起融入孩子的世界，一起分享我们的喜怒哀乐。用我的努力和行动去感染孩子，影响孩子！

陪伴

2021 届 李祖莹家长李达江

我是肇庆市颂德学校 2021 届学生李祖莹的家长。对于孩子的教育，学校的学习教育无疑是第一位的，班里老师的影响力更是不可代替的，但家庭教育也比较重要。学习上虽帮不上忙，但家长可以通过电视媒体上的新闻报道、感人事迹进行引导，让孩子对生活有敬畏之心，对别人的付出要有感恩的心。陪伴更可以让孩子体会到家长对她的爱和关心，可以一起玩、一起游戏、一起看感兴趣的课外书，也可以到户外活动一下，培养孩子有一颗积极向上的心。孩子的健康成长，有赖于家校的共同努力。

陪伴是最美的教育

2020 届　林臻晞家长陈惠琼

　　我是肇庆市颂德学校 2020 届学生林臻晞的家长。在我的观念里，陪伴就是最美的教育。我觉得，孩子来到家庭和你成为一个共同体，这就是人生的缘分。和孩子真正在一起的时间是非常有限的，孩子的成长更重要的是陪伴和共同生活，所以我们很注重亲子活动，周末都会抽时间与女儿一起运动、娱乐、阅读、聊天、看戏等。即使是在女儿的叛逆期，我们跟女儿的相处也像朋友一样。因此，陪伴对孩子的影响是非常重要的，我们再忙也会想办法抽出时间陪伴孩子。特别要强调的一点是，我们会通过阅读陪伴女儿成长。我认为，阅读的种子是在家庭里面播种下来的，阅读的能力、兴趣和习惯的培养应从家庭开始。因此，从我的女儿上幼儿园开始，我们就非常注重引导她看书，并且和她一起阅读探讨，她慢慢就喜欢上了阅读。我一直认为，书会悄悄把人类最美好的东西通过一个个人物、事物的故事传递给孩子，构建孩子的人生观、价值观，使孩子感受人间的真善美。

默默付出

2017 届　邢金钥家长邢志涛

我是肇庆市颂德学校 2017 届学生邢金钥的家长。每一个孩子都会有这样那样的问题，邢金钥也不例外。她性子急、动作慢、做事拖拉，但理解能力还不错。针对这些问题，我也努力地引导她慢慢地解决。

一是放大孩子的长处，她参加了很多课外活动，包括学校广播站的工作、演讲比赛、主持学校组织的晚会等。我们都积极地支持，做好后勤工作，给她出主意，帮她修改演讲稿等，保障她的工作能有效顺利地完成。

二是鼓励她尽量把每一件事情做好，不给她找推脱的机会。

三是根据自身的条件，帮助她解决学习上遇到的困难。

四是对生活中发现的问题，及时纠正，做人做事，以德为先；也会有意识地多和她交流一些问题，希望能起到潜移默化的作用，让她少走一些弯路。

最后，感谢颂德的领导和老师对她成长的付出，同时希望她自己的人生路越走越宽。

附录：优秀毕业生的感恩寄语

感恩母校

——个性化课堂改革优秀毕业生感恩寄语

2018 届　陈俊霖

　　我是肇庆市颂德学校 2018 届毕业生陈俊霖。初中三年，时光匆匆，我积极参与了学校的个性化课堂改革，成了学习积极分子。我从课改中不仅提升了自主学习的能力，而且通过师生互动、交流收获了师生间深厚的友谊。在此，我对颂德师长们深表谢意。在高中生活中，从《师说》中更深刻地感悟到恩师们对我的良苦用心。在此，我对颂德以及天底下所有的教师诚恳地说一声："谢谢！"并希望母校能越办越好，桃李满天下。

充实的学习收获

——中考高分屏蔽毕业生感恩寄语

2017 届　杜昀睿

　　我是肇庆市颂德学校 2017 届毕业生杜昀睿。颂德于我而言，是亲爱的母校，也是家一样的地方。我很感激在颂德度过的三年，这是充实的三年，也是成长飞快的三年。在不断学习前行的道路上，我收获了优良的学习方法与技能，更收获了一群良师益友，这三年的经历也会是往后的人生路上一直激励我前行的力量。感恩颂德，感恩师长。我定会牢记师恩，不负众望。

63072000 秒的陪伴

——中考高分屏蔽毕业生感恩寄语

2020 届　陈天晴

我是肇庆市颂德学校 2020 届毕业生陈天晴。63072000 秒的陪伴，细数不尽的恩情，母校，你给了我两年难忘的回忆，非常感谢母校的栽培，感谢老师们呕心沥血的教育。我深知成功不一定与努力成正比，但结果的丰厚一定与懒惰成反比，加油！祝颂德继续辉煌！

心怀感恩，　逐梦前行

——中考高分屏蔽毕业生感恩寄语

2020 届　陈诗蔓

我是肇庆市颂德学校 2020 届毕业生陈诗蔓。在颂德的三年飞逝而过，难忘班里同学的相互鼓劲，相互支持，相互监督；难忘每一位老师的教导，你们是照亮我们知识道路的明灯。感恩父母，感恩老师，感恩母校。心怀感恩，逐梦前行！

难忘师恩，难忘教诲前行

——中考高分屏蔽毕业生感恩寄语

2020 届　李念

我是肇庆市颂德学校 2020 届毕业生李念。三年光阴匆匆而逝，我收获满满。难忘师恩，难忘教诲，我的每一分收获都离不开老师们的辛勤付出，倾囊相授。感恩母校，祝福母校，祝颂德学校更加灿烂辉煌！

颂德，我将永远铭记在心

——中考高分屏蔽毕业生感恩寄语

2020 届　梁安芮

我是肇庆市颂德学校 2020 届毕业生梁安芮。在 2020 年的中考，我实现了自己的梦想，考上了高分段。在这一理想成绩的背后除了我自己的努力外，还有颂德学校各位老师的辛苦付出和同学们的帮助。对于他们的关怀，我无比感激。颂德，我将永远铭记在心。

念师恩

——体育竞技优秀毕业生感恩寄语

2022 届　谈家希

我是肇庆市颂德学校 2022 届毕业生谈家希。自入学以来，学校一直教导我们要拥有一颗感恩的心。作为颂德学校的学子，我由衷地感恩学校，感恩学校提供一个优美的学习环境，可以让我在学校中安心学习；感恩学校提供一个平台，可以让我在舞台上散发出自信的光芒；感恩老师的支持帮助，可以让我在通往梦想的道路上不再迷茫；感恩老师的辛勤付出，可以让我不断地实现超越自我。感恩肇庆市颂德学校，感恩每一位颂德老师！

感谢学校栽培之恩

——体育竞技优秀毕业生感恩寄语

2022 届　黄乐妍

我是肇庆市颂德学校 2022 届毕业生黄乐妍。学校的百德堂我永远都不会忘记，因为在那我懂得了"德"的重要性，懂得了学校以德立校的办学思路的原因。感谢敬爱的老师们，感谢你们一路的悉心相伴，是你们让我们苗壮成长。我们犯过错，被老师们批评过，也取得了成绩被老师们表扬过。很幸运能遇到颂德学校这群课上能做到"求实、求精、求活、求效"，课下能和学生打成一片、和学生就像朋友一样的老师们，你们对我们的关爱就像父母，你们永远是值得我们尊敬的老师。

奔跑吧，向目标不断前进

——艺术特长优秀毕业生感恩寄语

2021 届　陈妮桦

我是肇庆市颂德学校 2021 届毕业生陈妮桦。在颂德的学习生活中，我特别感谢我的老师和同学，很开心能遇到这样一群人。身边满是优秀的同学和尽责的老师，处在这样的环境下，我也没有理由不去努力了。我很高兴可以和我的老师、同学们一起走过初中那说长不长、说短不短的时光，一起在走廊上背书，在教室里听课，可以因为不同的答案而争得面红耳赤，一起"熬过最苦的日子，做最酷的自己"，奔跑吧，向着自己的目标不断前进。

颂德的琴声回忆

——艺术特长优秀毕业生感恩寄语

2021 届　李祖莹

我是肇庆市颂德学校 2021 届毕业生李祖莹。在练琴的时候我们遇到许多大大小小的困难，但同学与老师都一起耐心努力地把它们解决。为了让琴声更整齐划一、更动听，从第一节上课到下课，我们练了一遍又一遍，由老师来指出错误然后更正。为了练习站位，我们专门找了个时间去练习。虽然差了零点几分就到特等奖了，但没关系，在准备比赛的过程中，我们也收获了许多。努力的过程，才是最值得珍惜与回忆的。

颂德，感恩有您

——校园十大歌手毕业生感恩寄语

2018 届　车雄杰

我是 2018 届毕业生车雄杰。那三年，风华正茂，印象深刻。那三年，也充满欢笑与难忘。三年匆匆，在蒙蒙细雨中成长，在少年懵懂中热望。十大歌手比赛的舞台，让我从叛逆到懂事，有老师同学陪伴；从失落到振奋，坚守信念，笃实前行。曾在迷茫中寻找自我，在书香中眺望未来，伴随母校的辉煌。让我对母校道一声：颂德，感恩有您！修身养性，尊老爱幼，感恩颂德，回报家国，是我和所有颂德人的共同愿望。

梦想的培养皿

——校园十大主持人毕业生感恩寄语

2019 届　邢金钥

我是肇庆市颂德学校 2019 届毕业生邢金钥。如果将梦想的实现比作树木一点点成材，那么颂德就是我梦想发芽的培养皿，颂德的各类艺术展演晚会、各种社团，为同学们提供了丰富的平台，让我们发现自己终生所爱。感恩颂德，提供了一个又一个平台，让我发现了自己在传媒艺术上的特长，将传媒艺术定为自己的梦想并一步一步地将其实现。

滴水之恩，涌泉相报

——优秀志愿者毕业生感恩寄语

2020 届　林臻晞

　　我是肇庆市颂德学校 2020 届毕业生林臻晞。2020 年初自疫情出现以来，大家团结一心，众志成城，积极响应政府号召，为打赢这场"战役"贡献自己的一份力量。开学在即，我知道当时的各项防控物资供不应求，学校虽然多渠道进行筹备，但所筹备的物资仍不能满足开学所需。因此，我和父母商量，为了给全体师生提供一个安全、放心的教学环境，以志愿者身份购买了 1000 只口罩等防控物资捐赠给了学校，献出自己的一份爱心。颂德，让我学会成长，我尽力回报学校之恩。

教育科研篇

第六章　论文研究成果

提升核心素养类

论在初中物理课堂培养学生核心素养的策略

王伟娟

【摘要】为了提升我国教育的国际竞争力，教师必须培养学生的核心素养。本文就在初中物理课堂中如何培养学生的物理核心素养谈谈个人的一些教学心得。

【关键词】初中物理课堂，学生核心素养，教学策略

提高学生科学素养，是物理新课标的主要教学目标之一，因为科学素养是关乎学生未来个人终身发展和社会发展所需人才的必备关键能力。初中物理课堂是学生科学素养养成的主要阵地，教师可从以下方面对学生进行培养。

一、在物理课堂中联系日常生活

在生活中，处处都有物理的影子。物理教师应该在平时多收集生活中的物理素材，并在课堂中进行引入、渗透，引起学生学习物理的兴趣，于无形中培养学生的物理核心素养。例如，在讲授"蒸发"的课堂中，教师可以先向学生展示一块切开并在空气中露置数天的生姜，问学生"姜的断面变干瘪的原因是什么？"，再把该生姜切开，展示姜的内部依旧是新鲜的，饱含水分。此时再问学生"蒸发发生在物体的什么位置？"，这样学生从生活中的一块生姜学习了蒸发的概念。然后可以让学生思考：如果要使这块姜表面干瘪得更快有什么方法？要使它干瘪得慢一些有什么方法？这些例子来自学生的日常生活，这样的物理课堂才会使学生觉得有趣、实用。

二、在物理课堂中采用实验探究

在初中物理学习中，学生的科学精神和科学态度是通过实验探究教学来培养的。因此，培养学生的实验技能、培养学生解决实际问题的能力既是培养学生科学素养的重要环节，也是学生交流合作、科学探究乃至学习价值观等核心素养的重要组成部分。

教师要教会学生正确对待实验中遇到的障碍，学会找出实验失败的原因。如在电学实验中，连接好电路之后，闭合开关之后，发现灯泡不亮，应让学生先自己想办法解决问题。教师可引导学生逐一排查电路故障，找出导致实验失败的根源，然后改正。

在实验中碰到数据出现偏差和错误，无法得到预定的结果时，教师一定要实事求是，仔细与学生进行分析。数据出现偏差并非一种教学失误，反而是一次师生之间深层次的探讨合作、相互学习的机会。在学生进行物理实验的过程中，如果出现实验数据的偏差，物理教师要客观地进行分析，不要随意地给出判断，要积极表扬、激励学生尝试用多种方法进行辨因纠错，总结归纳。

三、在物理课堂中关注科技前沿

物理学是基本科学中最基本的科学，同时它的知识包罗万象，涉及科学前沿，人类的未来生活趋向。在初中物理课堂中，教师可适当地引入一些科技前沿知识，相当于在学生心中埋下一颗向往科学的种子，这有利于学生未来的发展，同时也培养了学生的核心素养。例如，教师在讲授《从全球变暖谈起》和《开发新能源》时，可以向学生介绍"太阳能漂浮旅馆"。因为全球气候变暖、海平面上升会影响马尔代夫的旅游业，所以，马尔代夫建造了以太阳能为主的浮岛酒店，以应对酒店的住宿等问题。太阳能漂浮酒店上面覆盖光伏电池板内的薄膜由一种染料制成，用于吸收阳光，把光能转换为电能，以满足漂浮酒店的用电需要。

培养初中学生的物理核心素养不是立竿见影的，它需要长期的渗透落实。在物理课堂中应该如春雨滋润万物般向学生播洒核心素养的甘露，久而久之，学生终将具有必备的核心素养。

参考文献

[1] 中华人民共和国教育部. 义务教育物理课程标准（2011 年版）[M]. 北京：北京师范大学出版社，2012.

[2] 王朝泰. 浅谈初中学生物理学科核心素养的培养 [J]. 中学物理，2017（4），35（8）：36－38.

[3] 陈明武. 在初中物理教学中如何培养学生核心素养 [J]. 速读，2016（7）：42.

浅谈初中学生"家国情怀"的培养

——以部编版历史八年级上册教材为例

陈海宝

【摘要】家国情怀是历史学科五大核心素养之一，历史教师要深刻挖掘教材内涵，因地制宜地培养学生的家国情怀，让学生的爱国精神在历史课堂上真正站立起来。

【关键词】部编版历史八年级上册教材，历史学科核心素养，家国情怀

2016 年 9 月，教育部发布了《普通高中历史课程标准（征求意见稿)》，提出了历史学科五大核心素养，分别是时空观念、唯物史观、历史解释、史料实证和家国情怀。其中，"家国情怀"往往是历史课堂中最容易被教师忽略的。根据历史课程标准中对"家国情怀"的定义，笔者将"家国情怀"简单概括为：一种对国家和人民的深情大爱，为国家富强、人民幸福而努力的不懈追求。本义试以部编版历史八年级上册教材为例，探索如何在历史课堂中凸显"家国情怀"的核心素养。

一、重视培养学生的民族认同

民族认同，即学生能够认识中华民族多元一体的历史发展趋势，形成对中华民族的认同感，具有民族自信心和自豪感。以部编版历史八年级上册中第 13 课《五四运动》为例，实际上，五四精神绝不仅仅只是爱国主义精神，更是一种对现实社会不满、改造和变革旧社会的探索精神，是一种追求真理和正义的斗争精神，是一种团结战斗的精神。此外，五四运动后期无产阶级开始用科学的马克思主义来武装自己，用越来越科学的斗争方式来进行战斗，这也是对新文化运动"民主""科学"精神的最好延续。这就在无形之中加深了学生对中国无产阶级革命斗争的认同，加深了民族自信心和自豪感。

二、重视培养学生的文化自信

文化自信，就是使学生了解并认同中华优秀传统文化，认识中华文明的历史价值和现实意义。在学习中国近代史时，学生往往缺乏文化自信。究其原因，是这段时间中国在与西方国家的竞争中常常被动挨打。加上以往许多史学家在总结历次反侵略战争失败的原因时，对清朝皇帝乃至整个社会制度进行了口诛笔伐。笔者认为，尽管这段历史是我国积贫积弱的历史，但也不能否认一百多年来许多仁人志士前仆后继、探索国家出路的自强不息。相反，正是在这样不利的环境之下，他们依旧显现出顽强的民族精神，主动接受先进国家风雨的洗礼，为当时僵化的中国社会注入新的活力，显得更加难能可贵！

三、重视培养学生的国际视野

国际视野，即学生能够了解世界历史发展的多样性，理解和尊重世界各国、各民族的文化传统。教师要让学生形成"站在中国的角度看世界，站在世界的角度看中国"的观念。以清末"闭关锁国"政策为例，可从中外横向比较的角度拓宽学生的国际视野。同一时期的日本也曾有过与中国惊人相似的命运。"黑船来航"，日本遭受了美国的坚船利炮，从此痛定思痛，积极主动对外开放学习，对内改革，由野蛮的小岛国走向了文明的亚洲强国。

家国情怀素养的培养是一项复杂的工程，部编版历史八年级上册中的中国近代史，无疑是培养学生家国情怀的最好媒介。以家国情怀为核心展开教学，更能熏陶出学生对国家、民族高度的认同感，激发学生为自己和家庭，更为国家和民族努力奋斗的壮志豪情！

参考文献

[1] 梁小梅. 养育学科素养让学生的精神站立起来：以家国情怀为课魂的初中历史教学初探 [J]. 教育之窗，2017（9）：50.

[2] 郭善勇. 历史核心素养之"家国情怀"素养的培养途径初探 [J]. 教师，2017（16）：64.

[3] 吴晓棠. 中学历史情感态度与价值观教学目标探究 [D]. 南京：南京师范大学，2007.

〔4〕王爱华. 历史课：如何培养学生的文化自信〔J〕. 湖南教育（中），2013（9）：56.

〔5〕李巧玲. 谈初中历史教学中德育的渗透〔J〕. 淮阴师范学院教育科学论坛，2008（4）：21.

核心素养理念下初中英语阅读教学实践的探究

张晓慧

【摘要】本文根据阅读促进素养的原理，构建了体现学习与思考相结合的语言输入—语言内化—语言输出同期互动的初中英语阅读教学模式；同时，通过该教学模式指导下的教学实例，诠释了体现核心素养的英语阅读课的教学流程及其实践应用。

【关键词】核心素养，初中英语，阅读教学

根据教育部颁布的《关于全面深化课程改革落实立德树人根本任务的意见》的精神，学生应具备适应终身发展和社会发展需要的必备品格和关键能力，其中，英语学科核心素养主要包括四个方面：语言能力、思维品质、学习能力和文化意识。它是学生学习了英语这门外语之后所形成的、具有学科特点的关键成就，是学科育人价值的集中体现。那么，如何在核心素养的理念下开展初中英语阅读教学，笔者做了如下探索。

一、构建英语阅读课教学模式，形成培养学生核心素养的路径

将发展核心素养的初中英语阅读课教学模式构建为理解课文—分享活动—表达任务，在实践中分成三个环节。

第一环节是理解课文（Understanding）。读是语言输入的重要途径，学生通过听觉或者视觉渠道输入语言信息，运用逻辑思维促进信息解码，加工和梳理，获得对文本的整体理解。

第二环节是分享活动（Sharing）。分享是信息加工和内化环节，学生把个人所理解的语言信息与同伴口头交流，通过探讨性问题展开交流和互动活动。

第三环节是表达任务（Expressing）。表达是语言学习的输出环节，学生根据加工和整理的内容，结合自己的知识积累和生活经验，用英语进行各类表达活动。

二、运用英语阅读课教学模式，落实学生核心素养能力的养成

本文以人教版新目标（Go for it）七年级下册"Unit 5 Why do you like pandas?"为例，设计一节理解课文—分享活动—表达任务的阅读课。

（一）教材分析

本节课授课的内容选自 Unit 5 的 Section B 2a—2c。本模块着重于对濒危动物的关注，通过引导学生了解濒危动物，引出保护大象的阅读篇章。

（二）教学过程

Step 1：引导学生理解课文

1. 解读图片，预测文本内容

出示图 1，以此引导学生预测文本内容。

图 1 人类猎杀大象，砍伐树木

2. 解读题材，培养阅读技能

培养学生在阅读过程中获取和处理信息的能力是阅读教学的重要目标。

（1）快速阅读。让学生快速浏览全文，为文本选择最合适的标题（见下框）

> Choose the best title for the article.
>
> A. What is an elephant?
>
> B. Come to Thailand
>
> C. Let's save elephants
>
> D. Elephants are good pets

（2）导图助学，搭建框架。让学生仔细阅读文本第二段，完成思维导图（见图2）。

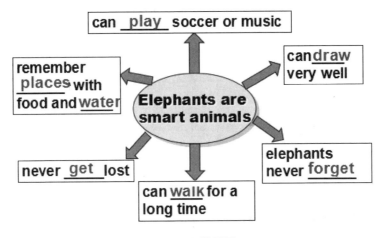

图2 思维导图

注：图中画线的词是要求学生填写的词语。

（3）梳理细节，深入理解文本。在学生完成思维导图后，教师继续给学生布置任务。

Elephants are in great danger	
Reasons	Solutions
People _____ ____ many trees. So they are _____ their homes. People _____ elephants for their _____.	We must _____ the trees. We must not _____ things made by ivory.

（4）猜测词义。在学生完成以上三个任务的过程中，教师要引导学生通过上下文来猜测部分单词的词义，如 save，forget，flag，kill 等。

Step 2：组织分享活动

本环节的重点放在知识加工和思维训练上，它能够促使学生内化 Step 1 中所学的语言知识，并通过有效的思维活动，如品读、质疑、批判等，与同伴进行思维碰撞。

Animals in Danger

Discuss the questions:
Q1: Why are so many kinds of animals in danger?
Q2: What can we do for these animals?

图 3　对现存的濒危动物进行讨论

本环节设计了以下两个探究性问题，让学生在组内讨论之后各组派代表与全班同学分享答案。

Q1：Why are so many kinds of animals in danger?

Q2：What can we do for these animals?

Step 3：设计表达任务

为了体现以读促写、读写结合的思路，本节设计读后写作活动，其具体任务为"Write a short passage about an animal in danger and talk about how to save it."，要求学生根据前面探究和讨论环节得出的观点，在课内写一篇60个单词左右的作文。

三、结语

理解课文—分享活动—表达任务的初中英语阅读教学模式旨在发展学生的核心素养，其中，阅读理解课文、讨论分享意见和输出表达环节是实践步骤。这样的阅读教学模式有助于带动语言产出，促进文化理解，驱动探究学习，增强思维品质，实现英语学科核心素养的发展。

参考文献

[1] 中华人民共和国教育部. 义务教育英语课程标准（2011 年版）[M]. 北京：北京师范大学出版社，2012.

培养英语自主学习能力，发展学生核心素养

刁燕屏

【摘要】新课程标准对现代英语教学工作提出了新的要求，教师不仅要帮助学生掌握语法、单词等基础知识点，还要有效地培养学生的英语核心素养，实现学生英语自主学习能力的稳定提升。如何更好地实现这一教学目的，逐渐成为现代英语教师的核心教研课题。

【关键词】英语，自主学习能力，核心素养

初中英语核心素养主要包括思维能力、学习能力以及文化品格等。学习能力指的就是学生能够通过自主学习掌握更多的知识，能够为培养自身的核心素养奠定良好的基础。在英语教学的过程中，教师首先要转变自身的教学理念，为学生创新多种教学途径，锻炼学生自主学习能力。

那么，应如何培养学生自主学习能力？

一、以情促学，培养学生的兴趣

兴趣是学习的催化剂，激发学生学习兴趣有助于培养学生自主学习的能力，提高核心素养。在教学中首先要创造和谐的教学氛围，教师的眼神、手势、姿态以及适当的口语反应等都有助于和学生进行沟通，教师鼓励学生自由地说出他们的见解和想法，这种气氛有利于学生对教师产生亲切愉快的心理情境，促使学生的心理得到健康的发展。教师要在教学过程中将知识与趣味性有效结合，利用学生的好奇心引导学生进行自主学习，从而进一步调动学生学习的兴趣，学生也能够由传统被动地学习知识变为主动学习知识，这有助于学生核心素养的培养。

二、以习促学，培养学生良好的学习习惯

（一）课前学生自主预习

在课程开展之前，教师可以引导学生进行有关教学内容的预习，从预习中自主探究教学知识点及其主旨思想，获取一定的认知和理解。在预习过程

中，教师要设立相关问题引导学生培养自主学习思维，让学生能够在"边学习边思考"的模式下加强对教学内容的深度把控，从而培养自主学习的能力。

（二）有效的课后复习能帮助学生巩固知识

在复习阶段，复习的主要内容包括单词、语法以及句型等。通过有效的复习，能够帮助学生提高自我总结的能力。

三、营造多元教学情境

教师要培养学生的自主学习能力，发展其核心素养，让学生能够在良好的教学氛围中对教学内容展开深入的探究与思考，收获高效的学习体验。这就要求教师在教学过程中为学生营造多元化的教学情境，通过情境的教学探究让学生全面体会教学内容。

英语教学课堂的多元化情境包括问题情境、多媒体情境和生活化情境等，这些教学情境各具优势，对学生的自主学习能力的养成有着积极的作用。

四、以评促学，引导学生自主学习

教师还可以通过课堂评价与课堂提问，引导学生实现自主学习。例如，在学习涉及食物的内容时，教师可以先和学生展开轻松的交流："What's your lunch today?"。在学生回答教师的问题之后，教师就可以继续进行深入提问，例如，"Do you like your lunch today?" "What's your favorite food?"。这时，教师就可以将话题与本节课的教学内容相融合，进而让学生在潜移默化中对本节课的教学内容留下更加深刻的印象。

在初中英语教学中，教师不仅要向学生传授知识，还要注重培养学生自主学习的能力，帮助学生养成良好的学习习惯，这样有助于学生自主学习能力和核心素养的提升。学生自主学习能力的增长与英语核心素养的培养，是英语教师的重要教学任务之一。教师只有为学生带来更加多元化的教学方式，引导学生养成良好的学习习惯，才能为学生带来更加优质的英语课堂。

参考文献

［1］纪鹏. 基于英语学科核心素养下的学生自主学习能力的培养［C］//2019 年教育现代化教学管理座谈会论文汇编（一），2019.

情境教学在初中英语听说课堂上培养学生核心素养的运用

钟丹丹

【摘要】在核心素养相关理论和情境教学实践的基础上，笔者提出：在初中英语听说课上，教师可通过情境创设关键问题，引导学生用知识、技能及正确态度去解决问题，从而提升学生的核心素养。

【关键词】初中英语听说课，创设情境，核心素养

一、情境教学在培养学生核心素养中运用的理论依据

"素养"体现为个体在面对生活情境中的问题时，能运用知识、能力有效地解决问题。而最必要且居核心地位的素养就称为"核心素养"。

情境教学就是教师作为组织者和参与者，以学生为中心，以课堂活动为主体，去创设具体情境，有序地开展教学活动，让学生在有声、有形、有情的情境中习得知识和培养核心素养。

建构主义认为，学习者要想完成对所学知识的意义建构，最好是到真实环境中去感受和体验。

二、情境教学运用在初中英语听说课堂中培养学生核心素养的必要性

从人的发展来看，英语教学不应局限于工具性，还应达到培养学生解决问题的能力和提升学生的思维品质等目标。生活中的问题通常产生于情景，而课堂中的情境创设为教会学生解决问题提供了必要的背景。因此，在初中英语听说教学中有效情境的创设是非常有必要的。

三、初中英语听说课堂中情境创设的原则

（1）实用性：以学生的基础和能力作为教学情境创设的立足点。

（2）趣味性与时效性：应考虑到学生的年龄、性格特点等，选择学生感兴趣、紧贴时事的话题。

（3）针对性：不要完全脱离教材，可适当对教材进行加工利用。

四、情境教学在初中英语听说课堂上培养学生核心素养的实例分析

课例设计1

课题：Could you give us some advice on how to learn English well?

课型：听说课

涉及的核心素养：解决问题的能力

（1）情境导入：通过 VCR 认识新朋友 Jimmy。

> Task:
> Watch a video from Jimmy and listen to his problems.

（2）通过 VCR 倾听 Jimmy 的烦恼。（Jimmy 正在为到澳大利亚上高中而恶补英语，但是却发现要学好英语很难，他很灰心）

（3）创设关键问题：学生倾听完 Jimmy 的问题，教师引导学生说出自己在英语学习上遇到的问题。

（4）听听 Kangkang 对英语学习有什么好策略。（此处用的听力材料为教材课文，借助教材资源进行情境创设）

（5）解决问题：教师分别向各小组学生提供不同图片形成信息差，让学生在小组内讨论英语学习策略，并给 Jimmy 提出学习建议。

本节课的情境导入吸引了学生的注意力和兴趣，学生由创设的虚拟情境回归到现实情境，就英语学习中的问题进行学习方法探讨。在此过程中，情境为学生提供了有利的学习环境，帮助学生培养解决生活中实际问题的能力。

课例设计2

课题：Why don't you talk to your parents?

课型：听说课

涉及的核心素养：化解矛盾的能力

（1）情境导入：学生借助图片猜测 Amy 遇到的困难。（教师依次展示提示图片，学生猜测）

（2）创设关键问题：教师说明 Amy 在与父母沟通上遇到的问题，并且

> Guessing:
> What's Amy's trouble?

提问学生：Amy 应当如何与父母沟通并且化解矛盾？

（3）学生与组员讨论 Amy 的问题，并积极分享自己的建议。

（4）观看视频，学习 Susan 如何与妈妈进行沟通，让学生直观地观察与父母沟通的技巧。

（5）与父母沟通有哪些要素？让学生从视频中提取重要信息，进行分析并且总结与父母沟通的技巧要点。

（6）解决问题：学生以角色扮演的方式与自己的父母沟通，尝试运用所学的沟通技巧化解生活中的矛盾。

本节课的情境设计具备现实意义，通过真实情境创设，让学生在面对不同的矛盾时，思考如何灵活运用沟通技巧，使矛盾和冲突得以化解。

总之，情境教学法是英语课堂上培养学生素养的有力手段，它能为初中英语听说课堂提供肥沃的土壤，促进学生听说兴趣的提升，并且有利于本学科培养学生的核心素养。

参考文献

［1］蔡清田. 课程改革中素养与能力 ［J］. 教育研究，2010（12）：93 －104.

［2］张文霞. 试论行为主义学习理论与建构主义学习理论对外语教学的影响 ［J］. 外语教学，2005（3）：69－71.

初中英语学科核心素养下的阅读教学

何红梅

【摘要】学科的核心素养是指学生在本学科的学习中逐渐形成正确的价值观、良好的品格，包括语言能力、文化意识、思维品质和学习能力。

【关键词】核心素养，层次阅读，初中英语

根据教育部 2018 年颁布的课程标准，英语的课程目标从培养学生的综合语言运用能力转向培养学生的英语学科核心素养，注重学生的语言能力、文化意识和思维品质。

一、英语学科核心素养下阅读教学的目标

在新课程理念下的英语阅读教学要注重培养学生的英语学科核心素养，因此，值得关注的是：①理解语篇的文本信息和提取作者的观点。②概括课文的大意，推敲作者的写作目的和隐藏含义。③文字标题与图片或图表相联的信息处理能力。④语篇的结构和语篇衔接。⑤理解和评价课文所反映的文化意识、价值观和表现的情感态度。为了达到上述阅读教学目标，教师可以从四个层次深度挖掘文本，下面将结合实际的课堂去探讨如何培养学生的英语学科核心素养。

二、英语学科核心素养下阅读教学的尝试

结合人教版英语八年级下册 Unit 3 Section B 2b 的课文阅读材料来进行层次阅读。

第一层次的阅读：理解课文的大致内容，获取文本的基本信息。

这一层次的阅读是浅层次的阅读，课文材料阅读教学的目的是让学生理解两封书信中不同作者表达的观点。首先，教师引导学生通过课文关联的图片去预测课文内容。从课文的插图中，看到一个少女在厨房里洗盘子，一旁的父亲在帮忙擦干盘子，可以看出合作得很好。

然后，教师引导学生通过 2b 的题目了解写信人的身份。阅读题目后，学生就明白写信人 Ms. Miller 和 Mr. Smith 的身份是父母。最后，让学生带

着了解父母是同意孩子做家务还是不同意孩子做家务的任务去阅读文本。

第二层次的阅读：进一步梳理和理解文章主要信息之间的逻辑关系。

在阅读教学 Unit 3 Section B 2b 的课文时，阅读了第一遍后，安排学生完成 2c 的表格练习，列出支持和反对的意见。

第三层次的阅读：在比较不同的观点后，揣摩作者写作的意图和态度。

通过阅读两封关于家长对孩子做家务的看法的信件，不难判断出 Ms. Miller 是不同意孩子做家务，Mr. Smith 是赞成孩子分担家务的，比较不同的看法，从而激发学生去思考：作为学生，是应该参与家庭的家务活还是一味追求成绩？然后，教师可以联系现实，进行探讨：

（1）What's your parents' opinion on doing the chores?

（2）What kind of housework do you usually do as a middle school student?

（3）How do you like sharing housework at home?

探讨以上问题有利于在课堂上激发学生的思维和培养正确的价值观。

第四层次的阅读：合理设计阅读后的拓展活动，深化对文本的理解。

阅读后的知识拓展可以开阔学生的视野，使学生了解跨国文化。在 2b 的授课中，通过英文视频让学生了解日本、美国和加拿大三个国家的少年平时在家做什么家务，每天花多少时间在家务上，他们是如何分配学习和做家务的时间的，他们对做家务的看法。最后，布置学生写一篇对学生做家务看法的英语习作。

总之，后两个层次的活动是在此前基础上的超越，既深入理解原文，又提升了学生的语言运用能力，还注重对学生情感态度方面的影响。

三、结束语

在英语的阅读教学中，逐层推进的阅读教学使学生既理解了文章内容，又从文中理解了作者的想法或者主张，理解课文反映的文化意识、价值观和作者试图表达的情感或态度。

参考文献

[1] 葛炳芳. 英语阅读教学的综合视野 [M]. 杭州：浙江大学出版社，2014.

教学改革类

整合教材资源，优化历史课堂教学

——以部编版初中历史教材为例

梁雪琴

【摘要】本文致力于探究部编版初中历史教材资源的整合和利用，为优化初中历史课堂教学提供参考。

【关键词】部编版历史教材，整合教材，提高课堂效率

长久以来，历史教师总是忽略了对教材本身资源的挖掘，反而舍近求远，找来许多课外教学材料，不仅耗费了备课精力，还增加了学生学习负担。部编版历史新教材是由权威的专家学者编制，本身就是直接、有效的教学资料，如何更好地运用历史新教材资源，优化课堂教学，需要在实践当中一探究竟。

一、善用标题特点，协助学生构建历史时空观念

部编版历史新教材在编写上更突出历史事件的时序性，教材文本中的标题简明扼要，不仅透露着各段落的重点，甚至还贯穿着历史事件发展的主线。标题资源可分为单元主题标题、章节标题以及子目小标题，这几部分构成教材核心环节。教学中，教师可以引导学生有意识、有针对性地解读其中的标题，把握各标题的关键词，快速让学生领悟本课的主题，从而帮助学生构建历史的时空观念。

二、结合教材的插图，调动学生探究历史的兴趣

历史等于过去所发生的事。如果仅凭文字去遐想，学生必然很难去理解复杂的历史事件。部编版新教材中附带的图片，都是经过精挑细选的，教材中的历史图片有着形式多样、类型丰富、紧贴内容、生动直观的特点。教材

中的图片巧妙地与课本文字相互穿插，相互印证，能直观反映出历史情境，勾勒出时代特征。在教学过程中，教师融合这些图片进行教学，既能增加趣味性，又能激发学生的好奇心和无限的想象力。图片带给学生的直观感受，对学生理解历史事件自然而然会起到事半功倍的效果。

三、巧用"材料研读"，拓展学生历史学习思维

"材料研读"是部编版历史新教材当中特殊的组成部分，它伴随着材料和思考问题一起出现。每一个材料研读都是对本课重难点知识的拓展及思考。无疑，巧借对"材料研读"的思考，学生将在研读材料—思考问题的循环中，一点点地打开思维，一层一层剖析历史的表象，提升分析理解能力。教师应根据教学重难点合理安排"材料研读"的时机，可以让学生自主阅读史料、相互分析史料，共享研读史料的乐趣，分析解题，从而培养学生自主学习和合作探究的能力。

四、重视"相关史事""知识拓展"，落实学生的史料实证意识

"相关史事""知识拓展"，可谓最具历史学科特色的板块资源。"相关事实"通过提供与主题内容相关的史事作为知识的补充或介绍。"知识拓展"则在文末对正文未详尽的事件作出拓展。教材中"史事"和"知识"都具有真实性，这两个部分的设置，体现了新教材更注重客观、真实、多维度地展示历史。教师要重视运用这些知识，落实学生的史料实证意识，帮助学生探究历史的真相，开拓学生的历史视野。

五、借助"问题思考""课后活动"，培养学生历史应用能力

新教材文末设"问题思考"和"课后活动"，让学生在课后对教材内容进行思考和探究。"问题思考"和"课后探究"，都是对本课知识灵活运用的考验。课堂上，教师也可以把"问题思考"的相关内容前置，或者巧妙地把问题设置和活动融合到教学中。借助"问题思考"和"课后活动"，教师可以指导学生开展小组合作探究活动，不仅能丰富课堂教学手段，还能让学生学以致用。

随着历史新课标的出台和启用，如何更好地在课堂当中落实新课标，使之达到历史学科以史育人的目标，是值得所有历史教师思考的新命题。教学

不必好高骛远，要懂得就地取材，教材本身就是最好的资源。在更好地整合和运用教材，优化历史课堂教学的实践中，"吾将上下而求索"。

参考文献

［1］刘琛. 挖掘教材资源，发挥育人功能：部编版初中历史图、史资源整合教学［J］. 文教资料，2019（5）：201－202.

［2］许伟. 例谈如何用好部编初中历史新教材［J］. 云南教育（中学教师），2017（10）：36－38.

智慧课堂是生命化的课堂

樊维洁

【摘要】智慧课堂，是激活学生体现感悟的课堂，让师生互动探究，启迪了学生的智慧，开掘了潜能。它是体现学生和教师民主平等、互动交流、共同发展的生命化课堂。它能更好地促进学生在教师指导下主动地、富有个性地学习。

【关键词】初中语文课堂，智慧课堂，互动交流，共同发展，生命化课堂

智慧课堂，让智慧焕发生命力的课堂！

在语文教学中，我校大胆探索着前行。智慧课堂，让我校突破了教学的"瓶颈"。它是体现学生和教师民主平等、互动交流、共同发展的课堂；它是凸显以学生为主体、教师为主导的课堂。它让学生在语文学习中学得更加轻松快乐，使语文课堂焕发生命力。

一、智慧课堂，点燃学生的学习激情

兴趣，是燃起学习热情的催化剂。在点燃、唤醒学生的激情上不容忽视。在智慧课堂的教学中，笔者设计了一系列学习任务，让每个学生"有事可做"，这大大调动了学生的热情，激发了学生的学习兴趣。

在《穿井得一人》的教学中，在授新课前，笔者通过平台发送了学习任务，从反馈的数据中了解了学生的自主学习情况，进行了第二次的备课，最后取得令人满意的教学效果。从朗读、翻译、思维导图到讨论题、情景剧的表演等，每个学生都体验到文言文的魅力与学习的快乐。特别是情景剧的表演，这是学习提升的过程，学生用自己的语言、动作、道具来诠释对寓意的理解，让文言文的学习不再停留在表面，而是内化为心头的经典记忆。

二、智慧课堂，构建了交流、自主、合作、分享、展示的平台

智慧课堂，是激活学生体验感悟的生命化课堂，启迪了学生的智慧，开掘了潜能。它的课堂命脉注重自主、合作、探究；它的课堂气氛是平等、民

主、和谐、轻松的；它给学生搭建了一个自主合作的学习平台。

在教授课文《老王》的时候，笔者把学生分成 6 个小组，学生围绕"老王，我想对你说""我心中的真善美"这两个话题展开讨论交流。学生在互动、交流、展示中感受一个好心人的付出和一个"幸运者"对"不幸者"的关爱，从而对社会弱势群体产生同情，自然引出"关爱社会弱势群体"这一高尚且充满社会正能量的主题。学生通过体验、讨论、合作、探究等方式，积极主动地学习，每一组利用平板电脑分享体验感受：拍照，上传，互批，点赞。智慧课堂体现了语文的味道：锻炼了学生的听、说、读、写的能力，提高了语文素养。

三、智慧课堂，注重学生的体验性

智慧课堂令语文的阅读"风情万种"，就像世上没有两片完全相同的树叶一样，每一个参考者的体验与感受都是独立的、独特的。它，给予了每一个参与者分享个人体验的舞台，碰撞出智慧的火花。

智慧课堂是师生互动交流比较热烈的动态课堂，有效地促进了学生"学"的主动性。它让学生的学习富有个性化；它让学生在语文学习中学得更加轻松、快乐、高效，使语文课堂绽放精彩、焕发生命力。

智慧课堂，是点燃语文课堂教学的一盏明灯。笔者将怀着对教改的热情，朝着诗与远方勇往直前。

参考文献

[1] 孙曙辉，刘邦奇. 基于动态学习数据分析的智慧课堂模式 [J]. 中国教育信息化，2015（22）：21-24.

[2] 马光伟. 小学语文互动智慧课堂教学初探 [J]. 青海教育，2018（6）：33.

探究焦耳定律的分组实验改进方案及课堂应用

张航芬

【摘要】焦耳定律是初中物理的一个重要定律。在实际的教学中，由于各种因素导致学生的实验探究无法顺利进行，这样的实验过程不符合现今的课标要求与学生的发展需要，因此，笔者就学校现有材料改进器材，让学生进行分组探究。

【关键词】焦耳定律，实验，课堂教学

一、实验的设计背景

焦耳定律是初中物理的一个重要定律，也是需要学生通过实验得出结果的定律。课标对这节课的要求是通过实验，探究并了解焦耳定律，用焦耳定律说明生产、生活中的一些现象。

但在实际的教学中，实验耗时比较长，学校的器材数量不足，乳胶管老化等，导致每年的实验都成了难题，于是，笔者就学校现有的材料进行实验器材的改进。

二、分组实验的设计

（一）实验器材的选用

如何显示、比较通电导体所产生的热量是关键的问题，笔者对器材进行了以下改进：

（1）用试管代替锥形瓶，改用试管能减少倒入液体的质量，从而使液体在吸收相同热量的情况下，温度升高更明显。

（2）用定值电阻代替电阻丝，用体积较小的定值电阻能减少所用液体的质量。

（3）用橄榄油代替煤油，改用比热容较小的橄榄油，会使实验的效果变得明显。

（二）实验电路的设计

笔者采用了图1所示的电路（其中，R_1 与 R_3 的阻值相等），同时探究通电导体放出的热量与导体的电阻大小、通过导体的电流、通电时间是否有关。

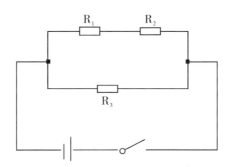

图1　探究焦耳定律的实验电路

这样的电路设计，对学生来说会有一定的难度，但方案的设计属于科学探究的过程之一，能更好地锻炼学生的思维。于是，笔者设计出以下问题引导学生进行组内讨论，一是探究通电导体产生的热量与电阻的关系时，要控制电流和通电时间相等，电路该用怎样的连接方式；二是探究通电导体产生的热量与电流的关系时，要控制电阻和通电时间相等，电路该用怎样的连接方式。能否只用一个实验同时完成以上两个探究？通过合作，部分小组会先把实验方案设计出来，再通过小组间交流，把整个设计方案向全班展示。

（三）实验器材与装置

根据电路图制作如图2的实验装置，取三支相同的试管，分别装入等量的橄榄油，其中 $R_1 = 10\Omega$、$R_2 = 5\Omega$、$R_3 = 10\Omega$。为了让学生方便区分，笔者特地用不同颜色的导线进行连接。由于现有材料不足，笔者只能用棉花把温度计固定并塞住试管口，此外，实验中还需要的器材有干电池、开关、钟表。在教学过程中，笔者还给学生提供电流表，以便检查电路

图2　实验装置实物

的通断。

（四）实验过程

在实验的过程中，笔者会先把装置连接好，学生只需要把装置接入电路，记录和分析数据，归纳结论。

为了使实验的进行更高效，笔者采用的是分组教学，组内明确分工，1名组长负责统筹协调工作；3名同学分别负责记录3支温度计的示数；1名计时员；1名数据记录员。图3是笔者在课上某一小组的实验情景。

图3 学生课堂中的实验情景

（五）实验的表格设计和结论引导

实验数据记录表格如下所示。

实验序号	温度 t/℃ 电阻 R/Ω	初温 t_0	2min	4min	6min	8min	10min	……
1	$R_1 =$							
2	$R_2 =$							
3	$R_3 =$							

笔者设计以上表格，让学生通过具体的数据进行分析总结。同时，还设

计以下引导问题：

（1）比较实验序号_____和_____，可以得出的结论是：在相同的时间内，通过导体的_____电流相同，导体的电阻越_____，产生的热量越_____。

（2）比较实验序号_____和_____，可以得出的结论是：在相同的时间内，导体的电阻相同，通过导体的电流越_____，产生的热量越_____。

（3）从表中的实验数据还可以得出结论：通过导体的电流和导体电阻相等时，通电时间越_____，产生的热量越_____。

三、实验的反思与拓展

本课的实验装置能够节省完成实验的时间，但还存在着不足：

（1）装置的气密性不足，温度计容易移位，应把试管口的棉花改成试管塞，试管外面加上保温套，效果会更好。

（2）实验的电源由干电池改为学生电源，实验的效果同样会明显。

实验的过程中，学生还发现了更多的问题，如电流表的示数会逐渐变小，还有部分学生不能成功完成实验，笔者都会鼓励他们找出原因。

参考文献

［1］中华人民共和国教育部. 义务教育物理课程标准（2011 年版）［M］. 北京：北京师范大学出版社，2012.

从理解层面入手，提高学生对古诗词的阅读兴趣

邓燕云

【摘要】古诗词语言简练、意蕴丰富，但学生由于缺乏阅读方法，往往对古诗词阅读失去兴趣。"万丈高楼平地起"，只有在教学过程中重视基础，重视培养学生理解诗词的能力，才能提高学生对古诗词的阅读兴趣，进而提升到鉴赏层面。

【关键词】理解内容，古诗词，阅读兴趣，方法

俗话说，"万丈高楼平地起"，要培养和提高学生对古诗词的阅读兴趣，教师应该在课堂上重视方法指导，提高学生对古诗词的理解能力，增强学习信心。

一、引导学生关注诗题

在诗词阅读中，诗题往往对诗词内容、情感、主题、意趣、手法等起到提示作用，教师要引导学生加以关注并归类积累。例如，杜甫的《春望》表明作者描写春天望到的景色，是一首写景抒情诗；李白的《春夜洛城闻笛》点出了写诗的时间和地点；陆游的《游山西村》是一首山水田园诗……这些诗题，对学生的阅读能起到提示性的作用，有的还直接提示了诗人的思想感情，如李白的《送友人》《渡荆门送别》，其中的"送""送别"就透露出诗人离别时的依依不舍之情，马致远《天净沙·秋思》中的"秋思"，也透露出羁旅愁思、渴望回乡之情。

二、引导学生关注诗文的关键字眼

诗词中的每一个字都是诗人文化、感情精华的浓缩，简单的字词蕴含着丰富的内涵。"一切景语皆情语"，一些诗眼、固定的意象、事象，都传达出诗词写作的背景、写作的对象以及诗人的情感。如杜甫的《春望》，从诗题中笔者知道是描写杜甫在春天望到的景色，但诗人望到了什么、表达了什么感情，就要从具体的诗文中找答案。通过阅读诗词，圈找关键字眼可以知道，"国破""烽火"，表明这个地方发生了战争，"草木深"表明战争后生

灵涂炭，"抵万金"表明与亲人难联系，"花溅泪""鸟惊心"暗示了作者悲伤的思想感情，为"国破"后生灵涂炭感到沉痛和忧伤。这样，通过圈找关键字眼，诗词的基本内容也就大概掌握了。这种通过圈找关键字眼去理解诗词内容的方法，不但能使学生理解、把握诗词的内容，更能培养学生阅读诗词的能力，增强学生学习古诗词的信心。

三、引导学生关注诗序和诗注

阅读古诗词时，不能忽视诗序和诗注，两者对理解作品的思想内容都起着重要的作用。"序"本身就是一种文学体裁，分为书序和赠序。书序，可以在文的前面，也可以附后，主要介绍作品的创作意图、作者情况、成书过程与目的等，为阅读和评价作品提供一定的参考，如《兰亭集序》。到了苏轼的时候，词序真正成为气候，诗人们利用序或交代创作的时代，或点明创作的前因后果和经过，或交代了创作的背景，为作品奠定情感基调。比如苏轼的《水调歌头·明月几时有》中的小序"丙辰中秋，欢饮达旦，大醉，作此篇，兼怀子由"具体说明了该词创作的时间、缘由及目的。而诗注跟诗序一样，对理解诗词起着补充说明的作用，学生在阅读学习时不能忽视。

以上三种学法指导，不仅能激发学生阅读古诗词的兴趣，还能帮助学生理解其中的内容，经过长期训练，学生的诗词阅读能力也能得到显著的提高。

总之，"知之者不如好之者，好之者不如乐之者"，兴趣是阅读的前提，在讲授离我们相去甚远的古诗词时，应重视基础，重视方法指导，激发学生的阅读兴趣，相信学生能自如地理解诗词内容时，就能自觉地提升到鉴赏层面，进而在阅读诗词的过程中体会中国博大精深的诗词文化。

参考文献

[1] 张崇善. 浅说古代诗词的情与景 [J]. 语文世界，1999 (4)：37.

[2] 高有奎. 诗词鉴赏三步骤 [J]. 晋阳学刊，2000 (4)：97-99.

[3] 宦婧. 古诗词鉴赏方法谈 [J]. 现代语文，2005 (7)：22-23.

[4] 王继存. 浅谈中学古诗词鉴赏教学 [J]. 华章，2009 (6)：15.

在"读"中受益，在"读"中成长

罗　瀚

【摘要】朗读是一门有声艺术，朗读教学也是语文教学中的重要教育形式。语文新课程标准明确指出，"阅读教学要重视朗读，要让学生充分地读，在读中整体感知，在读中培养语感，在读中感受情感的熏陶"。
【关键词】朗读，语文教学，培养语感

许多优秀语文教学案例和优秀教师的宝贵经验告诉我们：要发挥汉语音乐性的特点，在语文教学中以朗读为主，带动学生走进美的艺术享受中。但由于受到应试教育的影响，很多教师忽略了朗读在教学中的重要作用，让语文课失去了原本所应有的书声琅琅，失去了语文特有的浪漫气息。

古人语："读书百遍，其义自见。"只有反复地诵读，人们才能更好地识字以及理解语义；领悟词义的褒贬、感受文章的抑扬、语言的顿挫、句式的优美；才能体会作者笔尖流淌的涓涓真情，最后达到增知识、受教育的目的。可见，朗读在语文教学中具有重要的作用。作为一名语文教育者，如何让语文课堂散发传统的"语文味"，经过实践，笔者认为可以通过以下四个环节来抓住"读"。

一、树立以"读"为本的理念

如何更好地将朗读渗透到语文教学？笔者认为，语文教师应该首先树立"以读为本"的教学理念。要不断尝试通过"读"，让学生去理解字词、理解语感、理解主题，将自己的感情融入朗读过程中，甚至提高学生自身的普通话水平。必要时教师要示范，让学生感受到教师与他们共同学习，这样不仅能使整个课堂书声琅琅，也能增进师生之间的感情。当教师的朗读感动学生的时候，学生们会在教师这样一种语言的潜移默化下对朗读产生更浓厚的兴趣，更会对所学的文章产生兴趣，那么，他们自己在朗读文章的时候就会更加投入感情，也会收到更好的效果。

二、要求学生大声地"读"

当人们大声朗读的时候，声音会刺激眼、手、耳、口、脑等器官会进行多方协调活动，这样读的内容不仅会更加深刻地印在脑海里，而且人们能更好地感受到朗读片段所表达的思想感情。上语文课时，笔者都会让学生大声读课文，读准字音，初步感知课文内容，为接下来的课文理解打好基础。

三、引导学生有感情地"读"

掌握朗读的技巧是语文教师必修的课程。当文章的某些情感无法用书面语言来表达的时候，教师若能通过语音的抑扬顿挫，将这种情感传递出来，将有利于学生理解所学的文章，从而获得美的享受。例如，笔者在教授朱自清的名篇《春》的时候，课前让学生自由读课文；课上，笔者会先用一段春天的视频让学生感受春天，然后用一节课的时间让学生读文章。像"小草偷偷地从土里钻出来，嫩嫩的，绿绿的"这样的句子，学生通过想象和不断朗读，便能很好地将小草那种破土而出的挤劲和生机勃勃的动态美朗读出来。又像文中的"我在开花"部分的内容，笔者引导学生读这两句的语气要有所不同，读出争先恐后的意味。学生就在不断的朗读过程中感知了作者对春天的赞美与喜爱。

四、鼓励学生反复地"读"

"口不绝吟于六艺之文"，这是韩愈提倡的读书法。让学生反复大声有感情地朗读文段，在加深印象的同时，也培养了学生的语感。这样长期有系统的训练，会使学生在读文章的时候增强他们的感性直觉，阅读的格局也会变大，也能更好地评判一篇文章的优劣。当他们写作文的时候，文字就会呼之欲出。

阅读的起点是朗读，理解课文的重要手段也是朗读。语文教师要利用朗读教学来发扬中国优秀的文化传统，勤读、多思、多练，培养学生的语感，提高学生的读写水平、培养学生的审美情趣。

参考文献

[1] 教育部. 语文课程标准 [M]. 北京：北京师范大学出版社，2001.

[2] 苏卫兵. 中学生名著阅读的现状及对策 [J]. 安徽教育，2001

（22）：52 – 53.

　　［3］陈少华. 朗读：让语感不再朦胧［J］. 中小学教学研究，2005（12）：16 – 17.

浅谈思维导图在地理教学中的应用

江振浩

【摘要】思维导图是一种高效的思维模式和学习方法，在一定程度上能活化学生的学习思维和学习模式。运用思维导图教学法的课堂气氛活跃、学生注意力集中、思维发散、自主合作探究能力大为增强，提升了学生学习的效率，帮助学生构建更系统的知识体系。

【关键词】思维导图，学习兴趣，地理教学

地理学科是一门综合性很强的学科，具有理论性、实践性、跨学科性，注重地理事物之间的联系和相互影响，并分析其成因。而思维导图不仅是一种学习方法，还是一种提高学生学习效率的工具，将其运用在教学上，无疑会对教学起着重要的辅助作用。

一、利用思维导图激发学生的学习兴趣

利用思维导图可以将大量零碎化的知识点进行整合。根据实际的教学内容，通过各种图形、线条、色彩，甚至字体大小的变化等形式把学习知识点串联起来，改变了以往略显沉闷、枯燥乏味地罗列知识点的做法，给学生带来了新的视觉感受和知识脉络；丰富了学生的学习方法，进而不断地激发和提高学生的学习热情和学习兴趣。

二、利用思维导图调动学生学习的积极性

思维导图的绘制是灵活多样的，可以有树状型、鱼骨型、时间型等，也可以加入相关的图案或者符号。这增加了自主性，提升了学生作图的兴趣，学生可在教师的引导下绘制自己的思维导图，用不同颜色、符号、图形把知识体系构建起来。学生参与知识的梳理和绘制过程，在一定程度上能释放自己的个性，并提出新的疑问，进而思考并解决问题，从而建立完整的知识体系，也有利于对各个知识点的理解并找出彼此间的联系，进而培养发散性思维。

三、促进学生思维发展、合作学习

学生通过绘制思维导图，对自己过去所学的知识点加以组织及整理，能很好地梳理知识结构，强化对知识全局的认识；更有利于达到以学生为主体的课堂教学目的，使课堂实现从"有效"到"优效"的转化。这能有效地转变学生的认知方式，有利于学生开展思维训练，提高地理思维能力。另外，还能转换学生的课堂角色，转变学生的思维模式。对于地理的课外、课堂小组合作学习，由于小组成员对各个知识点存在着不同的理解，通过共建思维导图来进行商讨，碰撞思维，能培养批判性思维，使各自的认识得到完善与扩展。

利用思维导图不断激发学生的兴趣，更易于为学生接受，学生的学习也会更自主、更高效；也能让课堂更活跃、更具创造性，还能培养学生的创新思维，从而有效地促进学生的全面发展。

参考文献

[1] 陆桂玲. 思维导图在初中地理复习中的应用 [J]. 基础教育论坛，2017（9）：30–31.

[2] 吴奇. 地理教学中运用思维导图促进地理学习的研究 [D]. 广州：广州大学，2012.

中学体育课程教学如何实现学生的学习主体地位

王　宇

【摘要】学生本身就是体育课堂的参与者和实践者。体育教师应充分重视学生在参与体育课堂教学中的主体地位，让学生在体育课堂自学过程中成为自己的主人，让学生主动参与体育课堂的学习，提高自主意识和自主学习的能力。

【关键词】中学体育教学，学生的学习主体地位

在学校开展体育课堂教学的过程中，体育课堂不断地进行教学改革，培养了广大学生在开展体育课堂学习的过程中的主体性和活动的创新性，这是我国学校体育教学改革的重大进步。对于中学生的体育活动教学如何真正实现学生的学习活动主体地位，笔者做了以下探讨。

一、激发学生体育学习的兴趣

新的课程改革要求体育教师更注重学生的学习体会与对学习的兴趣，所以在进行体育教学的过程当中，体育教师需要转变传统体育教学理念当中以体育教师为中心的体育教学理念，注重在体育教学中对学生的引导与教学。

例如，在定点投篮的教学中，学生通过自己选定投篮距离，进行自我思考和实践怎样投进；以互相合作练习的形式，突出小组同学之间的互相帮助；以小组比赛的形式，开展团队合作；充分展示了教师在课堂评价（规则设置）上的科学性、差异性和及时性，更好地提高了学生学习篮球的兴趣。

二、保持学生在课堂上的注意力

课堂教学不仅仅要兴趣，更要使学生在课堂上细心、耐心、专心，只有这样，学生才能在课堂上学到每一个细节，提高课堂学习的效率。

例如，课堂上将中考篮球的完整技术动作通过多媒体工具，把每一个动作要领的细节进行慢动作播放，教师提醒学生注意，较好地把学生的注意力集中在课堂上。

三、帮助学生快速建立对体育学习主体地位的认识

帮助学生树立正确的主体性自我认知的方法和观念，有助于教师在体育教学过程中确立学生的主体地位。因此，体育教师应做到合理安排好整个体育教学的过程，包括课堂器材的准备、教师口令的调动、点评中的鼓励、动作要领的练习方法等。

例如，教师从篮球教学过程的主导者、教学活动组织者、教学内容安排者和学生体育成绩的评价者转变为学生课堂中的朋友及合作伙伴、引领人、督促者，这样才能体现出学生的主体地位，促进学生主动练习，成为体育运动主角，成为运动的主人。在准备活动时，教师可带着学生在慢跑过程中练习滑步，自编篮球操，和学生一起活动各个关节。积极参加热身活动，学生充分热身，避免在课堂中出现受伤现象。在开展行进间双手胸前传接球练习时，两人分组，教师可和较弱的同学组成一组，传接球速度由慢到快，锻炼学生传球的预判能力和力度，使其接球稳、出手准。

四、适当地在课堂中加入心理健康教育的内容

在体育课堂学习开展的过程中，不同的体育运动技能项目，对学生会有不同的要求和难度，学生也会在过程中对自己产生不同的心理要求和反应，尤其要注重的是对于较大难度的体育运动技能学习的心理反应。在这个过程中，学生往往会产生一些负面情绪，如焦虑、紧张、恐惧等，降低了对体育课程的兴趣和热情。

在体育课堂教学中，学生作为课堂学习的主体，需要引起教师和学生本人的重视，学生的课堂练习成为体育课堂的主体不仅仅是个口号，还需要体育老师承担起神圣的使命，充分利用学生体育课堂的活动增强学生的体魄，建立健全的体育思想意识，增强自我学习主体地位意识，调动他们对体育学习的兴趣，敢于承担责任。

参考文献

[1] 郑华伟. 构建学生体育学习主体地位的研究 [J]. 北京体育大学学报，2007（5）：667 - 669.

[2] 柴宪民. 体育教学中学生主体地位的构建初探 [J]. 中国体卫艺教育，2011（3）：6 - 7.

［3］孙白露. 简谈体育教学中构建小学生体育主体地位的重要性［J］. 青少年体育，2016（10）：43－44，22.

论初中英文诗歌欣赏校本课程的开发与教学策略

罗 健

【摘要】诗歌对培养学生的人文精神起着重要的作用，但是鉴于种种原因，诗歌教学在初中英语教学中并没有得到重视。本文基于新课程标准和与此相关的理论，阐述了英文诗歌在初中教学中的必要性，提出了英文诗歌欣赏校本课程开发的教学目标，并结合笔者开展该校本课程的教学实践，总结提炼出几个关于初中英文诗歌欣赏校本课程教学方面的有效策略。

【关键词】英文诗歌，初中英语，校本课程

英文诗歌富有节奏，表现手法奇妙，蕴含丰富的哲理和智慧，是提高学生英语学科核心素养的重要资源。因此，笔者在我校八年级开设了英文诗歌鉴赏社团并开展了为期一学年的英文诗歌校本课程教学。通过一年多的教学实践，结合相关理论与课例，总结提炼出关于初中英文诗歌欣赏校本课程教学方面的有效策略。

一、借用图式理论巧设疑，快速激活学生的背景知识、形成相关图式的阅读能力

图式理论强调，人们已经具有的知识和知识结构对其认知活动起决定作用。教师可以利用照片、猜谜、游戏、演讲、歌曲、录像以及情景教学等激活学生的背景知识。

例如，在引入诗歌"Father's Day"的时候，笔者设置了两个猜词游戏引发学生思考。首先向学生展示以英文单词 father 中的各个字母作为首字母的谜面，辅以"云图"让学生猜将要讨论的"主角"；然后展示简单的句子让学生猜节日。通过两个简单的猜词热身游戏，学生的情绪一下子就被调动了起来，满心期待地进入课堂中来。

二、通过朗诵调动音乐智能，培养学生的审美情趣

诗歌通过押韵表现节律，押韵使诗歌优美，富有乐感，给读者感官上的满足。朗诵是诗歌教学的常用手段，学生在朗诵的过程中可以细细品味诗歌

的韵律和灵动，把握诗歌的特点。

例如，在教授抒情诗"Christmas"时，笔者先播放配乐朗诵录音，让学生感受诗的节奏和感情基调，然后引导学生细细品味诗句末单词的押韵，如第一、二行的 tree 和 glee 押/iː/韵等。通过朗读，学生也能感受作者遣词造句的准确、形象，使其获得对字、词、句整体的感知，从而增强其对语言的敏感度和鉴别力。

三、构建和谐平等的课堂生态及评价体系，培养学生持续的英语学习动力

克拉申的"情感过滤假说"认为，第二语言习得受情感因素的影响。对于刚接触英文诗歌的学生来说，难免会产生畏难甚至抗拒的心理。因此，教师在英文诗歌教学过程中要特别注意学生的情绪，努力创设一个和谐平等、互利共生的课堂生态，以激发学生的学习动机，使学生进行持续的英文诗歌学习。在课堂中，教师可以组织学生进行结对的学习、小组的交流、组建朗诵圈等，最大限度地给予学生美好的情感体验。对于课程的评价应着眼于学生的参与度与参与热情，并把学生纳入评价的主体中来，组织学生有序开展生生间的互评、小组间的交叉评价等。

四、引导学生关注诗歌意象，培养学生的想象力，赏析诗歌语言美、情境美

交互补偿论认为，阅读是语言与图式的相互补偿，是读者与作者以及文本的交互。诗歌的字里行间有着许多隐含信息，这赋予了诗歌极大的解释空间，允许读者能对其做出不同的诠释。

例如，在教授"Spring"一诗时，笔者引导学生通过诵读找出诗歌各个诗节的意象，让学生借助这些意象发挥自己的想象力，在脑海中构建诗歌的场景，欣赏诗中的三个小节如电影变焦镜头般由远及近向读者呈现的一幅趣味盎然的春色图。

五、将诗歌欣赏与诗歌创造相结合，激发学生的创造力

在教授完抒情诗歌"Steps to Happiness"后，笔者鼓励学生模仿"That life is not a problem to solve, but a gift to cherish."一句，以"That life is not ____, but ____"的结构写下自己对生活的赞美。学生有感而发，写出了不

少颇有哲理意味的诗句。例如，"That life is not mind filled with trouble，but a face with a smile."" That life is not a rainstorm，but a rainbow of feeling."。

参考文献

［1］杜静. 英语音乐性教学手段在初中英语课堂的应用研究［D］. 济南：山东师范大学，2016.

［2］高稳. 英诗教学与阅读经典能力培养［J］. 文学教育（上），2010 （8）：66 – 68.

［3］王笃勤. 初中英语教学策略［M］. 北京：北京师范大学出版社，2010.

以生为本，构建高效的初中数学课堂教学

黄丽娟

【摘要】本文主要针对在初中数学课堂如何做到以生为本，运用数学的思维方式进行思考，增强学生发现和提出问题的能力、分析和解决问题的能力，培养学生的应用意识，从而构建高效的课堂教学。

【关键词】以生为本，初中数学，课堂教学

教师应确定正确的教学观，提高课堂 45 分钟的教学效率，实现教学效果的最优化，从而构建高效的初中数学课堂教学。

一、"以生为本"的内涵

现代教育观点认为，谁获取知识谁就是课堂的主体。以学生的发展为本是新课标的核心理念。数学课堂应该成为学生"自主、合作、探究"学习的主阵地，使每位学生都能在数学学习中享受数学的乐趣，体验学习数学的成就感，发展自己的个性，提高数学素质。

二、如何构建"以生为本"的初中数学课堂

首先，教师要为学生提供一个轻松的学习环境。学生的学习潜能才能得到充分发挥。在讲到用二元一次方程组解实际问题时，笔者举了"鸡兔同笼"的例子，它是中国古代著名趣题之一。从现实生活中抽象出数学问题，激发学生的学习兴趣，让学生变得敢于表达自己的观点。

其次，教师要允许学生有"个性"，这更利于学习能力的培养。如在讲解三角形内角和等于180°的证明题时，解法不止一种，教师应鼓励学生积极探索，培养学生的逻辑思维能力和发散思维，有效地实施有差异的教学。

最后，教师应当好学生数学活动的引导者。例如，在讲解 2011 年广东省肇庆市中考第 11 题的时候，笔者请学生上讲台去讲解这道题，学生在讲的过程中既加深了对问题的理解，也可以让其他学生了解到不同的解题方法和思路。

三、"以生为本"教学策略的优势

(一)课堂形式多样,提高学生的学习兴趣

教师创造性地使用教材,积极开发、利用各种教学资源,为课堂提供丰富多彩的学习素材,不断地丰富自己的教学方式,让课堂的形式变得更加丰富多彩,比如教师可以精心设计各种问题,让学生分组讨论,让学生进行自主学习。

(二)提高学生的学习信心,养成自学能力

整个课堂都是以学生为中心。课堂上以小组学习和学生自主学习为主,教师当好学生数学活动的组织者、引导者、合作者,注重启发学生积极思考,遇到难题,让学生首先想到的是自己解决或者小组讨论学习。

(三)着重建立学生的模型思维和培养学生的实践能力

模型思维的建立是学生体会和理解数学与外部世界联系的基本途径。建立和求解模型的过程包括:从现实生活或具体情境中抽象出数学问题,用数学符号建立方程、不等式、函数等表示数学问题中的数量关系和变化规律,求结果并讨论结果的意义。这些内容的学习有助于学生初步形成模型思维,提高应用意识。

四、"以生为本"的高效性

"以生为本"的教学旨在最大限度地把课堂还给学生,发挥学生的主体性、主动性和创造性,通俗地说就是让学习、进步和成长"发生"在学生身上,落实了"三维"教学目标要求,创造性地使用教材,运用现代化的教学手段,实现"堂堂清"。

简言之,教师应关注学生的个体差异,因材施教,当好学生数学活动的组织者、引导者、合作者,激发学生的学习潜能;帮助学生初步形成模型思维,提高学习数学的兴趣和应用意识,真正地以生为本,向高效课堂迈进。

参考文献

[1] 刘兼,孙晓天. 数学课程标准解读实验稿 [M]. 北京:北京师范

大学出版社，2002.

〔2〕左怀玲，景敏. 义务教育课程标准实验教科书数学七年级下册教师教学用书〔M〕. 北京：人民教育出版社，2010.

微课在物理教学中的作用

林湛萍

【摘要】物理是一门以实验为基础的自然学科，由于各种条件的限制或实验本身的特性，很多重要的实验在中学物理课堂中都不能有效地开展。很多生活现象，教师讲起来很抽象，学生也很难理解。很多物理知识点单凭老师枯燥的讲解，学生听了也是一头雾水，所以，本文主要讲微课资源在中学物理课堂教学中的重要性，特别是在物理实验课上的重要性。

【关键词】微课，实验课，物理课堂

物理实验作为物理教学一个必不可少的部分，尤其对于刚接触物理的初中生，他们满怀新奇感，喜好动。但是有些实验如果让学生看书本后进行实验，学生觉得是很有难度的。微课的特点就是短小精悍。所以，在物理课堂上充分利用微课能达到更好的教学效果。

一、微课能更好地引导学生们课前预习，培养学生的自学能力

在上物理课前笔者将需要学生预习的内容制作成微课，上传到学生学习群。学生借助微课完成预习或自学，省出更多的课堂时间来进行合作探究、小组讨论。长期坚持，不但可以使学生掌握预习的方法，还可以提高学生的学习效率。如在讲探究凸透镜成像规律这节实验课时，对学生来说，要成功地完成实验操作是很有难度的，但是笔者在课前录制了一节短小的实验微课，让学生在课前先进行观看再操作，学生进行实验的成功率大大提高了，从而取得事半功倍的效果。

二、物理课堂上利用微课突破教学重难点，提高学生的思维能力

物理知识点是前后联系的，若学生们对某个知识点理解不扎实，很可能会影响后续内容的学习。因此，笔者会将各个知识点、实验现象、实验结论录制成微课在课堂中播放。如在讲授动态电路、电路故障分析时，笔者会录制微课，在微课中边进行实验操作边分析动态电路和电路故障。学生借助微

课实验更好地理解掌握了动态电路和故障分析的做题方法,然后在课堂上再进行练习巩固。这些微课还可供基础薄弱的学生课后复习,加深理解。

三、微课活跃课堂气氛,培养学生学习物理的兴趣

为激发学生的学习兴趣,笔者在物理课堂上尽可能地给学生提供丰富的预习资源。在课堂上播放提前录制好的微课,微课内容可通过录屏方式将动画、图片等相关素材制作成视频,学生以观影方式来预习,视觉、听觉得到双重刺激,能更好地保持专注力,激发学生学习物理的兴趣。如讲授电压这个知识点时,笔者自行录制水果电池的电压与哪些因素有关的实验微课,取得良好的教学效果。因为水果电池的电压与哪些因素有关需要用到的水果种类多,在课堂上操作不方便,所以笔者提前做这个实验并录制下来在课堂播放,通过这个实验微课能很好地激发学生学习电学的兴趣。

四、微课强化物理课实验教学,提高学生的注意力

在物理实验教学中有效使用微课,可缓解课时少、任务多的矛盾。笔者可以将实验过程制成微课或者在网上找到与这个实验相关的微课,将关键点、关键实验步骤、实验现象放大,学生会更了解实验过程和目的,微课让教学内容变得生动有趣,吸引学生的注意力。如在讲解小孔成像这个实验时,这个实验笔者演示效果不明显,后面大部分学生也看不到实验现象,但是笔者找了网上一个很好的微课,学生一看就明白了。现在网上一些好的微课的声音动画效果制作得很好,能很好地吸引学生的注意力,提高学习效率。

传统教学的课堂,教师唯恐学生不会,故用大量时间讲解,填鸭式满堂灌。在物理教学过程中,如果能充分发挥好微课在课前和课中的作用,那么物理教学效果就能事半功倍。微课这一新型教学手段的出现,补充了传统课堂的不足,特别是在实验课上,微课有着更加重要的作用。

参考文献

[1] 中华人民共和国教育部. 义务教育物理课程标准(2011 年版)[M]. 北京:北京师范大学出版社,2012.

[2] 陈明武. 在初中物理教学中如何培养学生核心素养. 速读[J]. 2016(7):12.

试析如何在体育教学中有效渗透德育教育

武 理

【摘要】随着新课改的不断推进，综合素质教育不仅仅针对学生的文化知识的培养，体育教学在综合素质教学中占据的比重也越来越大。在传统的学习环境中，学生的学习压力和学习负担都非常大，导致学生的身体处于亚健康状态，学生体质逐年下滑。现代化教育教学模式对学生的综合素质水平有着更高的要求，特别是新课改下对体育教学的要求，就是要能在实际教学过程中融入德育教育理念，对学生的意志进行锻炼，并且能对学生的团体合作意识和集体主义精神进行培养。

【关键词】体育教学，综合素质，德育教育

一、在教学中以身立教

以身立教就是要求学校的体育工作者能够在开展教育教学活动的过程中，通过以身作则、言传身教来达到一种良好的教学效果。因为学生大部分的时间都是在校园内，与教师的联系非常多，所以，教师对学生的德育素质能够产生巨大的影响。尤其是体育教师，身教更是重于言教。要想充分体现在体育教学中渗透德育教育的作用和重要性，教师除了需要对学生进行言语教学之外，还需要加强对学生的身教。体育教师在整个教学过程中都应该对自己的仪表言行进行充分的考虑，要考虑到自己每一个行为和语言可能带来的模范性和感召力。以人格魅力来起到一种表率作用，让学生能够从中领悟和产生道德概念，从而乐于接受和效仿。

二、师生启迪共鸣

教师开展教学活动的目的，不仅仅是为了向学生传播书本上的知识，更多的是为了教会学生怎样成为一个合格的人、能够在社会上生存的人。其中，常用的方法除了以身立教之外，更多的是启迪共鸣。启迪共鸣就是教师通过说理、教育、启发、开导等一系列的方法，使学生在心理和情感上得到满足和感动，使学生在接受的过程中产生一种心灵上和思想上的共鸣。体育教师在实际教学过程中，需要正确地运用道理和自己的人格魅力，对学生的心灵进行启发并引起他们的共鸣，使学生能够主动去接受德育教育，并对自己的一些行为进行认真的反思。

三、重抓常规，规范行为

规范行为就是利用相关的制度和规则对学生的行为进行一定的约束，从而使其养成一个良好的习惯。在开展体育课堂教学活动中，制度和规则是教学能够顺利进行的重要保障，没有制度和规则，体育活动是无法开展的，造成的教学后果也是无法想象的。在教学过程中能够有一个严谨的教学制度，对培养学生的自觉性和自制能力来说有着非常重要的作用和意义。所以，教师在开展教学活动时，要能够对学生的行为进行观察和判断，对正确的行为进一步地强化，错误的行为进行分化改进，以此来激发学生的道德情感。

四、对抗与竞赛

体育活动中最突出的特点就是体育活动的对抗性和竞赛性，尤其是在比赛形式的体育项目中，这两种特性表现得更为强烈。这两种性质也给学生带来了一定的心理负担和生理负担，在这两种性质的作用下，学生们为了达到自己的目的，常常会进行有意识的对抗与竞争，这能在一定程度上激发学生不断进取的精神，能使学生的心理承受能力得到巨大的提高。

在日常体育课的教学与训练中，教师要有意识地做到以身立教，让自己的行为和语言给学生带来的模范性和感召力；再通过对学生进行说理教育、积极启发和引导，对学生的行为进行一定的约束与管理，从而使同学们养成一个良好的行为习惯；最后进行有意识的比赛对抗与竞争，这样能在一定程度上激发学生不断进取的精神，使学生的心理承受能力得到有效提高。

在体育教学中合理地渗透德育教育，对学生的综合发展来说有着非常重要的作用和意义，体育教师应该选择合理的渗透方法，运用科学、先进的教学理念，为促进学生的成长和德育素质水平的提升做出贡献。

参考文献

［1］马富萍. 浅析如何在学校体育教学中渗透德育［J］. 当代体育科技，2017，7（11）：105，107.

［2］洪伟. 浅析体育教学中渗透德育教育［J］. 华章，2012（9）：62.

模型思想渗透在初中数学教学中的运用策略研究

李 艳

【摘要】 中学数学几何课程的教学，在发展学生的综合素质方面起着举足轻重的作用，将模型思想渗透在初中数学教学中，一定程度上能促进学生养成更深刻的几何应用意识，不仅有利于掌握书中的几何知识，而且可以将几何学运用到现实生活中。

【关键词】 初中数学，模型思想，教学策略研究

所谓的数学建模，是从数学的角度来考虑现实和学习中的问题，主要是把数学中的模型运用到问题的求解中，这对培养学生的逻辑和抽象思维有很大的效果。

一、模型思想的内涵及在初中数学教学中的体现

在初中数学教学过程当中，模型思维是学生需要掌握的一种重要数学思想，其主要的表现形式体现在两个比较重要的方面。一个是需要在问题面前以假设的方式做出数量和等量的关系并且对于假设的情况做出一定的科学验证，看是否与这个模型解决的问题一致。另一个就是通过预测的方式去推进问题的解决，主要是为了表示特定对象之间的变化关系，以函数进行预测解决问题。

二、如何在初中数学教学中渗透模型思想

数学课堂导入模型思想可以通过讲述故事吸引学生兴趣。教师可以给学生讲一个故事：传说中，西塔发明了一副国际象棋，当国王得知西塔的天赋并参加了他的棋局时，西塔决定把他的天赋赐给国王，西塔说："陛下，您只要在我的象棋格子中第一个格子放 1 粒麦粒，第二个格子放 2 粒麦粒，以后每一个格子放的麦粒都是上一格的 2 倍，以此类推，将整个象棋棋盘中的格子放满就行了。"这时，学生开始想：要用多少麦粒才能填满 64 格？大多数学生的第一反应都是，这是一种非常复杂的运算，学生都在猜测。教师根据西塔的说法，将麦子放入棋盘中，总共需要 1 846 744 073 709 551 615 颗，学生们

对这个数字没有概念。教师举个例子，为了装下这样的小麦，必须要有 4 米高、10 米宽，太阳到地球两倍距离长的仓库。得到了这个结论，所有人都沸腾了。"你们有没有想过，我是如何算出来的？"掌握了算术，学生就能轻松地求解出更多的复杂问题，以此为基础，让学生对问题的解决更加感兴趣。教师用与之相关联的教学公式，对这个问题进行讲解。

这实际上是关于知识中构建教学模型的讲解，新课改中一个重点就是必须要使学生在课堂上充分地利用自己的主体性和学习力，在数学课上要尊重自己的学习经验，在自己的学习过程中不断地体验和摸索其中知识的奥妙。

三、创设情境，让学生感知数学建模思想

实际上，数学所有的创造都是以生活当中遇到的各种问题作为基础的，最重要的目的是用数学去解决问题，服务于生活当中人们熟悉的一些事情，及其可能会产生的问题，结合学生在书中所学习到的内容或者是要教学的内容向学生展示在数学课堂当中可能会出现的问题，将生命与数学世界紧密相连，找到以某种解决问题的方案。

在进行问题的创建过程当中，必须要深刻了解到的一点是需要在生活当中以数学世界有效联系的问题作为素材，以当下时代热点问题融入课堂，通过与数学有关的知识，让学生体会到数学的可操作性和趣味性，从而激发他们对数学的兴趣。在某种程度上满足了学生的好奇心，将知识点具体运用到生活中，并在课堂上给予适当的启发和引导，让学生的思维能力不断地提高，从而提高他们的数学学习能力，培养他们的数学核心素养。

参考文献

[1] 胡琼琼. 初中数学模型思想及其教学研究［D］. 温州：温州大学，2016.

[2] 康骞月. 初中数学课堂教学中渗透模型思想的策略研究［D］. 西安：陕西师范大学，2016.

琅琅书声中起飞，有效指导下翱翔

——浅谈初中有效朗读教学的策略

崔秋萍

【摘要】朗读在语文教学中至关重要，笔者结合自身教学实践经验，就如何开展有效朗读教学进行了初步的探讨。
【关键词】朗读，语文教学，朗读技巧

朗读是初中语文教学的一个重要环节，通过朗读，能有效地提高学生的表达能力，引领学生领略文章的情感美、音乐美、含蓄美和形象美。对于朗读技巧的指导，语文教师一定要充分重视。

一、朗读的重音

重音一般分成三种：语法重音、逻辑重音、感情重音。（下面的句子中加黑点的字词为重音）

（1）语法重音。它是指根据语法结构特点而把句子中某些词语重读。常见的有以下几种情况：简单的主谓结构一般重读谓语，如"我读书"；带宾语时一般重读宾语，如"我们看课本"；主谓补结构时，补语稍重读，如"大家坐好"；主谓宾补结构，宾语重读，如"我们保持教室干净"；有状语的情况下，一般状语重读，如"小陈认真地做作业"。

（2）逻辑重音。在朗读中，必须强调的音节，即逻辑重音，也叫逻辑强调音，是不受语法限制而由句子的潜在含义所决定的。如"我是肇庆人"这句话，没有特殊的意思时是重读宾语"肇庆人"。但如果把重音放在"是"上，重点就在于强调你是肇庆人，不是其他地方的人。

（3）感情重音。是借助音色的强弱来表现爱憎、喜忧等各种情感，它主要以作者的情感、态度为主导。

二、朗读的停顿

停顿一般分为语法停顿、逻辑停顿和感情停顿。

（1）语法停顿。是根据句子的语法关系和标点情况而做的停顿。

（2）逻辑停顿。处理停顿，以强调某一事物，表现某一语义。如"一会儿翅膀碰着海浪，一会儿箭一般地直冲云霄，它/叫喊着……"（《海燕》），在"叫喊"一词前停顿，突出了海燕的喊叫，显示出海燕的英勇无畏。

（3）感情停顿。是为了突出某种感情需要，从而缩短或延长语法停顿的时间。"呀，他/什么时候……"（《老王》），显现出作者的惊愕。

三、朗读的语速

朗读的速度，就是指朗读时的语速。

朗读速度的快慢，是由作品的内容、形式的表达需求所决定的。语速一般可分为快速、中速、慢速三种。

四、朗读的语调

语调，是指为了达到某种表达效果，而在读音上表现出来的抑扬顿挫的变化。

语调一般分为升调、降调、平调和曲调。

（1）升调。语调由低而高，句末语气上扬。常用来表示疑问、反问、号召、鼓励、命令等。如"让暴风雨来得更猛烈些吧！"（《海燕》）升调，表示号召。

（2）降调。语调由高而低。常用来表示肯定、感叹、祈求、悲痛等。如"我不知何时再能与他相见！"（《背影》）表达了作者内心的感叹和惆怅。

（3）平调。语调高低变化不明显，平直舒缓，常用来表示庄严、严肃、悼念、冷漠等。如"仁厚黑暗的地母呵，愿在你怀里永安她的魂灵！"（《阿长与〈山海经〉》）表达了"我"对阿长深深的悼念。

（4）曲调。语调高低曲折变化。常用来表示讽刺、怀疑、双关、幽默、嘲弄或意在言外等。

总之，朗读教学作为语文教学的重要手段，应常抓不懈。教师既要注意加强朗读技巧的指导，更要注意在各个教学环节中灵活地运用和落实，让学生读之有法，读有所思，读有所获。

参考文献

［1］赵兵，王群．朗诵艺术创造［M］．上海：格致出版社，上海人民出版社，2008．

［2］伍振国，关瀛．朗诵训练指导［M］．北京：中国广播影视出版社，2018．

［3］叶圣陶，朱自清．精读指导举隅［M］．北京：中华书局，2019．

信息化教学类

信息技术在初中英语课堂上使用的探讨

江 波

【摘要】我国学者正关注如何使教育体系由侧重数量转变为侧重质量，倾向于形成更加个性化的学习方式，形成以创新能力为重点的更加多元化的课程设置，并在信息技术逐渐成熟的基础上以学生为中心的学习方式在任何时间、任何地点都成为可能的前提下，实现教师和学校的角色职能转换。

【关键词】侧重质量，信息技术，课堂容量，初中英语

教师的职能角色发生了变化，从传授知识转变为引导和支撑学生朝着广泛、深入、艰巨的学习目标迈进。信息技术可以用来辅助设计全新的整体教学过程和交互性、个性化的训练方式，它把教师的教学过程和学生的学习过程紧密地融为一体，促使教师对教学构想产生新的创意，促使学生改变传统的被动学习方式，形成教师、学生、教材和教学方式的新组合。笔者认为，信息技术在英语课堂中具有以下优势：

（1）使学生能接触一些比本地区学校所提供课程更加广泛、丰富的课程。例如，在教授人教版英语七年级"Unit 3 Crossing the river to school"这篇课文时，我找了一些山区学生用索道上学的视频给学生看，学生看到这些视频，不但更容易理解课文，也能更多他们无法亲身感受的状况。

（2）延长了学习时间，摆脱了教学工作日或学年等传统学习时间的限制。因为疫情的原因，学生不能回校上课，教师通过录制网课，让学生通过网络上课，完成作业。

（3）使评估和反馈能及时进行，而不必等待数天。在用智慧课堂模式上课的设计中，这个优势分别体现在预习和查漏补缺这两个方面。例如，当笔者要讲一般过去时的时候，先进行第一轮备课，通过网络给予学生几道相关的练习，通过反馈的情况，进行第二轮备课。

（4）使课堂的容量增加了，也可以使授课内容更生动，使学生印象深

刻。如当笔者要讲授现在进行时的时候，先让学生带着任务欣赏一首英文歌"Lemon Tree"的动画视频，任务就是把歌词中有现在进行时的句子记下来。看完第二次以后，公布答案。通过这些句子，让学生自己总结两个知识点：①现在进行时的结构；②现在分词的构成规律。最后，再给几道题加强巩固一下。这样一来，学生很感兴趣，也进行了查漏补缺。

在课堂上运用信息技术的几点反思：虽然信息技术给课堂带来了前所未有的便利和优势，但在实际使用中，还存在不少问题，其中一个问题就是"度"的问题。笔者认为，课堂上的"度"有三个方面的考虑：一、每节课呈现出来的内容有多少？二、是不是每节课都只使用多媒体？粉笔是不是要扔掉了？三、如何更合理使用各种平台？

基于以上思考，我认为，对课堂上的"度"应该注意以下方面：

一是每次呈现出来的 PPT 内容不要太多，字体要够大，颜色对比度要大，背景不要太花。

二是在上课的过程中，很有可能会遇到一些临时出现的问题，所以，还是应该有一支粉笔或者运用屏幕上的书写功能，随时根据课堂上的情况做信息的补充。笔者多数在引入新课和讲授、总结语法点时大量使用多媒体。这样可以提高课堂的趣味性，增加课堂容量。

三是使用平台进行测验和布置作业。现在有很多 App 都可以进行测验和检查作业了，如"一起中学""爱学""口语易"等，甚至 QQ 里都有布置作业的功能。这些平台都有各自的优缺点，教师可以根据学生的需要选择不同的平台作为课前课后的辅助工具。

总而言之，一个新时代的教师需要具备各种能力，尤其是对多媒体的使用能力，否则很容易被淘汰。

参考文献

[1] 刘美凤，康翠，董丽丽. 教学设计研究：学科的视角 [M]. 北京：北京师范大学出版社，2018.

[2] [美] 斯图尔特. 面向未来的世界级教育：国际一流教育体系的卓越创新范例 [M]. 张煜，李雨英子，张浩然，译. 杭州：浙江人民出版社，2017.

古今相碰，迸发"智慧课堂"新火花

——以《核舟记》为例浅谈新技术支持下的初中文言文教学

胡婉冰

【摘要】本文通过笔者在初中语文阅读教学的具体实践，以《核舟记》为例，探索新技术与初中文言文教学的深度融合，阐述师生在课前、课中和课后三个环节可采取的科学行为，学生如何在新技术的支持下进行文言文学习。

【关键词】智慧课堂，文言文教学，新信息技术

文言文阅读占了初中教学内容的半壁江山，语文教师往往要花费大量的时间去教授文言文字词，还要落实、巩固。有没有什么方法可以提高文言文阅读教学的效率，解决不同层次的学生对文言字词句不同的学习需求呢？于是，笔者就在我校的"智慧课堂"班级开始尝试新技术和文言文教学相融合的课堂模式。

一、课前推送学习资源，学生自学疏通文意

在教授部编版教材八年级下册第三单元的文言文《核舟记》时，笔者在课前通过"爱学"平台发布学生自主学习内容，推送关于该课文言字词和翻译的微课，让学生自主学习《核舟记》，完成相关测试题。笔者在综合分析这些数据后，进行二次备课，选取得分率较低的题目，有针对性地进行评讲以及巩固。借助新技术，定向推送学习内容和测试题目，有助于学生知识与技能的获得，优化学生的课堂学习过程，提升学生的学习效率。

课前推送微课，基础较好的学生可能看一遍就掌握了知识，基础较差的学生可以反复看几遍，这样就不会出现部分学生对老师讲的内容还没有掌握好，但老师的讲解已经一闪而过的情况。学生可以借助新技术，自己回放微课，甚至是教师上课的视频，复习课堂知识。

二、课中小组合作交流，深入探究鉴赏细节

在新技术的支持下，教师不仅仅可以课前击破文言文教学难点，还可以把枯燥的文言文上活。因为在课前解决了文言字词，师生就可以有更多的时间在课堂上探究课文，学生展示学习成果。如《核舟记》这一课，笔者用课本剧的形式以小组为单位检测学生对课文内容的理解，枯燥乏味的文言文讲解就在这课本剧中悄无声息地完成了。接着，笔者布置学生利用平板电脑上的绘画功能绘制思维导图，借此总结归纳全文的结构、把握课文的说明顺序、理解作者的文思之巧。

三、课后上传学习成果，巩固内化课本知识

课后笔者布置学生根据所学的课文内容，让学生动手"画"核舟，感受核舟所用桃核之小，发挥想象，生动地呈现核舟各个部位所刻的事物、人物的神态、动作等，体会王叔远的技艺之高。学生可以在家把自己手绘的作品上传到平台，笔者可以直接对每个学生的作品做出点评。学生之间也可以投票选出最佳作品。

教师应用新技术让学生得到学习方向和程度的调整，让学有余力的学生扩展思维空间，提高分析与解决问题的能力。

如何保证每个学生认真观看学习老师课前发布的微课，而不是随便播放完就敷衍了事，这也是一个值得思考的问题。在课堂上进行学习成果的展示的时候，如何保证所有的学生都参与进来，而不是仅有少数的学生进行展示，其余学生只做看热闹的观众。还有学生在完成自主学习任务的时候，如何在网上海量的信息中学会提取加工，形成自己的答案，而不是直接复制粘贴，这些都需要广大教师不断去思考、探索、实践。

参考文献

［1］寿彤军. 基于网络环境的中学语文阅读教学模式研究与设计［D］. 南京：南京师范大学，2004.

［2］李永健，律原. 我国在语文教学领域运用信息技术的初步成果［J］. 语文建设，2002（1）：45－46.

［3］刘邦奇. "互联网＋"时代智慧课堂教学设计与实施策略研究［J］. 中国电化教育，2016（10）：51－56，73.

［4］卞金金，徐福荫. 基于智慧课堂的学习模式设计与效果研究［J］. 中国电化教育，2016（2）：64－68.

［5］刘小兰. 信息技术环境下初中语文阅读翻转课堂教学的研究［D］. 成都：四川师范大学，2014.

聚焦智慧课堂密码，让初中生对地理课上瘾

——以区域地理教学为例

温美玲

【摘要】总结出"一堂好课"的"10个标准""20字教学准则"以及6个智慧"密码"。共有"抽丝剥茧、探本穷源、大显身手、满怀憧憬"四环节。

【关键词】智慧"密码"，区域地理，20字教学准则

现代教师身兼数职、工作量大，这导致了教师既要管理班级，又要研究教学。信息技术的出现，带来了"智慧课堂教学"。本文聚焦智慧课堂密码，让初中生对地理课上瘾。

一、"抽丝剥茧"：精准分析初中地理智慧课堂教学现状

在"互联网+"与新课改的推动下，更多人研究智慧课堂，地理学科也不例外。教师要找到智慧课堂的"密码"，让初中生对地理课"上瘾"，才能培养出满足新时代、新社会要求的新人才。

二、"探本穷源"：挖掘初中地理课堂的智慧"密码"

智慧课堂有几个关键词：学生主体、先学后教、以学定教、教学相长。智慧课堂的教学方式为：学生"独学"→"对学"→"群学"，"教师"→"导师"，"学会"→"会学"。智慧课堂应符合"一堂好课"的"10个标准"：依纲据本、问题情境、因材施教、料足且精、深入浅出、讲练结合、温故知新、学生主体、知识内化、重视反馈。因此，6个智慧"密码"就是：课前任务、新技术设备、教学过程、学生主体、教学评价、教学总结。教师可以用真实的、生活化的"问题串"为情境，也可作为课堂"主线索"统领贯穿整节课。

智慧课堂的核心是"学生主体"，课堂上组织多样有趣有效的课堂活动，如作品展示、课前演讲、角色扮演、现场演练、活动探究等，尽可能

使更多学生参与其中，可以是学生个人、小组、组间或全班的形式。智慧课堂教学内外的教学评价务必及时，评价时最好具体化、可视化、多元化、制度化。教师除了简单地评价对错和分析原因外，也可以用数据平台提供的数据给予学生恰当的评语、加分或点赞，尽可能运用平台或系统里的小工具，最大限度地刺激学生的学习热情与兴趣，更持久地保持学生的学习动力。

教师可以用"边导、边讲、边板书"的方式和简明且有"痕迹"的板书设计（如"思维导图、概念图"），对一节课的知识脉络进行梳理，再以"当堂消化"的即时练习或学以致用的"学练结合"检测学生所学，让地理智慧课堂的教学效益达到最大化，给学生的学习留下"痕迹"。

三、"大显身手"：以区域地理为实践案例

下面以七、八年级地理的区域地理为实践案例，探讨初中地理智慧课堂的构建。

教学环节主要包括学生展示（位置范围）、难点剖析（位置特点与自然环境间的关系）、总结巩固、随堂小测。学生在平板电脑上作答，教师第一时间得到反馈数据。通过分析"课前任务"数据，对重点知识部分采取"抽问""抢答"形式加以巩固。另外，反馈数据显示"位置特点与自然环境关系"这一部分掌握效果不理想，教师就为学生提供"私人订制"的答案，此为本课教学难点。据此，教师先引导学生如何分析，再以小组合作探究展示的方式让学生互帮互助，把学生的优秀作品展示出来，增强学生的学习积极性。接着，用活动巩固本课重点、用随堂小测进行学练结合。最后，用关键词板书加上"轮廓简图"板画的方式组合成本课的板书，理清一节课的知识脉络，达到预期效果。

四、"满怀憧憬"：总结与展望

智慧课堂教学优势多，重点是教师要在最大限度保留传统课堂教学模式的精华，向"新技术"借力，用心组织好一堂地理课，努力向"10个标准"看齐。凭借6个"密码"和初中地理课堂教学的"20字教学准则"：紧、明、显、破、当、育、适、懂、新、合、丰、清、简、精、深、重、规、效、准、恰。成就一节优质的初中地理智慧课，凸显地理课堂的"质感"！

参考文献

［1］陈澄. 地理课堂教学设计［M］. 上海：华东师范大学出版社，2001.

信息技术与初中数学课堂的有效融合

麦少雄

【摘要】现代科技飞速发展，教师也应该紧紧跟随时代的发展，创新教育模式，让科技走进课堂。初中数学开始注重锻炼学生的数学思维，为将来的复杂数学学习打下基础。

【关键词】信息技术，初中数学，有效融合

数学知识本身比较枯燥，是令学生比较头疼的学科，但将信息技术引入初中课堂教学，则可以使原本枯燥的数学内容变得有趣起来，同时还可以丰富课堂教学内容，吸引学生注意力。因此，数学教师应该积极主动地探索新的教学方法，不要局限于传统的教学手段，运用信息技术，给学生展现出一个崭新的数学课堂，提高教学效率。

一、信息技术的优势

（一）信息技术能优化教学内容

新课程强调了"以学生为主体"的新教学理念，在设计数学教学内容时要以学生为中心，开展课堂教学。上课时，教师不再一味地灌输知识，而是给予学生时间和空间，教师起引导作用，让学生自主挖掘教材，学习知识，所以，教师应该合理地运用信息技术。

（二）信息技术能帮助学生学习新知识

知识呈现的方式不同，学生对知识的印象就不同，对于数学来说，尤为如此。

（三）信息技术能帮助培养创新意识

信息技术可以有效地帮助学生储备不同类型的数学题目，形成数学知识系统。信息技术有丰富的教学资源，在课堂上教师可以结合信息技术将数学知识以各种形式展现出来。

（四）信息技术有利于提高学生的逻辑思维能力

在课堂上，数学教师可以利用信息技术提高学生的逻辑思维能力，将原本抽象的数学知识直观呈现，降低学习数学的难度，促进学生的抽象思维的发展。

二、信息技术的应用

（一）强化教师信息技术，提高计算机运用能力

以往的初中数学课堂强调解题，不注重学生对数学知识的理解，教师只能依靠教材解题，无法将自己的教学观念融入教材，采用信息技术，教师能将教学观念融入课件，提升教学效果的同时，也提高了教师信息技术的运用能力，有利于学生对数学知识的理解。

（二）增加课堂信息容量

信息技术结合数学的教学手段能有效地扩展教学内容，加快学生的理解进程。信息技术一方面增加了课堂容量，多媒体教学更加直观，给予学生直接的感官刺激，能强化学生记忆。

三、信息技术与初中数学课堂的融合实践

（一）"巧用"多媒体，突破教材难点

"巧用"的前提是数学教师对教材形成全面理解，首先要知道难点在哪，才能进行突破。如"二次函数图像"的教学，学生要掌握图形的旋转和平移，这也是此章节的难点所在。这时可以巧用信息技术突破重难点，不同于传统的黑板演示，幻灯片可以直观显示图形变化，加深学生理解，通过幻灯片演示抛物线顶点随着数值变化而变化的细节，能加深学生印象，配上教师讲解，从而突破难点。

（二）优化初中数学教学结构

多媒体课件的运用，能在学生头脑中形成一个"动态"变化过程，有利于学生想象力的发展，数学概念的形成重视推导过程，运用多媒体将这个

过程清晰地展示出来，有利于他们的思维的发展。

（三）教育资源的反复利用

信息技术还有环保的优点，因为信息技术的资源可以反复利用，不像传统的教学工具会用坏、用旧，还能节约学生时间，以往黑板上的板书学生可能没抄写完就会被下堂课的老师抹去，这不利于学生的知识积累。课件能通过存储知识点帮助教学，通过对重难点的反复训练，在一定程度上能提高初中数学的教学质量。

数学教师应该充分利用信息技术的优点，精心设计课件来不断提高自身能力进行数学教学。课堂上，要追求创新，寻找最适合学生的教学方法，帮助学生克服怕数学的心理，提高学生的数学能力。

参考文献

[1] 高让. 浅议信息技术在初中数学教学中的应用 [J]. 学周刊，2019（22）：137.

[2] 王娟. 信息技术在初中数学教学上的应用策略 [J]. 学周刊，2019（19）：143.

新技术支持下的初中数学个性化教学模式

林娟遂

【摘要】在高速发展的信息时代，数学教育面临着前所未有的机遇和挑战，本文主要研究初中数学教学模式与信息技术相融合下，如何发挥学生主体性，从而实现个性化教学模式。

【关键词】信息技术，个性化教学模式，"626"教学模式

目前信息技术不断发展，教师们的教学工具也在逐步优化。利用信息技术进行个性化的数学教学，既能锻炼学生自主学习的能力，还能培养学生独立解决问题的能力，提升学生的综合能力。所以，新技术支持下的个性化教学十分重要，它重视学生的个性化发展，教学过程突出学生的主体地位，因材施教，能发挥学生不同程度的思维能力，从而使得班级学生共同进步。

基于我校数字教材 2 + 2 + 2 模式，笔者提炼出初中数学"626"教学模式。2 + 2 + 2 指的是课前、课间、课后都分别要贯穿 2 个环节、2 项技术、2 种能力。数学"626"教学模式中"6"是指课前、课堂、课后的 6 个环节，即自主学习、过关检测、合作交流、展示自我、模仿出题、巩固练习；"2"是指 2 项技术，分别是"爱学派"平台、平板电脑；"6"是指课前、课堂、课后要融汇的 6 种能力，即会读、会疑、会写、会说、会悟、会仿。（如图 1 所示）

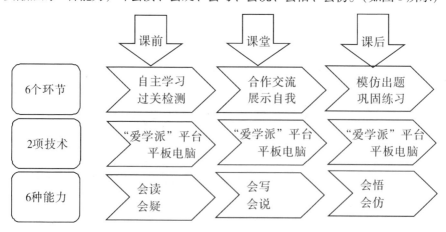

图 1 基于数字教材的"2 + 2 + 2"模式下的数学"626"教学模式

一、课前

在数学"626"教学模式中，课前笔者采用自主学习、过关检测两个环节，利用"爱学"平台的资源筛选微课，借助"爱学派"平台推送微课和发布过关检测单（以基础为主）。教师通过一次备课，在"爱学"平台布置前置自主学习任务，学生利用平板电脑登录平台完成前置任务，并提交疑问。通过"爱学派"平台统计数据，教师可以了解学生前置学习中对知识掌握的情况，结合学生测试的正确率进行数据分析，进行二次备课，在课堂教学中侧重对学生存在的问题进行讲解、释疑。课前学习主要是训练学生会读和会疑的能力，让学生通过自学带着疑问进入课堂学习。

二、课堂

在数学"626"教学模式下，笔者的课堂教学采用合作交流、展示自我的方式，使学生通过生生、师生之间的合作交流，更好地掌握知识。通过让学生做小老师，学生教学生，或者让学生上讲台讲题等形式来让学生展示自我，让学生在展示自我过程中获得成功的体验，其实就是训练学生会说的能力。教师巧用"爱学"平台的抢答、随机、限时答题和拍照上传等功能，完成课堂任务。学生除了会说，还要会写，能够通过掌握到的知识把解题过程完整地表达出来，解题书写的过程其实就是检查学生思维严谨性的过程，所以，课堂中通过巩固练习训练学生会写的能力。

三、课后

课后作业是在数学"626"教学模式下巩固学生掌握的知识。教师根据课堂学习的情况布置家庭作业，体现分层作业的思想，作业要有基础题、中等题、难度题，分别给待优生、中层生、优生这三个层次的学生完成，包括基础练习和模仿出题。模仿出题指的是部分拔尖的学生能够根据本节课内容模仿出一道相关的练习题，在教师审核后，利用"爱学"平台发布题目到平台上，其他同学利用平板电脑登录平台完成作业。

总之，个性化学习模式的主要目的是让学生在数学学习中充分展示自己的特性。优生充当小老师给组员讲解知识点，或上台讲题等；中层生能够主动接受知识；待优生能够在课堂上得到充分的辅导时间。每一个层次的学生在课堂上都有自己的目的与任务，在课后也有属于自己独特的作业和任务。

除此之外，教师还可通过个人汇报展示、拓展应用、数学小报制作等方式，在信息技术支持下更好地完善个性化学习策略，实现教学目标。

参考文献

［1］高文慧. 新技术支持下小学数学个性化学习策略探究［J］. 小学科学（教师版），2019（2）：49.

［2］房永俊，黄冠华. 数字教材在初中物理课堂中的应用研究：以复习课《浮力》为例［J］. 教育信息技术，2020（9）：65－68.

［3］付鹏鹏. 新技术支持下的个性化学习与教学刍议［J］. 中学课程辅导·教育科，2019（16）：20.

新技术支持下初中英语 LNTR 教学模式的探究

莫杵钱

【摘要】随着大数据、云计算、人工智能等新兴的媒介不断融入当今的教育教学，初中英语教学呈现很大的变化。在新技术的支持下，英语教学的变革与创新成了新常态。

【关键词】新技术，初中英语教学，LNTR

一、初中英语课堂教学的现状分析

（一）初中英语教学的阶段性

七年级主要围绕学生的兴趣开展，做好小初衔接；八年级要强化基础，严控分层；九年级侧重渗透考试技能兼顾初高衔接。因此，要做好教学的系统规划与精准调教。

（二）学生的多样性

七年级学生面对新的环境和知识，活泼好动；青春期与叛逆期叠加下的八年级学生，英语学习出现分化；九年级学生的压力大，易迷失自我。个体差异变化，为教与学的有效达成带来了挑战。

二、LNTR 的概念

LN（learning needs，学习需求），反映学习者在基于个人的认知能力、学习水平、自身需要等条件下对将要学习的内容或知识的需求；TR（teaching requirements，教学要求），教师基于课标和教学大纲，根据学生水平和教学进度而制定的授课目标。LNTR（learning needs and teaching requirements）合称"学习需求与教学要求"。

三、LNTR 教学模式的特点

（一）师生交集最大化

用网络平台或问卷星对学生进行调查，可反映学生的整体情况。学生是学习的主体，却很少主动提出要求。教师可引导学生提需求，共同促成交集最大化。

（二）个性与共性的合一

同龄学习者共性与个性的学习需求预测与整合是教师备课的必然考量。应用 LNTR 模式，可以掌握学习者的情况与需求，以便备课与教学。

四、LNTR 教学模式的实践探究

（一）课前准备

借助网络平台，如"爱学"平台、翼课网、"一起中学"App 等，对全班学生进行学习摸底，也可通过测试来检验学生的预习情况，从而进行二次备课或连环备课，把需求、教材、目标、活动等进行系统整合。

（二）课中开展

教学现场瞬息万变，驾驭能力和临场应变是对教师的考验，也是对 LNTR 模式的考验，如学生提出预想不到的问题和意见，应该让其向全班展示，共同探讨。

（三）课后延伸

课后，通过学习平台对学生进行学习的检测，既巩固所学，又发现问题，对比课标要求、教学大纲、教学达成率，弥补差距，大大改进教与学。

五、LNTR 教学模式存在的不足

（一）参与率、完成率、达成率

多次的学习需求的调查，发现仍然存在一些问题，如学生参与率低，影

响参考数值。另外，即使课堂教学贯穿甚至已经照顾到大部分学生的需求，但有限的时间内未能促使学生获得成效，这就影响了教与学的预期达成。

（二）需求与要求的多样化

当 LN < TR 时，说明学生对知识的掌握度不高，这就要教师放慢授课进度和降低要求。当 LN > TR 时，说明学生对知识的掌握已达到相当的程度，要求教师提高教学要求，对知识进行整合和拓展。

六、关于 LNTR 教学模式的后续思考

尽管 LNTR 模式遇到挑战，但不意味其无效或失败，应持续探索，不断挖掘有用信息，转化成教学资源，更好地服务教学。在前行中，争取形成可行的 LNTR 教学模式的相关标准，如执行标准、评价标准等，鼓励更多人尝试和创新，提升价值和推广。

英语教学的改革与发展永远是进行时。LNTR 教学模式还需不断尝鲜试新，才能持续发展和丰富，才能为初中英语教与学带来更多实惠。

参考文献

[1] 中华人民共和国教育部. 义务教育英语课程标准（2011 年版）[M]. 北京：北京师范大学出版社，2012.

[2] 沪浙两地英语课例研究项目组. 听诊英语课堂：教学改进的范例 [M]. 北京：教育科学出版社，2009.

[3] 柯清超. 大数据与智慧教育 [J]. 中国教育信息化，2013（24）：8-11.

借助翻转课堂模式，提高语文复习课的效率

苏宝琴

【摘要】语文复习课课型的教学内容相对独立、完整。但复习课的信息量大，常规的复习课教学模式较为陈旧，师生之间的交流很少、单一。利用翻转课堂模式开展复习课，学生能化被动为主动，有效地提高语文复习课堂的效率。

【关键词】翻转课堂，语文复习，小组合作，小说知识点，教学效率

新课改强调，以适合学生知识与能力发展的方向开展教育活动。翻转课堂的模式，借助小组合作的形式，有利于学生自主学习能力的提升，有利于高阶目标的实现。语文复习课，信息量大，常规复习课模式通常比较陈旧，师生之间的交流极少、单一，学生的学习能动性较低。为此，在语文复习课上尝试运用翻转模式，能极大地调动学生的自主学习能力，有效地提高课堂的效率。笔者就借《泥人张》一文进行小说知识点的复习，以此课为具体案例来谈谈如何使用翻转模式来提高语文复习课的效率。

一、课前学习任务注重强化学生的问题意识

预习任务要具体细化，并为课堂实现高阶目标做好铺垫。笔者设计的课前任务如下：学生以这篇小说为文本设计两个问题（参考小说的考点设计），把问题提交在网络平台上，并把所设计的问题的答案写在学案上。

学生在网络平台上反馈的问题能关注到了小说考查的难点——表现手法。虽然还不能很好地关注到细节，但是说明学生在上课前是带着问题意识的，可见课前铺垫得比较成功。

由此，本节课的目标就可以往高阶目标前进了——训练学生的思维，开阔学生的欣赏视野。

二、创设学习情境，有层次地设计活动

归纳学情后，创设有效的学习活动，解决教学重难点。

（一）学习任务一

"人物素描式"话题讨论。学生小组合作，交流并写出"泥人张"的形象特点；以"泥人张是一个＿＿＿＿的人"句式说话，小组代表发言。这一活动就是让学生明确对人物形象的分析是以事例作为支撑的，学会用精准的词语（雅词）来概括。

（二）学习任务二

"课文概说式"话题讨论。学生小组合作，交流并写出本文的主要内容；小组代表发言。在这个环节上，发现学生基本上都是从"内容"的角度来概说的，为了让学生得到更大的训练，继续创设活动——从以下角度进行课文的概说：从"情节"的角度概说，从"主题"的角度概说。

这一活动，不但训练了学生概述的能力，还拓宽了学生进行内容概述的角度。

（三）学习任务三

"手法探究式"话题讨论。学生小组合作，交流组内设计的问题，确定小组对本文一种技法的欣赏，并写出关键词，然后通过分析把见解表达出来。学生的展示概况如下：

（1）"对比"的技法。

（2）"正侧面描写"的技法。

（3）"悬念"设置。

（4）"伏笔与照应"。

至此，学生已经能把常见的技法分析出来了，教师此时顺势往"青草深处漫溯"。创设最后一个活动——深化"手法探究式"的话题：

A. 人物的"出场"。

B. 小说的"场景"设置。

C. 本文的"空白艺术"。

D. 本文的"穿插手法"——众人的反应。

学生自选其中一个话题，赏析作者的写作技法。

最后一个活动任务的设计，补充了小说阅读鉴赏的更多角度（即美点的寻踪），开阔了学生欣赏的视野。

三、课后作业延伸，巩固学习成果

能力落实在运用，课后布置学生完成一份作业：根据这节课所学，给《泥人张》设计四道考题（并附上答案），注意难度层次的区分。

这个作业的设定，就是为了让学生再次回顾所学，通过设置考题及答案，提高应试能力。

借助翻转模式，既可改变学生的学习方式，又有效地提高语文复习课堂教学的效率。

参考文献

[1] 郑西银. 阅读教学的智慧 [M]. 太原：山西教育出版社，2015.

[2] 中华人民共和国教育部. 义务教育语文课程标准（2011 年版）[M]. 北京：北京师范大学出版社，2012.

育人管理类

浅谈待优生教育的 "钻心术"

梁亭婷

【摘要】在班级管理中，待优生的教育问题是初中班主任经常要面对的棘手问题。怎样做好待优生的教育工作，是一线教师，特别是班主任必须认真对待和研究的课题。

【关键词】待优生，教育，"钻心术"

苏霍姆林斯基曾说过："从我手里经过的学生成千上万，奇怪的是，留给我印象最深的并不是无可挑剔的模范生，而是别具特点、与众不同的孩子。"待优生就是别具特点、与众不同的孩子。这与众不同的群体，更需要教师将更细腻的爱给予他们，让他们在爱的氛围下有"安全感"地转变、成长。下面，笔者浅谈一下待优生教育中的一些"钻心术"。

一、走进待优生的内心世界，增加"感情投资"，进行有效沟通

待优生们常常会有一种矛盾心理：怕被别人看不起，却又想得到理解和信任。根据待优生这一心理特点，首先要花心思去亲近他们，给予他们更多尊重，更多的"感情投资"，从而建好转化的起点，使待优生们增强转化的信心。在2011届学生中，有一个男生是典型的"双差生"。对他进行教育时，他要不冷漠到底，要不唇枪舌剑，根本打不开沟通之门。为此，笔者就先增加"感情投资"，笔者从班里和他要好的学生入手，了解到他在班里的人缘不错，因为他很讲义气，然后向他家人了解他的优点。清楚了这名学生的基本情况后，就找机会叫他来办公室帮忙数试卷等，顺便聊天谈心，同时不失时机地列举他的优点，让他感受到老师是关心他、了解他的。通过这样的"感情投资"，就算他种种后进表现不能根除，但至少能听班主任的话，恶劣程度能有所降低。

二、利用闪光点温暖待优生、激发待优生

不管是多差的待优生都会有自己闪光的一面，只是这需要教师去挖掘，并让他的闪光点可以持续展现出来。2014届学生中，有一个男生初一入学时语文分数才17分。该生上课时基本是分神状态，有不少小动作，上交的作业字迹潦草，时不时还缺交作业。有一次上课，可能讲到他感兴趣的话题，他听得特别认真。一留意到这个好苗头，我立即在全班同学面前表扬他的专心。接下来，我一看到他某方面进步了，就加大力度表扬他。比如，看到他的作业做得相对整洁，就在作业本上写几句表扬的话。慢慢地，他的学习态度转化了，学习成绩也有了好转。简言之，利用好待优生的闪光点，能钻进待优生经常不受待见的心并温暖它，让他有能量向"优秀"靠拢。

三、以优生带差生，优差共进

教师不管怎样关爱学生，精力总是有限。所以，学生之间的帮助是很有必要的。在2014届的学生中，班里有四个女生经常一起做一些违反班纪校规的事。为了拆散这"四姐妹"，笔者尝试了怀柔政策、铁血政策，效果都不太明显。后来有一次发现"四姐妹"中的大姐和班里的卫生委员挺聊得来。我灵机一动，要淡化"四姐妹"的友情，需要注进新的血液。于是安排"大姐"和卫生委员做同桌，同时交代乖巧懂事的卫生委员课间时主动拉"大姐"一起行动。有时安排班里的一些任务，也特意安排她们俩在一起。过了一段时间，又打听到"二姐"和女班长聊得来，然后如法"拆散"。

待优生的教育工作不是一蹴而就的事，在教育过程中，待优生的转化会反复，这是正常的，是进步中的曲折，不是徒劳无功。教师可以从"钻心"出发，以关爱、赏识唤醒待优生的"向优心"，以真心、宽容激发待优生的进取心，引领他们更健康地成长。

参考文献

[1] 范才生，钟志贤. 素质教育：中国基础教育的使命［M］. 福州：福建教育出版社，1997.

[2] 李如密. 教学艺术论［M］. 济南：山东教育出版社，1995.

[3] 陶行知. 陶行知教育文选［M］. 北京：教育科学出版社，1981.

〔4〕苏霍姆林斯基. 苏霍姆林斯基给教师的建议〔M〕. 北京：教育科
学出版社，1999.

用传统文化启迪初中生的感恩之心

施晓娜

【摘要】学会感谢、知恩图报是中华民族的传统美德。中国传统文化中蕴含许多感恩的思想，这是培养学生感恩之心的好途径。

【关键词】传统文化，感恩教育，感恩意识

中学生处在青春期，易对身边的人和事形成逆反心理，对他们进行感恩教育，培养他们的感恩意识，让他们用一颗感恩之心对待他人和社会，这对他们的终身发展大有益处。

传统文化教育中有很多关于感恩的故事、诗词等，是教师教导学生很好的资源，让中国传统文化渗入教学中，潜移默化影响学生，帮助他们常怀感恩之心。

一、传统文化入课堂，启发学生的感恩意识

语文课堂是笔者通过传统文化渗透感恩教育的主阵地。下面以语文课文附录中的《卫风·木瓜》为例：

笔者在指导学生疏通文意的基础上还设计了如下的教学步骤：①引导学生寻找文中含有感谢之意的词句，并大声地、有感情地诵读文本，谈谈自己的感受。②结合生活实际，谈谈我们应该感恩谁，如何向对方表达感谢。③朗读范文《妈妈的发》。④请以"我的父亲（母亲）"为话题，写一篇文章。

学生通过背诵课文，赏析范文，逐渐和课文产生了共鸣，许多学生写下了感人至深的文章，有的学生回家后还帮父母刷碗、打洗脚水、泡茶、按摩等。

二、传统文化融入校园生活，让学生践行感恩

（一）利用中国传统节日进行多形式的感恩教育活动，让学生在活动中积蓄感情

开展各种传统节日感恩教育的特色课程，使孩子体验中华民族辉煌历史，洗净灵魂，培养感恩价值观。开展"缅怀先烈"活动；儿童节，到福利院探望孤残儿童；教师节，让孩子们对自己的教师大声表达感恩；中秋节，开展"团团圆圆一家亲"的活动；重阳节，邀请爷爷奶奶、外公外婆到班里来参加活动；等等。

通过开展各式各样的活动，让学生知道节日的由来，获得感恩的源头，在活动中积蓄感情，并勇敢地表达情感。

（二）把传统文化延伸到家庭和社会，让学生把感恩付诸行动

进行中国文化教育，并不能只是要求孩子们背诵一些古诗、抄几篇文言文，而应让他们把对传统文化的理解和吸收落实到行动。

比如寒假时布置学生记录自己与家人做的与传统文化有关的事，通过手抄报、心得分享等方式来收集，制作 PPT 来交流和分享。学生和家人一起做了很多有意义的活动，还用自己的压岁钱购买礼物送给长辈，家长和孩子一起购买礼物送给社区的孤寡老人。

通过这些活动，学生不再认为传统文化就是背书写字，感恩教育也不再是简单说一句谢谢你，而是在人与人的情感交往中，把自己内心真实的情感表达出来，化为行动。

三、用传统文化启迪感恩之心要注意的问题

（一）教师要做"感恩"的好榜样

教师们不但要好好发掘中国传统文化教育中的感恩教化成分，还要紧密联系社会实际和中小学生的思想现实。古语云，"亲其师，信其道"，教师言行一致，以身作则，使学生在环境中耳濡目染，接受潜移默化的教育。

（二）感恩教育需要关爱孩子

现在的孩子的自主能力明显增强，特别渴求表达"自我"，希望获得认同与接纳。教师只有真正关爱学生，他们才会走近教师。有这样一句话："只有用爱来交换爱，用信赖来换取信赖。"因此，教育工作者应当理解、关爱、了解学生，沟通不仅是知识上的沟通，也是情感上的沟通，双方彼此理解，感情才能沟通，内心才能产生共鸣，他们才不会觉得是被说教，才不会从开始就有排斥心理，而是实实在在地接受感恩教育。

综上所述，教师可以充分运用中国传统文化教育中的感恩教育的教学资源，使学生从中国传统文化教育中受到感恩教育的熏陶，从而引领学生学会感恩、知恩、报恩、施恩，从而促使学生全面成才。

参考文献

[1] 陈昌兴，刘利才. 论中国传统感恩文化及其当代感恩教育意义 [J]. 青海社会科学，2008（1）：194 - 196.

[2] 饶雅怡. 高中生感恩教育课题探讨 [J]. 基础教育，2016（7）：110 - 111.

古诗专题教学中渗透传统文化教育的途径

陈双超

【摘要】古诗专题教学具有探究性、开放性、综合性的特点，既有利于学生传统文化素养的提高，又有利于学生开展自主、合作、探究的学习活动。

【关键词】古诗，专题教学，传统文化

《义务教育语文课程标准（2022 年版）》强调，语文的教学过程要让学生"认识中华文化的丰厚博大，吸收民族传统文化智慧"。古诗是语文学习的重要组成部分，如何在古诗专题教学中渗透传统文化教育，这是语文教师在教学中应认真思考、积极对待的严肃问题。

一、重视吟诵，在古诗专题教学中体悟文化意蕴

古典诗歌是我国古代文人抒写生命感悟、彰显个人情怀的常用文体，极讲究字声、音韵、节奏和句式，具有典型的抒情性和音乐性。学生吟诵得法，将有助于感受诗歌所具有的强烈的声律美，欣赏诗词的意境美，理解作者的情感美。

在古诗专题教学中，教师可以让学生吟诵同一题材的诗歌，如吟诵《出塞》《使至塞上》等边塞诗，感受情感，体味蕴意。同类题材古诗的吟诵，是对学生潜移默化地进行民族精神熏陶的过程，学生有了系统化的积累，对这类诗歌的韵味就会牢记于心，更好地体悟文化意蕴。

二、创设情境，在古诗专题教学中积累文化底蕴

情境的精确创设，能够让学生迅速集中注意力，调动品赏的兴趣，迅速融入古诗的意境，进入新课学习的最佳心理状态。在教学中，通过现代科技与传统文化的精彩对接，构建出一条无形的时空隧道。学生穿过它，便可捕捉到古典诗词闪烁千年的异彩，从而进入传统文化的美妙境界。

如开展含有意象"花"的古诗专题教学，可以课前准备颜料或图片，学生即可画出一幅或灿烂如霞，或洁白似雪，或恬淡若水的画，以此导入本

专题诗歌的赏析。每幅画可以对应哪句诗歌？诗歌的内涵是什么？不同的"花"分别代表什么情愫？教学中不妨以作品的特色设置情景，教师鼓励学生，用丰富的色彩、多样的线条将无形的诗词形象变成有形的视觉形象，在生动有趣的情境中，领悟文字的内涵，体会意境的奇妙，感受传统文化的魅力、积累底蕴。

三、丰富课堂，在古诗专题教学中挖掘传统文化内涵

专题教学的设计要求课堂形式多样化，而恰当运用好古诗专题教学的多样性，有益于挖掘其中的传统文化内涵。

这是由于古诗专题教学，要求学生会筛选、懂整合、识品位。比如，"送别诗"专题的教学中，小组合作探究，选取诗歌，结合吟诵、绘画、配乐朗诵、注解品读、制作 PPT 等多种方式赏析，能丰富课堂。此过程锻炼了学生的联想和想象能力，让学生把握诗意，挖掘传统文化中"厚德载物""思乡重情"的内涵。

四、趣味积累，在古诗专题教学中提升传统文化素养

开展趣味积累活动，不仅可以有效帮助记忆古诗，还可以加深对古诗的理解。在以"古诗中的多彩年味"为专题的教学中，引导学生积累关于过年的古诗，如"爆竹声中一岁除，春风送暖入屠苏"。或开展古诗趣味问答专题学习，如提问最贵的书信："烽火连三月，家书抵万金"；最大的瀑布："飞流直下三千尺，疑是银河落九天"。

另外，让学生行飞花令或观看《中国诗词大会》，这些专题学习均能鼓励学生拓宽视野，注重古诗词的浸润，让学生通过体验古诗的思想情怀，提升传统文化素养，陶冶情操。

在古诗的专题教学中弘扬中华民族优秀传统文化，是中学生学习传统文化的良好契机。把传统文化的精髓有层次、有系统、有广度、有深度地渗透在古诗专题教学中，内化在学生的精神中，皆因优秀的传统文化随着时代的发展依然绽放着精神之花、民族之魂，也是语文教学不断探索的神圣命题。

参考文献

[1] 邢瑞霞. 语文研究性学习的实践与反思 [D]. 兰州：西北师范大学，2004.

［2］余映潮. 余映潮中学语文古诗词教学实录及点评［M］. 北京：中国人民大学出版社，2017.

［3］黄荣华. 中学古诗词鉴赏十讲［M］. 上海：东方出版中心，2017.

浅谈班主任如何发挥在家长群的主导作用

程少霞

【摘要】家长群是班主任与家长沟通的重要桥梁。班主任在借助家长群与家长沟通的过程中，应该发挥好主导作用、坚定自己的立场，以主人翁的态度主动承担本职责任，用智慧解决难题，有底气地把握好主动权、收放自如，才能充分发挥班主任的主导作用。

【关键词】班主任，家长群，沟通，主导作用

班主任在借助家长群与家长沟通的过程中，必须发挥好主导作用，才能让家长群更好地为工作服务。

一、有立场，做好主人

班主任既然是一班之主，就要树立主人翁意识——"我的地盘我作主"。家长群该用 QQ 还是微信，是笔者在 2017 年新生家长会前纠结的一个问题。笔者反复斟酌，最终新建了一个家长 QQ 群，会上有家长提议建微信群更方便，笔者便将之前考虑的问题一一向家长阐明，细说 QQ 群的优势，家长们听完都表示赞同。最终，全班家长都积极加入了 QQ 群，该群也成了班级有效沟通的平台。2020 年疫情期间的网络学习，该群更是发挥了不可或缺的作用，成为网络学习的主要平台。

当然，做好主人翁不是说与家长打交道时一定要什么事都自己作主，而是说班主任应该明确自己的立场，主动去承担自己该承担的事，解决该解决的问题。

二、有底气，收放自如

一次，一位家长在突然在班群发了一张图片并附了这么一条信息："尊敬的班主任：您好！我是×××家长，××这件衣服被背后的同学搞成这样……有心的话那就是校风问题，无意的话也应该有声道歉……谢谢您！"家长这段话，言语间十分客气有礼貌，但背后却是对班风和学风的严重质疑。笔者虽然心里不是滋味，也只能冷静应对，于是在群里对家长提出的内容一

一回应（此事白天已处理，但该家长与家人缺乏沟通，竟毫不知情）。最后还特意告知全体家长，希望以后学生个人问题可以私下与老师沟通。

军训时，笔者本来每天会拍些照片分享到班群，某家长在群里冒出来说："相片拍摄不是很专业，应该拍多一点特写……谢谢老师！"虽然言语客气有礼，可这一次，笔者既不解释，也没有按家长要求去做，而是从那天起不再发照片。因为拍照既不是笔者职责之事，更不是笔者专业之事，没有必要事事顺着家长。

上述事件，不可否认自己有做得不足之处，但不管是家长的合理诉求还是无理要求，笔者都能保有底气，从容应对，一是因为自己事先把工作做得比较足，二是因为明白自己的职责，该管必管，且要管好，不该管的不管。这样，才能在与家长沟通的工作中知轻重、明得失，收放自如。

三、有智慧，巧解难题

跟家长打交道，智不可少。建群不久，一位家长在某个周末晚上冷不丁地转发了很长的一段惊悚的文字到班群里。因为是周末，所以笔者到第二天上午才看到信息。约谈家长？删除信息？上报学校？思来想去，笔者觉得这问题还是得用"法"来解决。于是，笔者找到了相关法律法规，转发到班群，然后发了这么一段文字："请全体群成员认真阅读国家有关互联网群组使用规定的《互联网群组信息服务管理规定》，自觉遵守国家法律法规，营造健康文明的群组交流环境。谢谢！"一番操作过后，群里一位警察家长马上伸出大拇指。果然我的地盘还是等着我作主呢……说到底，这也可以算家长在考察班主任的能力呀！此后，班群环境非常清新。笔者庆幸自己平时关注了相关知识，没有在这样的事情上纠缠不清，而是对症下药，以法管群。可见用知识武装头脑，才能有智慧地解决难题啊！

综上所述，班主任在使用班群与家长沟通时，应明确自己的立场，以主人翁的态度主动承担本职责任，用智慧解决难题，才能有底气地引导班群思想动向，才能在班群中与家长沟通时把握好主动权，收放自如，充分发挥班主任的主导作用，达到理想的沟通效果。

参考文献

［1］中共中央网络安全和信息化委员会办公室，中华人民共和国国家互联网信息办公室. 互联网群组信息服务管理规定［EB/OL］. 2017 – 09 – 07. http://www. cac. gov. cn/2017 –09/07/c_1121623889. htm.

养成良好习惯， 成就未来人生

陈泽贤

【摘要】良好的习惯对于一个人的学习成长有着重要的作用，尤其是中小学生，养成良好的学习习惯不仅可以让学习事半功倍，还将终身受益。因此，培养学生养成良好的学习习惯是每一位教师的重要职责，而如何在教学实践中培养学生良好的学习习惯，是每一位从教者应该深刻探索的课题。

【关键词】中小学生，养成，学习习惯

著名教育家叶圣陶先生曾说："什么是教育？一句话，就是要养成良好的学习习惯。"良好的学习习惯可以激发学生学习的积极性和主动性。从事教育事业 10 年，笔者一直在探索如何在教学实践中培养学生良好的学习习惯，研究学生在学习习惯方面的成长和变化。

一、习惯养成表是良好习惯养成的有效手段

日常学习中，哪些习惯可以让学生的学习更加有效呢？教师可以在哪些方面更好地引导学生养成良好的学习习惯呢？我的想法是，在教学过程中，教师需要开拓新的教学形式，为学生提供科学有效的引导。

记得当时笔者刚开始接手一个新的七年级班级，笔者发现班里大部分学生在学习习惯方面存在问题。主要体现在：第一，常常不完成课前任务，答题敷衍；第二，没有主动记笔记的意识和习惯；第三，没有先梳理知识再写作业的习惯。

笔者认为，问题的根源是没有良好的学习习惯。结合学科特点和这部分学生的实际情况，笔者为学生制订了一张习惯养成表。习惯养成表针对读、查、画、记、问、听、做题七个方面的习惯做了明确的方法指导。例如，针对读，要求学生通过不同形式认真阅读教材，如大声读、轻声读、默读等，至少用每种形式读一遍。针对查，要上网查相关资料，理解它的含义，并在课本上标注。针对记，要求用色笔标记：红笔勾画关键句，画横线，记老师要求预习的问题；蓝笔圈关键词，写自己查阅补充的其他资料；黑笔记问题答案的页码，写教材的答案。

笔者要求学生将习惯养成表打印出来，张贴在课本前。前两个星期，每次放学后，笔者都会一对一地检查学生是否按照表格的规定完成课前任务和课后总结反思。当学生们初步完成"习惯养成表"规定的任务之后，笔者与这部分学生的家长进行了一轮电话沟通，要求他们每天在家中引导监督孩子按时完成课前任务和课后任务。

二、内在动机与外部激励双管齐下是关键

首先，发挥学生的主体作用，激发学生的内部驱动力。学生是养成良好学习习惯的主体，只有当学生在内心肯定了良好学习习惯的价值，并对其充满渴望时，才能充分激发自身的主动性。因此，要通过多种方法激发学生的学习兴趣，使学生充分认识到良好学习习惯的重要性，切身体会到好习惯带来的喜悦和成就感，从而提高学生的求知欲，提升其自信心。

其次，注重外部激励。一是要适当激励。适当的激励能够及时引导良好习惯的养成。教师可以综合采用精神激励、物质激励、目标激励、竞争激励、榜样激励等多种方式激励学生。二是要及时评价。教师要关注并记录每一位学生养成良好习惯的历程，及时反馈、引导和评价。及时表扬做得好和有进步的学生，发挥学生的榜样示范作用，对做得不足的学生，要多加提醒和鼓励。

笔者和学生家长们一起根据孩子特点制订了激励方案，目标激励与物质激励、精神激励相结合：一个月内按时完成每一节课的课前任务，七年级期中考试各科要及格，期末考试要比期中考试高 10 分。达到目标可以要求家长买一样喜欢的东西，老师在班里点名表扬作为精神奖励。

三、家校携手共促良好习惯的养成

日本教育家福泽谕吉曾说过："家庭是习惯的学校，父母是习惯的老师。"这道出了家庭在学生学习习惯培养中的重要作用。因此，教师要与家长就学生的习惯培养问题时常沟通，密切联系，共同关注学生的成长。针对班上后进生的情况，笔者通过家访、与学生谈话等方式了解到他们的家庭氛围特点、在家的学习习惯情况，然后根据这些实际情况制订了一份个性化的"家校合作清单"，标明老师需要家长配合的地方，真诚地争取家长的支持。

经过两年的培养，班上的学生已经成功地改掉了原先的坏习惯，而且各科成绩有了明显提高，在九年级的第一次月考中，我们班的总分进入了年级

前三，有了良好学习习惯的助力，学生在学习上收到了事半功倍的效果。

习惯的力量是巨大的，人一旦养成习惯，就会不自觉地在这个轨道上运行，好习惯会使人终身受益。所以，要培养学生的良好学习习惯，首先需要师生共同明确需要培养的良好学习习惯有哪些，还要明确每项习惯养成的指导方法。总而言之，养成良好的学习习惯，学习对学生而言就不再是繁杂无趣，而会变得简单高效、轻松有趣。

参考文献

[1] 林格. 教育，就是培养习惯（上）. ［M］. 北京：清华大学出版社，2007.

[2] 林格. 教育，就是培养习惯（下）. ［M］. 北京：清华大学出版社，2007.

[3] 贝克. 儿童发展. ［M］. 南京：江苏教育出版社，2002.

[4] 钟祖荣. 学习指导的理论与实践. ［M］. 北京：教育科学出版社. 2001.

浅谈班级管理中待优生管理技巧

刘银健

【摘要】要有效地转化待优生，需要从学生的心理动机出发，创造条件，不仅要身教言教，导之以行，更要因人制宜，因事制宜，一把钥匙开一把锁。

【关键词】待优生，心理，班级管理

绝大多数待优生的心理原因，一是拖延。他们可能会拒绝长大成人，他们可能需要永远地放弃某些人生道理，而利用拖延作为他们拒绝长大的庇护。二是意志力不够坚定。大多数人都觉得自己意志力薄弱——自控只是一时的行为，而力不从心和失控却是常态。三是"低成就"。教师要站在待优生的角度，从待优生的心理动机出发，充分考虑待优生的实际情况，分析待优生成长的需求，晓之以理，做到根据不同的对象采取不同的对策。

一、给自己一双慧眼，用心发现待优生的与众不同

晕轮效应，就是先入为主，这是普通人日常交往当中都可能存在的心理，并且这种心理总是在无形中影响着人的判断。对待待优生，教师必须要深入地、全面地了解他们，避免自己陷入"晕轮效应"，不管学生之前受到教师怎样的评价，都不要产生先入为主的观念，而是应该从与学生正式接触后，通过与他进行多次沟通，分析学生具有的特点以及评价他的德育水平，让自己与学生有一个平等对话的平台，才不会对他的一举一动因为自己的偏见而产生不恰当的判断，有了这样一双慧眼，教师才能真正因人而异、因材施教。

二、给自己一张巧嘴，用赞美语言浇灌心田

学生需要表扬，需要教师不露声色的点赞，这样可以让学生收获被肯定、被发现的喜悦，这样一种喜悦会因为内心的满足而化成不断积极向上的动力，从而促使学生在成长的路上不断地进步，不断地追求新的目标。而这一种目标的进步，不仅仅体现在行为习惯上，更表现在学习态度上。当学生

逐步养成良好的习惯时，教师还要不断地通过对他的关注来强化良好的行为，通过持续的强化来让学生真正养成良好的行为习惯，这样才能够让赞美发挥真正的效能。如批改作业，及时地写上"你今天的作业真棒！""今天你的字很漂亮！"等评语。

在此基础上，要对待优生或暗或明地表现出教师对他们恰当的期望，罗森塔尔效应表明，心智正常的人，都渴望得到别人的关心、帮助、热爱，特别是得到老师的看重，他就会有所不同的发展。教师对学生的积极期望，可以让学生树立起正确的人生观、价值观。

三、给自己一颗巧心，用锻炼解决拖延

对于待优生而言，他吸引别人眼球的做法，往往就是别人在学习时他不学，别人积极做事情的时候，他总是最拖延的那个。待优生拖延的主要原因，其实是害怕自己达不到教师设定的目标，害怕优越感会丧失，而这一切都是意志力的缺失，如何增强他们的意志力就成了重中之重。

四、给自己一支巧笔，用第二志愿引导方向

"低能力"是待优生的一大表现，它会让待优生陷入"失败—低成就感—无望"的恶性循环，这就要加强学生的自我效能，协助学生找出其学习的强项，并提供成功的经验，让他/她能够存有"我能达成"及"我要达成"的信念。这种信念，可以通过"第二志愿"来引导，并不是每一个人都能够实现自己的"第一志愿"，当学生的"第一志愿"遥遥无期时，可以通过"第二志愿"来增强学生的学习动机，因为寻找"第二志愿"的过程，实质上是对自己的一次再发现。

对于待优生，教育者要相信自己埋下的种子，自己精心施下的养分，终究有一天它会开出向阳的花朵。

参考文献

[1] 博克，袁. 拖延心理学 [M]. 蒋永强，陆正芳，译. 北京：中国人民大学出版社，2016.

[2] 麦格尼格尔. 自控力 [M]. 北京：中国文化发展出版社，2013.

第七章 课题研究成果

基于智能终端的个性化教学策略研究（节选）

林苑华

一、课题研究背景

目前，学界对教学个性化的研究已经取得了丰硕的成果。研究成果主要集中在两个方面：一方面是纯理论研究，主要从教育个性化与学科教育个性化角度进行研究，相关著作汗牛充栋，另一方面侧重实践研究，目前国内发表在各种教育教学刊物上的论文大多属于这一种。但是，对于教师教学个性化的研究不够全面透彻，还有进一步探索的空间，而且所做的研究主要侧重于理论层面，可操作性不强。但是，就某个学科的个性化教学策略的研究，还没有形成科学规范的体系。因此，在国家新课程标准的背景下，对学科进行个性化教学的实践研究有很大的空间，在教学领域可以进行更深入的探讨并可能取得新的突破，这正是本文的研究价值和实践意义所在。

二、课题研究目标

个性化教学应围绕充分、全面地发展每一个学生的个性这一目标展开，倡导适应学生个体差异和发展的多样性，相应地在教学情境的创设、教学手段和方法的选择、教学评价等方面都考虑学生的情感体验，发挥学生的主动性和创造性。力争通过本课题的研究，制定出个性化教学的基本策略，在我校原有"自主·合作·展示"教学模式、"翻转课堂"教学模式的基础上，引入平板电脑、手机、数字化平台等，探索一种基于智能终端的个性化教学策略，提高课堂教学效益，解决个性化教学中出现的问题，真正为教师的教与学生的学服务。

三、创新成果

基于智能终端的个性化教学策略研究形成"六个一"课题创新成果。

（一）一个个性化教学策略

"2＋2＋2"个性化教学策略：个性化教学策略是根据课堂的课前、课中、课后三个路径，每个路径设计2个环节，每个环节中使用2种技术支持，培养学生2种能力。

（二）一套教学论文集

形成了一套"基于智能终端的个性化教学策略研究"的教学论文集。

（三）一套教学设计和反思集

形成一套"基于智能终端的个性化教学策略研究"的教学设计和反思集，各学科根据实际，按照"2＋2＋2"个性化教学策略进行课堂教学设计，经过教学实践后，不断地结合学生的实际情况进行课程的设计调整，不断地进行反思，教师在反思过程中，不断地深化"2＋2＋2"个性化教学策略，提升自身的教学素养，最终形成教学设计和反思集。

（四）一套教学案例集

形成了一套"基于智能终端的个性化教学策略研究"的教学案例集，在基于"2＋2＋2"个性化教学策略下进行教学设计和教学实践的过程中，形成了成熟的教学案例。

（五）一系列成果汇报集

在开展"基于智能终端的个性化教学策略研究"的过程中，教师基于"2＋2＋2"个性化教学策略进行教学教研，开展各种各样的教学教育活动，将活动过程完整地通过公众号记录下来，既总结了研究成果，也将各阶段的成果进行了展示汇报，提高了课题的影响度。

（六）一系列成果集

"基于智能终端的个性化教学策略研究"课题下，子课题成果丰硕，形成了一系列子课题成果集。

四、研究成效

（一）学生的学业成绩得到提高

2018—2020年，学校各年级的成绩逐年递增，以课题开展以来的2017届为例，学生的优生人数从72人增加到113人，优秀率由16.1%提升到25%，提升了将近9个百分点。

（二）学生的综合素养得到提升

在课题的研究过程中，全面提升了学生的学科素养和核心素养，学生智能终端覆盖面及运用能力大幅度提升，从2017年98人到2020年1040人，增加了约10倍。

（三）教师的专业发展得到提升

基于智能终端的"2+2+2"个性化教学策略立足于充分发挥学校内部的资源优势，教师在教学工作中为了实施"2+2+2"个性化教学策略，解决存在问题，勤于思考，大量阅读书籍、报纸、杂志等，更新了知识结构，扩展了视野，从而推动了教师进行教学设计、课件等教学资源的开发，同时积极进行反思，将反思撰写成论文，提升教师的教学教研能力。

（四）学校的可持续发展得到提升

1. 学校的综合能力得到提升

2018—2020年获肇庆市巾帼文明岗、广东省端州区教育系统先进基层党组织、广东省肇庆市教育系统基层党建示范点、广东省第十五届运动会暨第八届残疾人运动会贡献单位、肇庆市创建全国文明城市先进单位、第六批广东省安全文明校园、端州区"高品阅读"示范学校。

2. 学校成为辐射中心

在课题研究过程中，学校不断深化研究内容，开展各种各样的教育教学研讨活动，将研讨成果向周边进行汇报辐射，接待了来自国家、省、市、区各级教育教学部门和学校的领导和同行的观摩。学校2018年、2019年开展"新技术支持下个性化学习片区研讨和应用成果展示活动"，2020年开展"1

+N"教育联盟"2 +2 +2"个性化教学策略教育教学研讨活动等,累计参与人数超过 1000 人次。

(五) 课题的研究成果得以推广

学校开展"基于智能终端的个性化教学策略研究"课题以来,通过广东省林苑华名教师工作室平台,积极组织、参与各类级别的教学竞赛,将基于智能终端的"2 +2 +2"个性化教学策略的课程向外进行推广,成果显著。

基于核心素养培养的初中校本课程
开发与应用的研究（节选）

林苑华

一、背景

肇庆市颂德学校是 2008 年端州区委、区政府为切实解决城区基础教育学位紧缺而筹建的，为纪念各界的德行义举就把学校命名为"颂德学校"，因此，学校把"立德"作为教育的主线，把"感恩"作为教育的特色，提炼出颂德学生成长的五个核心价值——"知书、明礼、勤学、创新、担当"。围绕学生的核心素养，我校着力培养学生应具备适应个人终身发展和社会发展需要的必备品格和关键能力，突出强调个人修养、社会关爱、家国情怀，注重自主发展、合作参与和创新实践。同时，以核心素养的理念作为指导，结合我校的办学理念，注重把学科知识与肇庆乡土相融合，开发与实施具有肇庆地方特色的校本课程，最大限度地做到国家课程校本化，校本课程地方化，使学生学以致用，在学习中巩固知识，在实践中提升素养。

二、课题的创新点

"基于核心素养的核本课程开发与实施"实现学科与学科融合，有助于打破学科界限并促进能力素养的培养，发挥育人合力。校本课程可分为立德课程和成长课程，立德课程体现德育化、人文化，成长课程体现学科化、特色化。

（1）"3 德课程"的实施是落实基于校情的学生核心素养培养的重要途径，以培养学生的主体意识、完善学生的认知结构、提高学生自我规划和自主选择能力为宗旨，着眼于培养、激发和发展学生的兴趣爱好，开发学生潜能，促进学生个性发展。

（2）"4 学科课程"是基于学生的直接经验而开发的，学生运用自主学习方式，发现问题、提出问题、探究和解决问题，通过这样来培养学生自主与创新精神、研究与实践能力、合作与发展意识。在这其中，一是做好学科课程整体设计，二是研究着眼于本校校情的学科教学标准，三是实施学科分层教学。

基于核心素养校本课程研究，可以促使课堂教学重构。在教学过程中不仅要传授知识和技能、过程与方法，还强调培养学生的情感、态度、价值观等方面的学科关键能力。

基于核心素养的校本课程研究助推教与学方式的改变。传统的教学中，以教师讲授为主，学生多为被动接受式的学习，不利于创新思维的培养。而核心素养中的"科学精神"就是要培养学生在学习、理解、运用科学知识和技能时形成价值标准、思维方式和行为表现，包括理性思维、批判质疑、勇于探究等基本要点。核心素养中"实践创新"这一要素，主要是培养学生在日常活动、问题解决等方面所形成的实践能力、创新意识和行为表现，包括劳动意识、问题解决、技术应用等基本要点。

三、课题形成的成果

我校以全人教育为方向，经过近两年来的努力，依托肇庆端城资源优势和特色，充分利用乡土文化资源，发掘自身历史文化底蕴，融汇"立德修身，感恩成长"，打造学校"4＋3颂德课程"。

（1）课程体系下开设了平板电脑班、书法美术班、体育班、合唱班、弦乐班等特色班级，组建了模拟法庭社团、陶艺社团、科技社团、烹饪社团、体育社团等20多个特色社团。

（2）围绕"4＋3颂德课程"体系，我校开发了一套基于核心素养培养的特色校本读本，分5个系列，共22本：德育课程校本读本《崇德篇》《颂美篇》《感恩篇》，乐学个性小微课程校本读本《2018年新技术支持下的个性化成果汇编》，善学社团拓展课程校本读本《文学之美》《地方人文》《趣味科技》《阳光体育》《艺术与欣赏》，勤学学科延伸课程校本读本《美文选粹》《多维数学》《听歌学英语》《模拟法庭》《阳光路上：法制安全教育微电影剧本》《铁与火：电影中的人类兵器发展简史》《趣味物理》《生活中的化学：肇庆地区乡土特色化学校本教材》《趣味生物》《肇庆本土地理》《陶艺》《合唱入门训练》，博学研学体验课程校本读本《研学与成长：肇庆市颂德学校假期研学体验活动成果汇编》。这套校本教材由骨干教师组成的团队编写，多次试用与修订而成，是学校校本课程的一笔宝贵财富，是学校在教育改革上创新思路和勇气的体现。这些课程的实施，丰富了学生的校园生活，营造了美好的校园文化氛围，实现核心素养的真正落地。

（3）制作了学科课程创新教学优秀课例、一系列微课光碟。

（4）撰写了师生核心素养自我成长与感悟笔记、专业发展与反思的系列论文。

（5）在原有的学生思想品德评价体系的基础上，融合了学生核心素养培养、学科关键能力，形成学生综合素质评价体系。

基于"一对一"数字化环境有效推进
化学校本课程实施的研究（节选）

林苑华

一、背景

（1）课题的研究是国家、地方、校本课程落地的需要。

（2）课题的研究是学校推进教育信息化的需要。

（3）课题的研究是学校对"一对一"数字化学习模式探索的需要。

（4）课题的研究是提升学生综合能力的需要。

二、解决问题

（1）完善三级课程，编写化学校本课程。从肇庆市的地方特产与文化中挖掘化学元素，形成化学与食品、化学与材料、化学与环境、课堂实验改进和家庭小实验五个知识板块，形成《生活中的化学——肇庆地区乡土特色化学校本教材》。

（2）实施课堂改革，落实化学核心素养。借助信息技术的支持，研究如何有效利用"一对一"数字化学习，使学生的学习能力和学习效率得到本质上的提升，从而构建"自主探究的学习课堂""个性化的学习课堂"。

（3）保证化学校本课程的开设，使之成为有计划、有目标、有序列、有过程的课程教育活动，使之更贴近社会，贴近生活，贴近学生，培养学生热爱家乡的情怀，提升学科素养和社会责任感。

（4）借助广东省名师工作室进行课题成果实践与推广，依托颂德学校，扩大课题成果影响力，推动学校全科编写校本课程，构建"4＋3"颂德课程体系，落实学校全人教育理念。

三、课题成果

（一）一个新颖的教学模式

基于"一对一"数字化环境下形成的"2＋2＋2"模式。

"2＋2＋2"教学模式是指设计2个环节，环节中使用2种技术支持，培养学生2种能力（如图1所示）。

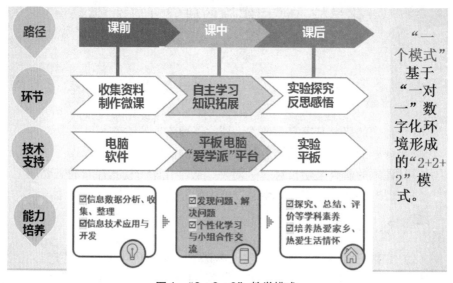

图1 "2＋2＋2"教学模式

（二）一本具有地方特色的化学校本教材

形成一本具有地方特色的化学校本教材《生活中的化学》。校本教材有五章，共28节，具有地方特色的课程有化学与食品之肇庆裹蒸粽、肇实、鸡蛋花、四会砂糖橘、德庆竹篙粉，化学与材料之七星岩、端砚、西江、广宁竹等。

（三）一套实用的教学设计

一套与读本相匹配的教学设计。教学设计基于"一对一"数字化环境，按照"2＋2＋2"个性化的教学模式进行设计，并编写了化学与食品、化学与材料、化学与环境、化学与教材4个系列共17份教学设计。

（四）一套实用的电子教学资源

一套《生活中的化学》校本教材的电子教学资源，包含微课20个、课件17份、课堂实录11节、教学素材45份。

（五）一系列报告、论文

形成一系列课题成果报告、教师的优秀论文 14 篇，获国家奖 2 篇，获广东省奖 2 篇，在国家级刊物发表 2 篇。

（六）一所学校实践获成功

2016 年笔者调任颂德学校校长，在颂德学校全面开展课题研究：

（1）借本课题成果，推动全学科都编写地方特色的校本课程，共 18 本，打造学校"4＋3 颂德课程"，促进师生学科素养与能力的提高，完成了国家情怀（10 本）与世界视野校本课程（9 本）的编写，形成学校校本课程周。

（2）"一对一数学化"和"2＋2＋2"教学模式在全校推广，实现了"四年四进阶"，从互联网＋"翻转课堂"到新技术支持下个性化教学，从新技术支持下"4＋3"教学模式再到构建"2＋2＋2"个性化教学策略课堂改革，全面推动学校的信息化教学改革，教师参加全国比赛，获国家级 58 项。在疫情期间，组织"颂德云课堂"，6 个课例被收到"学习强国"，十几篇文章发表在"中央电教馆"公众号上，教育教学成绩显著。

（3）学校成为辐射中心。将成果进行辐射，接待了来自国家、省、市、区各级教育教学部门和学校的领导和同行的观摩。如 2020 年开展"1＋N"教育联盟"2＋2＋2"个性化教学策略教育教学研讨活动等，累计参与人数超过 1000 人次。

四、实践成效

（一）学生的学业成绩得到提高

2016—2018 年，中考化学成绩分数逐年递增，肇庆市颂德学校的优秀率由 20% 提升至 25.4%，肇庆市第一中学的优秀率由 74.2% 提升至 80%。

2018—2020 年，学校年级成绩分数逐年递增，以课题开展以来的 2017 届为例，学生的优生人数从 72 人增加到 113 人，优秀率由 16.1% 提升到 25%，提升了将近 9 个百分点。

（二）学生的学科素养得到提升

从学生前后测问卷调查数据的统计分析可知：①从 76% 的学生对肇庆本土文化不了解，到 80% 的学生对肇庆的本土文化了解加深，达到了培养学生热爱家乡的目的；②学生认为课堂设置"一对一数字化"辅助教学非常有必要的比例由原来 16% 提高至 68%，提高了学生运用信息技术的能力；③学生做过家庭小实验的比例由原来的 10% 提高至 64%，提高了学生学会用化学知识解决生活问题的能力。

（三）教师的教研教改能力得到提升

课题成员获奖情况：论文类获奖 16 项，教学类 20 项，荣誉称号 16 项。其中，论文获奖 16 篇，获国家奖 2 篇，获省奖 2 篇，在省级及以上刊物发表 7 篇。课题主持人林苑华是广东省中小学名教师工作室主持人、肇庆市端州区名师工作室主持人、全国特色教育先进工作者、肇庆市首批学科带头人、肇庆市名教师、肇庆市优秀党员。

五、成果推广

借助广东省林苑华名教师名工作室平台，就校本教材和"2＋2＋2"课堂模式，在来自肇庆地区各县市入室学员所在学校进行推广使用，在来自省内各市工作室跟岗学员中推广成果。主持人开设各层级的专题讲座推广研究成果，将基于"一对一"数字化环境的"2＋2＋2"课堂模式的课程向外进行推广，成果显著，获得一致好评。

初中物理"自主合作—展示提升—实验释疑"课堂教学模式的研究（节选）

房永俊

一、背景

初中物理教学倡导学生在教师的指导下进行探索性实验，提倡"引导学生质疑、调查、探究、在实践中学习"。因此，初中物理课堂尝试运用"自主合作—展示提升—实验释疑"的"十·卅·五"教学模式，不仅使课堂真正成为学生自主活动的平台，发挥学生的主体作用，把学生的探究活动与小组的合作有机结合，调动全体学生的学习积极性，促进学生主体性、创造精神、实践能力及合作意识、交往品质等方面物理素养的协调发展。

二、课题创新

我校在推行导学案引领高效课堂的背景下，有效地探索初中物理导学案主导的"十·卅·五"课堂教学模式，使该课堂设计立足于培养学生的自学能力、思维能力、创新能力等物理核心素养，创新型导学案灵活应用于课前、课堂、课后，关注学生的全面发展，进一步优化学生的学习习惯和学习方式，激发学生主动学习的热情与动力，进一步提升学生物理学习内驱力，增加学生学习的时间和空间，给学生以充分的自主权，让学生充分参与学习的全过程、体验知识的获得、探究实践的乐趣、促使能力提高，使课堂教学真正达到优质高效，并对今后的物理创新教学模式发展产生了持续性的影响。

三、课题成果

（一）创设一个创新物理课堂模式

"自主合作—展示提升—实验释疑"的"十·卅·五"课堂教学模式包括几个主要环节：

1. 前置学习任务与课堂展示

（1）发送物理新课课件、前置学习导学案。

（2）根据本章节知识点及自主疑问，设计提出5—7个预习问题，让学生以小组为单位，带着问题进行前置预习。

（3）根据设计问题要求，由小组派学生代表在3分钟以内进行课堂授课展示。

2. 现场分析学生错误与课堂答疑

（1）教师现场分析、点评学生的授课展示。

（2）根据学生前置预习存在的错误，有针对性地运用生活实例、实验演示、实验视频等形式进行师生互动的课堂答疑。

3. 巩固知识与限时训练

（1）师生共同进行课堂小结。

（2）根据课程的重难点，进行巩固双基知识及适度拓展延伸的限时训练。

（二）构建两种互动实验平台

初中物理学习特点是从物理探究实验中认知物理概念、探求物理原理或规律，同时从物理走向生活、走向社会。"十·卅·五"课堂教学模式注重构建两种互动实验平台，一是构建师生互动的实验平台，二是构建亲子互动的家庭实验平台，不仅促进师生关系的融洽，提升学生物理学习的内驱力，而且使亲子关系和谐发展，借助家长力量帮助学生深入体验物理知识与生活的有机结合。

（三）培养三大学习能力

建构"十·卅·五"课堂模式不仅促进学生物理核心素养的提升，而且重在物理课堂上培养学生"自主合作""展示提升""实验释疑"三大学习能力。

（1）层次导向自学，满足学生个性化需求。

（2）整体小组展示，实现科学思维的形成。

（3）小组实验释疑，实现知识的活动体验。

（四）追求"四学"目标

通过汇编的创新型导学案，让学生学会自主学习物理；课堂上应用趣味实验释疑，帮助学生突破疑难，让学生快乐学习物理；课后家庭成员共同参与趣味亲子实验，让学生在家长的帮助和指导下，使物理学习生活化、亲子化；采用个性化的培优学案与实验优化学案对学生进行个性化辅导，让不同层次的学生在个性化获求知识上得到满足，使物理学习更加通俗易懂，最终达到追求"会学""乐学""活学""易学"的"四学"物理目标。

（五）汇编五套校本读本

包括：《初中物理创新型导学案》《中考物理个性化培优学案》《初中物理趣味实验释疑微教案集》《初中物理趣味家庭亲子实验集锦》《中考物理实验优化学案》。

初中"翻转课堂"教学初探（节选）

余曼玲

一、课题背景

随着学校周边新楼盘入住率不断提高，生源素质良莠不齐，如何实现让学生"低进高出、高进优出、精进杰出"是我校教师思考的问题，于是学校开展"以校为根、以生为本"的课堂教学改革与实践，引入了"自主·合作·展示"小组学习模式教学，实践三年，初显成效。此外，青年教师随着年龄增长、家庭负担等问题，队伍中会存在"再上一层却力不足"的困惑，如何突破教师发展的瓶颈，寻求提高教师专业水平的方法和途径，成了学校管理工作研究的一个很重要的课题。

二、课题创新成果

（一）营造浓厚的科研氛围，提高教师团队的专业技术水平

自课题研究以来，参与实验的教师累计共写出质量较高的教学论文、教学感悟100多篇，其中，获奖全国级6篇，省级11篇，市级16篇，区级52篇。优秀教学课例、教学设计、教学反思等获区级以上奖励有80多个。

（二）培养一支名师队伍，提升了教师的竞争优势

我校在2015年9月引入"翻转课堂"教学模式，"互联网＋教育"的实践在端州区可算是排头兵，教师的课堂教学理念前沿化，通过课题研究，实验教师的教学观念、教学方法也不断推陈出新，教学能力不断攀升，涌现出一批有一定影响力的新课改名师，名师辐射加快课题成果推广，树立了教师的职业信心，提升了教师的竞争优势。

（三）加强信息技术与学科教学的深度整合，深化学校课堂教学改革

我校教育信息化又迈出一大步，翻转课堂上引入平板电脑，在新技术的

支持下，让翻转课堂更具智慧，这实现了我校"互联网＋课堂"2.0版本的升级——"智慧课堂"，加强了信息技术和学科教学的深度整合，深化课堂教学改革。目前，我校除了学科教学使用智慧课堂教学，在班会课、教学培训等都在尝试，试图摸索"互联网＋班会课""互联网＋教研"等不同领域的融合。2019年4月，我校被评为肇庆市"智慧校园建设及信息化中心学校"。

（四）培养学生的自主学习能力，提升学生的主体精神

翻转课堂将传统的"课上教师讲解，课后练习习题"变成了"课前自主学习，课上完成习题"，翻转了教学流程和角色，实质上是将知识建构过程放在了课堂上，将知识讲授阶段放到了课前，给予了学生充分的学习自主权。翻转课堂上，师生有更多交流和对话的机会。课前每位学生通过微课学习后，都能在平台上自由发表个人见解、学习收获或困难疑惑等，这也有利于教师关注到每一位孩子的学习情况，特别是基础较差的孩子。

（五）培养学生的合作探究能力，促进学生综合素质的全面发展

实施该课题研究及推广应用以来，一批批"知能并举有个性、全面发展有特长"的学生苗壮成长。在实验前期，我校有针对性地做学生能力培训，如了解高效课堂理念、小组成员职能培训、小组长的作用、组内成员如何协作探究、如何展示反馈等，着重培养学生合作探究、展示交流的能力。通过三年的实践，实验班学生整体成绩及综合素养得到更快的提高，尤其是在各学科竞赛、中考中都取得优异的成绩，整体素质不断提高，尖子生脱颖而出。

（六）创新多元的学生评价机制，有助于激发学生学习的内驱力

翻转课堂模式下的学生学习过程性评价主要包括课前学生完成预习情况和课堂表现两方面。根据每一位学生完成任务的情况给予相应的积分，每个月表彰一次。同时强化过程评价，教师对学生的语言肯定，生生之间的相互赞赏，更能增强学生学习的自信心，更有助于激发学习的内驱力。

（七）摸索出一套翻转课堂教学模式——"三环五步"教学法总体架构

"三环五步"翻转教学法如图1所示。

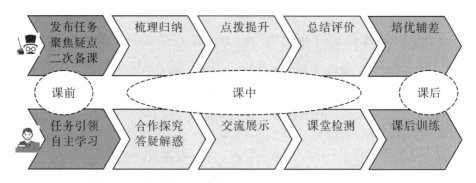

图1 "三环五步"翻转教学法

基于微课在初中书法教学中的实践研究
——以走进岭南书法七年级褚体为例（节选）

李 杰

一、背景

近年来，书法教育越来越受到教育部的重视，其中 2011 年和 2013 年教育部先后印发《教育部关于中小学开展书法教育的意见》，要求在全国开展书法教学，更好地继承和弘扬中华民族优秀传统文化。2013 年 11 月，广东省教育厅印发《关于贯彻落实〈中小学书法教育指导纲要〉的通知》，对广东省书法教育提出了明确指示和要求。微课辅助书法教学是推进书法教学现代化的重要手段，书法教学既要继承中国古代传统文化，又要在教学方式和手段上创新，激发学生持续的学习动力，实现教育的终极目的。

二、课题创新点

（一）在学生学习方面

"基于微课在初中书法教学中的实践研究"实现了学生课前预习或课后复习的灵活自学，微课是以学生为中心，学生可以控制自己的学习空间和时间，体验口传手授式的一对一教学。书法微课增强学生学习书法的积极性，培养了学生自学书法的能力。

（二）在教师教学方面

"基于微课在初中书法教学中的实践研究"探索出了一套微课辅助课堂的教学方法，即以课前微课预习—课堂反馈答疑—课后微课复习为体系的教学策略，微课辅助教学属于半翻转状态下的教学模式，课堂教学不单纯地以学生为中心或以教师为中心，而是寻求师生之间教学生态的平衡。此平衡即先学后教的书法教学模式，让师生课堂形成平等互动的良好教学生态。

（三）在教学推广方面

"基于微课在初中书法教学中的实践研究"结合广东省通用的《走进岭南书法》初中书法教材，通过书法微课课程实施的研究和探索，推进书法进校园及普及教学的实施，有利于推进全省初中书法教学面向信息化和便捷化，有助于培养学生终生学习书法的习惯，能够让学生从小建立本民族的文化符号，增强民族文化的自豪感和归属感。

三、课题研究成果

经过三校课题组教师近两年的不懈努力，依托肇庆市中国砚都的文化土壤，充分利用现代教学技术，发掘教师专业素质，融合学生学习特点，打造微课辅助书法的高效教学课程。

（一）探索一套书法微课制作方法与途径

整合地方书法教材，书写录制，并剪辑一套书法微课。

（二）实践研究出了一套高效教学，激发学生持续自主学习的书法教学体系

（1）实践课前书法微课预习、课中反馈答疑、课后微课复习巩固的教学方法，真正解决学生学习书法时遇到的问题，实现了有效教学，提升了教学效率。

（2）成功开展课外丰富多彩的书法活动，每月书法之星、集字书法创作、全校百人书法大赛、参观摩崖石刻古迹、举办学校或参与社区挥春活动、参与校园书法作品义卖活动。这大大丰富了学生的课余生活，营造了良好的书法学习氛围。

（三）教师的教学理念和科研能力得到提升

（1）教师教学理念的转变，教师应用信息化技术的能力得到提高，掌握了录制微课和剪辑微课的方法。

（2）教师科研水平得到提升，教师撰写了微课辅助教学的相关感悟笔记、专业发展以及教学实践论文。

（四）培养了一批长期坚持学习书法的学生，传承了书法文化

（1）培养了大部分学生提笔练字的习惯，全校学生学习书法的积极性增强。

（2）培养一批高水平的书法艺术的传承人，学生在全国省市区比赛中多次获奖。

（3）为高中输送一批专业书法人才，学校书法特长生录取率提升。

中小学体育与健康课程衔接教育的实验研究

杨浩荣

一、背景

小学体育教学向中学体育教学过渡有承前启后的作用。原因是教师的教学风格变了，场地器材变了，内容方法也变了。由于体育课程教学是以身体练习为基本手段的教学，所面临的问题也尤为突出。初中学生的身体在发育，从身体方面来说，学生陆续进入了青春发育期，在这个时期学生会出现逆反、羞涩等心理特征。小学体育教学过多地注重学生学习兴趣的发展，大多以游戏的形式上课，属于情景教学的范畴。因此，要进行中小学体育与健康课程衔接的实验研究，提出方法，更好地为中小学体育与健康课程衔接提供理论及实践的支持。

二、本课题研究成果

（一）新课程改革落实过程中中小学体育教学之间存在一定的连续性和差异性

中小学体育教学内容的选择不符合《义务教育体育与健康课程标准（2022 年版）》（以下简称《标准》）的要求，上课内容安排存在低层次重复的问题；很多体育教师没有真正领会新课程标准的理念和精髓，对课程目标把握不准，以至于中小学体育教学方法和体育课成绩评价方法的科学运用无从谈起；另外，中小学各学段教师间缺乏必要的交流和沟通、中小学教学工作侧重点不同以及由于学生面对年龄、环境的变化、评价内容与方法的差异而形成的衔接问题都有待进一步解决。

（二）完善教学体系，合理设计义务教育阶段体育与健康课程

在体育课程整体设计方面，应加大对《标准》的实施力度，领导应提高重视程度，在执行《标准》的过程中要敢于创新、善于总结，并且明确体育教学的指导思想，做好义务教育阶段的基础体育教学工作。完善义务教

育阶段体育与健康课程的教学体系,开发符合端州区教学环境的地方性体育与健康课程教材。让学生在体育中找到快乐,拥有一个健康的体魄,养成体育锻炼的行为习惯。

（三）中小学体育与健康教学内容（术课部分）的衔接

小学以游戏、身体基本活动能力、身体素质以及运动项目的基本功和单个动作练习为主;初中三年以跑、跳跃、投掷、体操、舞蹈、球类、游泳、民间体育的基础内容为主。

（四）实施中小学体育与健康课程衔接教育的实验研究,促进学校整体发展

自从实施中小学体育与健康课程衔接教育以来,学生在体质健康方面有了很大提高,对体育的兴趣有不同程度的提高,在竞赛方面也获得优异的成绩,如获得端州区中学生篮球冠军、省运会武术表演"体育道德风尚奖"、田径比赛亚军等。

三、本课题研究的实践效果

（1）改变了教师的教学理念,有效地在课堂渗透初中的知识,教师的教学行为也向中学的教学方式转变。

（2）构建了中小学体育与健康课衔接模式,如教研组的结对、体育课堂教学的研讨、学校运动竞赛衔接、学术论文交流结对等。

（3）中小学体育与健康课程衔接教育的实验研究促进学校整体发展,如学生体质的提升、参与体育活动的兴趣得到增强。

四、成果的理论水平、创新点及推广价值

（一）成果理论水平

1. 衔接

"小学与初中衔接",从字面意思看,是指小学和初中这两个学段之间的前后互相连接;若把这种"衔接"放到"师与生,教与学"这一教育教学的基本矛盾中去考察,应该会收到意想不到的效果。

2.《标准》的精髓

对每一学段提出明确的预期目标，通过预期目标来统领教学内容的选择；但正是这个明确规定给了广大中小学体育教师太多自由空间，让他们在具体执行过程中不知如何去做。另外，同一地区中小学体育教学内容安排存在的混乱状态，与各地教育行政部门的监督不力存在重要关系。

3.《标准》规定

小学、中学阶段的教学内容，是根据学生年龄特点和认知规律，由易到难，由简到繁，循序渐进，螺旋上升的。它们各具特点，承上启下，密切联系。

（二）成果创新点

（1）完善课程的内容，填补了中小学体育与健康课程衔接教育理论和实践上的空白。

（2）课堂模式变革，为端州区开展中小学体育与健康课程衔接课堂教学提供了理论支持。

（3）促进了学生体质的增强。

（三）推广价值

本课题取得了良好的科研成果，能在肇庆市或端州区进行中小学衔接教育，实践产生了较大的社会价值，提升了教育教学质量。